不良资产
清收与处置实务

BULIANG ZICHAN
QINGSHOU YU CHUZHI SHIWU

邓明辉　著

法律出版社　LAW PRESS·CHINA
北京

图书在版编目（CIP）数据

不良资产清收与处置实务 / 邓明辉著. -- 北京：法律出版社，2024. -- ISBN 978-7-5197-9701-0

Ⅰ. D922.291

中国国家版本馆 CIP 数据核字第 20245986KR 号

不良资产清收与处置实务
BULIANG ZICHAN QINGSHOU YU CHUZHI SHIWU

邓明辉 著

策划编辑 朱海波 杨雨晴
责任编辑 朱海波 杨雨晴
装帧设计 贾丹丹

出版发行 法律出版社	开本 710 毫米×1000 毫米 1/16
编辑统筹 法律应用出版分社	印张 23.5　字数 300 千
责任校对 蒋 橙	版本 2024 年 12 月第 1 版
责任印制 刘晓伟	印次 2024 年 12 月第 1 次印刷
经　　销 新华书店	印刷 永清县金鑫印刷有限公司

地址：北京市丰台区莲花池西里 7 号(100073)
网址：www.lawpress.com.cn　　　　　　　销售电话:010-83938349
投稿邮箱:info@lawpress.com.cn　　　　　客服电话:010-83938350
举报盗版邮箱:jbwq@lawpress.com.cn　　　咨询电话:010-63939796
版权所有·侵权必究

书号:ISBN 978-7-5197-9701-0　　　　　　定价:88.00 元

凡购买本社图书，如有印装错误，我社负责退换。电话:010-83938349

序　　言

在当今全球经济环境中,不良资产已成为金融及类金融体系中的一个重要问题。随着经济周期的波动和金融市场的变化,不良资产的数量不断上升,对金融及类金融企业的稳定性和盈利能力构成了重大威胁。不良资产的清收与处置不仅是金融及类金融企业风险管理的重要组成部分,也是法律实务中的一个关键领域。

读完这本书后,我认为这本书是顺应时代要求的一本实务操作类书籍。

本书旨在提供不良资产清收与处置的全面指南,它不仅涵盖了相关的法律法规,还结合了实际案例,深入分析了不良资产清收与处置的实务操作细节。从不良资产清收与处置的各个阶段,分析了不同的处置方式,阐述了各个环节、阶段的法律问题和应对策略。

在不良资产的清收和处置的过程中,法律手段的运用至关重要。本书也详细解读了诉讼、仲裁、强制执行、破产等法律程序,以及如何在法律框架内最大限度地回收资产。同时,书中还探讨了不良资产多样化的处置方式,包括但不限于延长还款期限、债务减免或债务转让、债务重组等,帮助读者理解不同处置方式的实操方式和法律效果。

随着金融市场的不断发展和监管政策的日益完善,不良资产清收与处置的法律环境也在不断变化。这本书紧跟最新的法律法规和政策动向,为读者提供了最新的法律视角和实务操作建议。对于法律专业人士、金融及类金融从业者以及相关领域的研究者来说,这本书是一本不可或缺的参考指南。它不仅提供了全面的法律知识,还通过丰富的实务案例帮助读者理解实际操作中的复杂性和应对策略。

初识作者时,他已在金融与类金融行业深耕了十年,先在金融类企业担任法务总监后转行当了律师。他是个善于总结工作经验,热爱写作的人,2021年夏,他在繁忙的工作之余出版了他的第一本法律类著作《担保措施的法律风险控制与实务》,那是一部凝结了他十余年工作经验和专业知识的作品。之后,他并没有停下笔,而是继续他的写作之旅,于是就有了我们眼前的这本书。

作者作为专注商事领域的青年律师,能够将自己更多的实务心得与同人分享共勉,值得赞扬,本书作为他"金融及类金融法律实务系列"书籍中的第二本,能够为广大读者在不良资产清收与处置的实务工作中提供有益的参考和帮助,值得肯定。相信随着金融及类金融行业的逐步发展,定会有更多的包括像作者一样的研究者及行业从业人员在该领域尽心竭力,用他们卓越的研究成果为行业的发展添砖加瓦,贡献自己的一份力量。

上海市锦天城(西安)律师事务所　高级合伙人

陈黎力　律师

2024年11月25日

法律及司法解释简称表

全称	简称
《中华人民共和国民法典》	《民法典》
《中华人民共和国民事诉讼法》	《民事诉讼法》
《中华人民共和国公司法》	《公司法》
《中华人民共和国企业破产法》	《破产法》
《中华人民共和国证券法》	《证券法》
《中华人民共和国证券投资基金法》	《证券投资基金法》
《中华人民共和国仲裁法》	《仲裁法》
《中华人民共和国公证法》	《公证法》
《中华人民共和国刑法》	《刑法》
《全国法院民商事审判工作会议纪要》	《九民纪要》
《最高人民法院关于适用〈中华人民共和国民事诉讼法〉的解释》	《民事诉讼法解释》
《最高人民法院关于适用〈中华人民共和国企业破产法〉若干问题的规定(一)》	《破产规定一》

续表

全称	简称
《最高人民法院关于适用〈中华人民共和国企业破产法〉若干问题的规定(二)》	《破产规定二》
《最高人民法院关于适用〈中华人民共和国企业破产法〉若干问题的规定(三)》	《破产规定三》
《最高人民法院关于适用〈中华人民共和国民法典〉有关担保制度的解释》	《担保制度的解释》
《最高人民法院关于规范和加强办理诉前保全案件工作的意见》	《诉前保全工作意见》
《最高人民法院关于公证债权文书执行若干问题的规定》	《公证债权文书执行规定》
《最高人民法院关于人民法院执行工作若干问题的规定(试行)》	《执行规定》
《最高人民法院关于人民法院民事执行中查封、扣押、冻结财产的规定》	《执行中查封、扣押、冻结财产规定》
《最高人民法院关于人民法院确定财产处置参考价若干问题的规定》	《财产处置参考价规定》
《最高人民法院关于人民法院司法拍卖房产竞买人资格若干问题的规定》	《司法拍卖房产竞买人资格规定》
《最高人民法院关于人民法院网络司法拍卖若干问题的规定》	《网络司法拍卖规定》
《最高人民法院关于执行案件移送破产审查若干问题的指导意见》	《执行案件移送破产指导意见》
《最高人民法院关于人民法院强制执行股权若干问题的规定》	《强制执行股权若干规定》
《最高人民法院关于民事执行中财产调查若干问题的规定》	《执行中财产调查规定》
《最高人民法院关于人民法院执行工作若干问题的规定(试行)》	《执行工作若干规定》

续表

全称	简称
《最高人民法院关于人民法院确定财产处置参考价若干问题的规定》	《确定财产处置参考价的规定》
《最高人民法院关于人民法院民事执行中拍卖、变卖财产的规定》	《拍卖、变卖财产规定》
《最高人民法院关于执行和解若干问题的规定》	《执行和解若干问题的规定》
《最高人民法院关于民事执行中变更、追加当事人若干规定》	《民事执行中变更、追加当事人规定》
《最高人民法院、国土资源部、建设部关于依法规范人民法院执行和国土资源房地产管理部门协助执行若干问题的通知》	《规范国土部门协助执行若干通知》
《陕西省高级人民法院破产案件审理规程(试行)》	《陕西破产规程试行》
《陕西省高级人民法院关于执行案件移送破产审查工作的实施意见(试行)》	《陕西执行案件移送破产审查意见》

目 录 / CONTENTS

第一章　概述 / 1
　　第一节　不良资产的不同阶段 / 3
　　第二节　业务流程中的应用范围 / 5
　　第三节　不良资产处置在实务中的应用 / 7

第二章　诉讼、仲裁、公证阶段与执行程序中的清收与处置方式 / 9
　　第一节　概述 / 11
　　第二节　催收阶段 / 13
　　　　一　催收的目的 / 13
　　　　二　催收的方式及内容 / 13
　　第三节　协商阶段 / 16
　　　　一　协商的目的 / 16
　　　　二　协商的方式及内容 / 16
　　第四节　诉讼、仲裁、公证阶段 / 19
　　　　一　诉讼阶段 / 19
　　　　二　仲裁阶段 / 31

　　　　三　赋予强制执行效力公证 / 38
　　第五节　执行阶段 / 47
　　　　一　执行 / 47
　　　　二　执行异议 / 89

第三章　不良资产的多样化处置方式 / 101

　　第一节　概述 / 103
　　第二节　债务重组方式 / 105
　　　　一　协商还款周期、展期等 / 105
　　　　二　追加新的债务人作为共同债务人(债务加入)，或者追加新的保证人 / 109
　　　　三　债务互抵 / 113
　　　　四　债权转让或债务转让 / 116
　　　　五　借新还旧 / 123
　　　　六　融资减债 / 126
　　第三节　债转股方式 / 128
　　　　一　内容 / 128
　　　　二　操作方式 / 137
　　第四节　多样化出售、处置 / 141
　　　　一　以物抵债 / 142
　　　　二　资产或股权转让给第三人 / 151
　　　　三　承债式股权并购 / 156
　　第五节　租赁处置 / 163
　　　　一　内容 / 163
　　　　二　操作方式 / 167
　　第六节　资产证券化 / 168

一　内容 / 168

　　二　类金融机构的企业资产证券化 / 176

　　三　操作方式及业务流程 / 178

第四章　不同担保措施的处置方式 / 181

　第一节　概述 / 183

　第二节　信用类担保措施 / 185

　　一　自然人可执行财产范围和执行措施 / 185

　　二　法人/非法人组织可执行财产范围和执行措施 / 190

　　三　个人保证 / 192

　　四　法人/非法人组织保证 / 194

　　五　开发商致函 / 196

　　六　园区回购 / 198

　第三节　不动产类担保措施 / 200

　　一　优先债权执行法院和首封法院冲突的问题 / 200

　　二　"小金额拍卖大标的"的问题 / 202

　　三　不动产涉及的租金、应收账款等的执行 / 202

　　四　查封、轮候查封、预查封的问题 / 203

　　五　超标的查封、扣押、冻结的认定问题 / 204

　　六　议价、询价、评估的问题 / 206

　　七　诉前保全错误的认定和赔偿范围问题 / 207

　　八　抵押权的行使期间的问题 / 208

　　九　房产抵押 / 210

　　十　土地抵押 / 218

　　十一　在建工程抵押 / 222

　　十二　房产网签 / 225

第四节　权益类担保措施 / 230
　　一　协助执行通知和到期债权履行通知的不同适用 / 230
　　二　权益类担保措施的估值确定性及处置的局限性
　　　　问题 / 231
　　三　股权质押 / 232
　　四　股权让与担保 / 235
　　五　应收账款质押 / 239
　　六　知识产权类质押 / 242
　　七　动产抵押 / 245
第五节　其他类担保措施 / 252
　　一　动产质押 / 252
　　二　合格证质押 / 255
　　三　账户共管 / 256
　　四　股权回购 / 257
　　五　明股实债、债权+股权 / 258

第五章　破产程序中的债权保护 / 261

第一节　概述 / 263
第二节　预重整 / 264
　　一　内容 / 264
　　二　操作方式 / 274
第三节　破产重整 / 276
　　一　内容 / 276
　　二　操作方式 / 308

第四节　破产和解 / 309
　　一　内容 / 309
　　二　操作方式 / 314
第五节　破产清算 / 315
　　一　内容 / 315
　　二　操作方式 / 326
第六节　执行转破产 / 328
　　一　内容 / 328
　　二　操作方式 / 335
　　三　其他说明 / 335

第六章　其他辅助处置措施 / 341

第一节　概述 / 343
　　一　尽职调查的内容 / 343
　　二　尽职调查中的方法 / 348
　　三　财务尽职调查的应用 / 348
第二节　保全 / 350
　　一　诉前保全 / 350
　　二　诉讼保全 / 354
　　三　执行前保全 / 355
　　四　其他 / 356
第三节　司法确认 / 358
　　一　申请主体和管辖法院 / 358
　　二　调解协议效力 / 359
　　三　不予受理的司法确认情形 / 359
　　四　应当裁定驳回的司法确认情形 / 359

第四节　实现担保物权程序 / 360
　　一　主体 / 360
　　二　管辖 / 361
　　三　案件处理 / 361

第一章 概述

01
CHAPTER

本书所指的不良资产主要指金融机构和类金融企业逾期后无法及时收回的贷款款项,其中包括金融机构的逾期贷款、呆滞贷款和呆账贷款,以及类金融机构的未收回款项的本息(或当金、融资租赁租金等)。

本书所指的类金融企业主要包括但不限于融资性担保公司、小额贷款公司、典当合同、融资租赁公司、保理公司等。

第一节

不良资产的不同阶段

不良资产作为一个行业性的发展，经历了三个阶段，简述如下：

第一批不良资产：1999~2000年，四大AMC机构（资产管理公司，现阶段已经另行重组）对口接受四家国有商业银行以及国家开发银行不良贷款13939亿元，按照账面金额接受，化解金融风险。

第二批不良资产：

2000~2004年，金融机构的不良资产打破了一对一的剥离，开始市场化交易，中行、建行、交行共剥离5420亿元；

2005~2009年，处置方式上采用批发+零售的形式，市场交易活跃，其间农行上市剥离8000亿元；

2009~2012年，银行利润高，计提了超额的资产拨备，不良资产出表压力小。

第三批不良资产：

2015年至今，特点是资产相对优质，这一轮不良资产以民企为主，抵押物较充足，区域上主要集中在长三角、珠三角和环渤海地区，浙江省不良贷款在长三角居首位。

组包方式也发生了变化,一年多包,小步快跑,以上海地区为例,每家银行平均每年打包2~4个资产包,共十多家银行,一年有30~50个资产包剥离。

部分股份制银行,如招商银行、广发银行采用"总对总"的剥离方式,由总行牵头进行总体剥离或者过桥,单包规模在30亿~50亿元,一般每个省的资产包价值在3亿~5亿元。

根据不良资产的来源和在处置过程中各参与主体的资格和体量,以及在市场经济中所占的主导性,大概可以分成:五大AMC(现阶段已经另行重组)+地方版持牌AMC、非持牌的民间投资机构、区域性民营投资人。

以上为金融行业不良资产的现状,类金融机构的行业发展和不良产生的处置方式在一定程度上可以参考。

以类金融行业为例,不良资产出现的高峰期大概在2014年,各省对类金融企业成立的试点陆续逐步完成,随着经济的下行周期,各家类金融机构才陆续出现不良资产,在2014年达到了高峰期。

对于类金融企业的处置路径,主要有内部自身采取措施进行处置和委托第三方中介机构进行处置两种,本书所述的不良资产处置是实务中各金融机构及类金融企业处置不良资产的主要方式。

第二节

业务流程中的应用范围

金融机构及类金融企业常见的业务流程如图 1-1 所示：

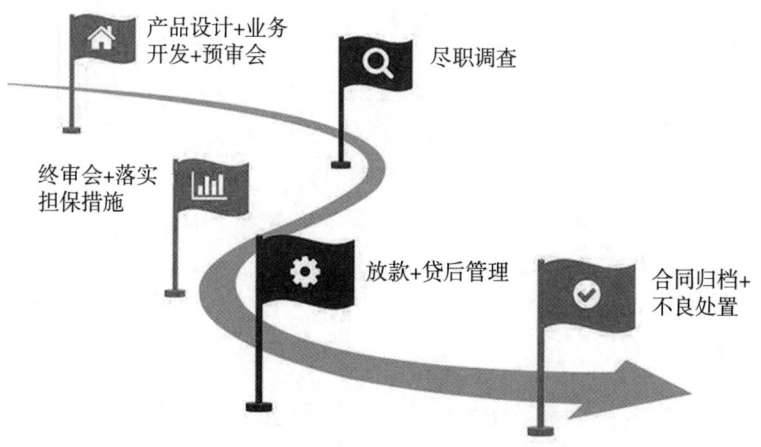

图 1-1　金融机构及类金融企业业务流程

图 1-1 基本符合金融机构及类金融企业的日常业务流程，产品设计、业务开发、预审会可以归入贷前审查阶段，尽职调查、终审会、落实担保措施可以归入贷中审查阶段，放款、贷后管理、合同归档可以归入贷后管理阶段。从广义的角度来看，不良资产处置也可以归入贷后管理阶段，鉴于其复杂和重要程度，此处将不良处置单独归入不良逾期处置阶段。

不良资产处置在具体业务流程中较靠后,但起到保障债务人企业第二还款来源的作用,具体实务应用和法律风险点以及具体的操作方式是本书的讨论重点。

第三节

不良资产处置在实务中的应用

不良资产处置在实务中的应用,主要体现在三个角度:

第一维角度,后期不良资产处置,在实现债权时能够实现第二还款来源的具体落地,特别是第一还款来源流动资金无法及时到位的情况下,对于第二还款来源的执行,可以有效保证及时回款,从而实现债权。

第二维角度,不良资产的具体处置,可以快速地收回贷款本息,完成业务闭环,不良资产处置的速度和效率,间接影响着整体前端业务的开展,快速处置可以极大地促成业务总量的增加,形成一个良性的循环。

第三维角度,通过不良资产的处置,整体反向产生对贷款产品优化设计。产品设计的复杂度,除要掌握好基础的法律担保措施外,还要经过后端不良资产处置实务的处理,结合市场、财务等因素来作整体设计,才可以有效弥补产品漏洞,使贷款产品更加优化。

02
CHAPTER

第二章 诉讼、仲裁、公证阶段与执行程序中的清收与处置方式

第一节

概　述

逾期发生之后，阶段性实现债权的方式包括但不限于催收、协商、诉讼或仲裁、执行，各方式内容之间又可以处置手段的轻重缓急分成各自阶段，包括催收阶段、协商阶段、诉讼与执行阶段，各阶段之间内容上有前一阶段为后一阶段铺垫和补充的作用，也有互为影响的作用。

催收阶段主要是为了实现对债务人的催收和督促，同时对部分债权起到诉讼时效中断的作用，从而使在后续的诉讼、仲裁阶段更能得到胜诉支持等，其中主要包括电话催收、企业发函催收、上门催收、律师函催收等。

协商阶段主要是为能使债权人和债务人在还款的方式、金额、时间等方面达成一致意见，特别是关于利息的减免、还款期限的延长等，其中主要通过法院进行诉前调解、律师调解、调解中心组织调解、当事人之间的自行调解等方式实现。

诉讼、仲裁、公证阶段主要是通过诉讼、仲裁的方式或者对已经办理了赋予强制执行效力的公证文书向公证处申请的方式取得生效法律文书，从而使得债务人及时足额还款，或在未能按照生效法律文书执行时，通过法院强制执行的方式最终实现债权。

  以上三个阶段，根据各个案件不同的情况进行具体适用，各阶段和各方式内容又各不相同，但目的趋于同一个，即以各阶段各种不同的方式使得债权得以实现。

第二节

催收阶段

在发生债务人无法及时足额归还款项时,催收是必经阶段之一。

一、催收的目的

催收的目的分三个方面:一是起到督促和催促要求债务人及时足额还款;二是从债权人角度,可以补足证据缺失;三是可以起到中断诉讼时效的法律后果。催收的形式可以多种,但内容和具体操作不尽相同。

二、催收的方式及内容

(一)电话催收

电话催收,是指以电话沟通的方式对到期债权进行的催收,常见于消费类金融和信用卡催收业务类型,也适用于类金融业务中，操作方式通常为以债权人的身份，以电话方式与债务人及担保人等沟通还款事项，确认还款的意愿和还款能力等事项，从而达到能够根据债务人及保证人等的还款能力和还款方式，沟通协调还款期限、金额等。

在类金融业务中，电话催收发生在逾期初级阶段，需要类金融机构在尽快了解债务人还款意愿和能力的情况下，在早期以一种便捷的沟通方式尽快了解债务人还款情况，以便作出后续处置方式。

从债权人角度，除了解债务人还款能力外，以电话催收的方式可以起到诉讼时效中断的法律效果，必要时可以电话录音用以证明债权人积极地主张了相关权利，但应避免向债务人以外的其他人，如留存的联系人沟通还款情况。

另外，催收人员进行电话催收时，应当采取合理的话术和方法，通过沟通获取客户还款承诺，必要时当面进一步沟通。

(二) 企业发函催收

在经过电话催收或者其他方式与债务人沟通后，无法及时足额归还款项，由类金融机构以其名义正式以函件的方式要求债务人及保证人等及时足额归还款项的一种方式。

企业发函催收相较于电话催收更为正式，其方式为企业之间的正式函件，旨在督促收到函件的债务人及保证人按时还款，并明确应当归还的金额，违反归还时间和金额时，应当承担相应的违约责任，以及收到催收函拒不履行，发函企业下一步可能会采取的措施等。

企业发函催收应当使用债务人企业留存的合法送达地址或者债务人能够收到的地址，采用邮政等具有法律意义的方式，函件内容应当表明主体身份，收函人应承担的义务，以及违反内容应承担的责任等。企业发函催收能够起到中断诉讼时效的法律效果。

(三) 上门催收

上门催收是债权人与债务人以面对面的方式对债务人逾期后的情况进

行沟通,并由债权人督促债务人尽快还款的一种方式。

上门催收一方面是为了更直观、更准确地了解债务人企业的具体情况,另一方面上门催收时,可以对之前业务中出现的瑕疵部分进行补足,如在双方有多笔往来流水和多笔借款的情况下,让债务人企业出具确认函对债权债务进一步确认,如以还款计划的方式对前期未约定的包括但不限于利息、逾期利息、违约金、管辖等进行更明确的约定。

上门催收的另一种作用为可以根据债务人企业的现有资产、负债、征信等情况,协商匹配其他的金融机构进行融资,以新获得的融资归还催收债权人的款项。

(四) 律师函催收

同企业发函催收不同的是,律师函催收主要是债权人委托律师向债务人及保证人等以发送律师函的方式进行催收,律师函的内容包括逾期时的金额、违约责任、逾期利息,并在律师函中督促债务人在一定期限内还款,否则需要承担的责任以及下一步将采取的措施等。

律师函较企业发函催收因其属于第三方中介机构发送的函件,而更加正式和严肃,同时发律师函代表债权人已经正式采取法律的手段解决双方之间的债权债务。

律师函发送后,债权人和债务人可以进行协商或者重新达成协议,在双方未进一步达成一致意见时,律师函催收后的下一步,债权人可以采取诉讼、仲裁或者出具执行证书的方式正式启动法律程序。

从电话催收,企业发函催收,上门催收以及律师函催收,其催收的紧迫程度是由缓到急的,严厉和正式程度也是由松到紧的,当律师函催收无济于事时,可以考虑进入正式的诉讼程序。

第三节

协商阶段

协商是债权人和债务人双方就债权债务重新达成一致的方式。协商阶段和催收阶段可以并行,或择其一进行。

 一 协商的目的

同催收阶段一样,协商的目的,一方面可以督促和催促债务人及时足额还款,将相关事项重新达成一致意见;另一方面协商可以补足前期债权债务关系中的不足,或者重新达成新的还款期限。

 二 协商的方式及内容

根据协商阶段主导关系的不同,主要分为自行调解、律师调解、调解中心调解和法院调解。

(一) 当事人之间自行调解

债权人和债务人作为当事人双方,就债权债务关系自行进行协商解决的一种,通常为逾期后,债务人无法及时足额归还款项,由债权人和债务人对于还款的情况重新达成一致性的意见。实务中比较常见的达成调解的内容,如重新签订还款计划,延长债务人的还款周期,重新达成协议对于逾期后的债务利息或者增加担保人等,达成一致性意见。

主导当事人自行调解的是当事人双方,无其他任何第三人,达成的调解协议或者还款计划也是双方一致的意见,对于原债权债务关系进行了一次变更。

(二) 律师调解

在律师的协助下,由当事人双方就债权债务关系的内容进行重新协商后达成调解事项,调解涉及的主体包括双方当事人和律师,调解涉及的法律结果为当事人双方重新达成了一个调解的内容。律师调解形成后,可以根据律师调解的内容,申请司法确认。

实务中,律师调解的工作模式包括在人民法院、公共法律服务中心(站)、律师协会以及律师事务所设立的律师调解工作室或律师调解中心,律师调解可以受理各类民商事纠纷,但不包括婚姻关系、身份关系确认案件以及其他依案件性质不能进行调解的案件。

(三) 调解中心组织调解

调解中心组织调解主要指以调解中心组织为主导,其作为中立第三方主持调解,协助纠纷各方当事人通过自愿协商达成协议解决争议。调解中心具有中立性,在调解中心达成的调解协议,可以申请法院确认其效力,进行司法确认。

实务中,调解中心承接大量的消费金融类调解案件和信用卡类的调解案件,基于诉源治理的要求,调解中心组织调解作为一种替代性纠纷解决机制,极大地缓解了法院的案件压力。

(四)通过法院进行诉前调解

诉前调解是正式起诉前通过调解的方式解决民事纠纷的一种纠纷解决机制,由法院主导,双方当事人参与,以调解的方式使双方当事人达成一致内容,对债权债务中的履行期限、逾期利息、违约责任等进行协商和约定。

诉前调解机制是一种多元化纠纷解决机制,广泛应用于各基层法院,当事人双方达成的调解协议,可以由法院出具调解书,当未按照调解书履行时,另一方可以申请法院强制执行。

从当事人自行调解、律师调解、调解中心调解到法院调解,其紧迫程度是由缓到急的,当法院调解无济于事时,可以考虑进入正式的诉讼程序。

第四节

诉讼、仲裁、公证阶段

当债务人发生到期不能及时足额清偿时,债权人实现债权可以根据合同的约定或法律规定,选择不同取得生效法律文书的方式。诉讼是通过法院起诉、仲裁是向仲裁委申请、公证是通过仲裁机构,当在该阶段无法通过调解或和解等其他方式实现债权时,则最终实现方式为通过诉讼、仲裁、公证阶段的权利主张,取得生效的法律文书,为后期执行阶段提供执行依据。

一、诉讼阶段

诉讼阶段,是指通过国家审判机关即人民法院,依照法律规定,在当事人和其他诉讼参与人的参加下,依法解决诉讼争议的活动。从类金融机构角度,是指类金融机构参与诉讼过程,通过法院诉讼的方式主张权利,从而实现债权的阶段。

(一) 相关依据

1.《中华人民共和国民事诉讼法》(2023年9月1日公布)

2.《最高人民法院关于适用〈中华人民共和国民事诉讼法〉的解释》(法释〔2022〕11号)

3.《最高人民法院关于调整高级人民法院和中级人民法院管辖第一审民事案件标准的通知》(法发〔2018〕13号)

4.陕西省高级人民法院印发《关于适用小额诉讼程序审理民事案件标的限额的通知》

(二) 管辖

在业务活动中,类金融机构对于合同的制定具有主导性,通常情况下,对于诉讼地域管辖都有合同的明确约定,根据《民事诉讼法》第35条的规定:"合同或者其他财产权益纠纷的当事人可以书面协议选择被告住所地、合同履行地、合同签订地、原告住所地、标的物所在地等与争议有实际联系的地点的人民法院管辖,但不得违反本法对级别管辖和专属管辖的规定。"类金融机构通常在以上有实际联系地点的法院进行选择。

对于管辖法院的选择,类金融机构仍要综合考虑的因素包括但不限于该法院案件数量、办理案件的周期、诉前保全的办理效率(涉及争取首封查封的重要性)、执行财产的所在地、一审完结后上诉的管辖法院等。

另外,与类金融机构业务相关的管辖问题如下:

一是合同履行地的确认。通常情况下,合同约定的地点为合同履行地,没有约定或约定不明确的,针对类金融机构,合同履行地为接收货币一方所在地。没有实际履行,且双方住所地都不在合同约定的履行地的,由被告住所地管辖。依据为《民事诉讼法解释》第18条:"合同约定履行地点的,以约定的履行地点为合同履行地。合同对履行地点没有约定或者约定不明确,争议标的为给付货币的,接收货币一方所在地为合同履行地……合同没有实际履行,当事人双方住所地都不在合同约定的履行地的,由被告住所地人民法院管辖。"

融资租赁合同的合同履行地确认,有约定从约定,无约定租赁物使用地为合同履行地,依据为《民事诉讼法解释》第19条:"财产租赁合同、融资租赁合同以租赁物使用地为合同履行地。合同对履行地有约定的,从其约定。"

二是类金融业务中的房产抵押担保产生的纠纷,不属于不动产纠纷,不适用专属管辖,须根据合同约定确定管辖法院。依据为《民事诉讼法》第34条:"下列案件,由本条规定的人民法院专属管辖:(一)因不动产纠纷提起的诉讼,由不动产所在地人民法院管辖……"及《民事诉讼法解释》第28条:"民事诉讼法第三十四条第一项规定的不动产纠纷是指因不动产的权利确认、分割、相邻关系等引起的物权纠纷。农村土地承包经营合同纠纷、房屋租赁合同纠纷、建设工程施工合同纠纷、政策性房屋买卖合同纠纷,按照不动产纠纷确定管辖。"

对于级别管辖的选择,各类金融机构相关的业务,主要根据诉讼标的金额进行确认。以陕西地区为例,民商事案件,西安市中级人民法院的一审管辖范围为:其一是争议金额在3000万元以上50亿元以下且双方当事人均在西安市辖区的民商事一审案件,其二是争议金额在2000万元以上50亿元以下且当事人一方住所地不在陕西省辖区的民商事案件。在该金额范围之下的均由各基层人民法院进行一审审理,依据为《最高人民法院关于调整高级人民法院和中级人民法院管辖第一审民事案件标准的通知》。

(三)送达(公告)

类金融机构作为债权人一方,对于合同的制定具有主导性,通常在合同文本中明确送达地址,如"双方一致同意本合同所载地址为各类资料及法律文书的送达地址,各类文书邮寄5日后即视为送达",双方互送正式文件,以及给其中的一方送达法律文书,包括但不限于律师函、法院的传票、仲裁委的组庭通知和开庭通知、公证处的核实函等均按照该约定中列明的地址邮寄后即视为送达。

对于未约定送达地址,或者送达地址不明确的,也可以采取直接送达或者其他法律规定的送达方式(包括但不限于代转交、电子送达),对于人民法院的电子送达,需要受送达人同意,且受送达人需要纸质文书的,法院应当提供,依据为《民事诉讼法》第90条:"经受送达人同意,人民法院可以采用能够确认其收悉的电子方式送达诉讼文书……"。

对于受送达人下落不明的(失联的),或者通过其他方式无法送达的,进行公告送达,依据为《民事诉讼法》第95条:"受送达人下落不明,或者用本节规定的其他方式无法送达的,公告送达。自发出公告之日起,经过三十日,即视为送达。"

另外,对于需公告方式送达的法律文书,当事人需要负担一定的费用,该费用由当事人向媒体直接支付。以西安地区为例,费用为400元,各地媒体收费标准不一,依据为《最高人民法院关于进一步规范人民法院公告发布管理工作的规定(试行)》第2条第3款:"因公告发生的依法应当由当事人负担的费用,由当事人直接向有关媒体支付,人民法院不得代收代付。"

(四)程序性

取得生效法律文书前的诉讼相关的程序,包括一审、二审,再审程序,《民事诉讼法》及相关解释规定得较为明确,兼顾阅读的效率性、集中性和准确性,对于各程序及各程序中普遍性的实体问题,简述如下:

1. 一审程序

(1)起诉

类金融机构提起诉讼的标志为提起诉请,即根据类金融机构的诉讼请求内容和对管辖的约定,以书面的形式向人民法院主张实现债权,诉讼请求通常包含本金、利息、逾期利息、实现债权费用、违约金等。

(2)诉前调解机制

人民法院收到当事人诉状或者口头起诉之后,正式立案之前,诉讼程序尚未开始,经当事人申请或同意,将纠纷交由调解员进行调解,如果调解不成,再转入立案程序处理的一种解决纠纷的工作机制。

诉前调解机制非必需程序,但基于"诉源治理"的大背景下,类金融相关案件大部分均会按照诉前调解机制先行处理,诉前调解机制中通过调解员调解后,双方能够达成一致协议的,可以由人民法院进行司法确认(不收取费用),或者由法院出具调解书(减半收取诉讼费)。

对于调解达成的,当事人未履行的,类金融机构可以申请强制执行,对于未达成调解的,转入立案程序。诉前调解机制的期限为30日,各方当事人同意延长的,不受该期限限制。

提出调解请求之日起,诉讼时效中断。依据为《最高人民法院关于审理民事案件适用诉讼时效制度若干问题的规定》(2020年修正)第12条:"权利人向人民调解委员会以及其他依法有权解决相关民事纠纷的国家机关、事业单位、社会团体等社会组织提出保护相应民事权利的请求,诉讼时效从提出请求之日起中断。"

(3)管辖权异议(或有)

作为类金融机构的相对方,在人民法院送达开庭传票后,可以对法院的管辖提出异议,依据为《民事诉讼法》第130条:"人民法院受理案件后,当事人对管辖权有异议的,应当在提交答辩状期间提出。人民法院对当事人提出的异议,应当审查。异议成立的,裁定将案件移送有管辖权的人民法院;异议不成立的,裁定驳回。当事人未提出管辖异议,并应诉答辩或者提出反诉的,视为受诉人民法院有管辖权,但违反级别管辖和专属管辖规定的除外。"法院应当依法对案件的管辖情况进行全面审查,也可以依职权对管辖进行审查。

对于法院作出的管辖权异议处理结果,当事人可以上诉,根据上一级人民法院的审理结果确定最终案件管辖法院。

(4) 开庭

按照开庭审理的程序:原告宣读起诉状;被告对起诉状中的诉请进行答辩;由原告被告提交证据,并由另一方对提交的证据进行质证;在法官的主导下进行法庭调查的询问,法官对案件的事实部分进行进一步询问,并最后询问双方对事实部分有无其他补充,直到双方再无补充;双方对争议焦点发表辩论意见;最后结合庭审情况进行各自陈述。

(5) 取得一审判决/裁决/决定

庭审结束后,代理人可以针对庭审情况提交书面的代理意见或补充说明意见,法院结合庭审和当事人双方提交的证据最终作出一审判决,或法院根据案件情况作出裁决、决定。

另外,判决是指法院经过审理,对案件实体问题最终依法作出一个书面处理的结论性法律文书;裁定是法院在案件审理过程中或审理后就程序问题或实体问题所作的一个或多个书面或口头处理;决定是指公检法在诉讼过程中或仲裁机构在仲裁过程中用于解决程序问题的书面或口头处理文书。

(6) 关于缺席判决

实务中,对于失联的被告,类金融机构与其在诉讼之前签订的合同中通常会约定各类法律文书的送达地址,人民法院按照该地址送达后仍未联系到被告,或者按照法律程序进行公告后仍未实际取得被告的联系,人民法院可以缺席判决。依据为《民事诉讼法解释》第241条:"被告经传票传唤无正当理由拒不到庭,或者未经法庭许可中途退庭的,人民法院应当按期开庭或者继续开庭审理,对到庭的当事人诉讼请求、双方的诉辩理由以及已经提交的证据及其他诉讼材料进行审理后,可以依法缺席判决。"

(7) 关于审限

对于普通民事案件的审限,一般为 6 个月,需要延长的,经本院院长批准可以延长 6 个月,还需要延长的,须上级法院批准。依据为《民事诉讼法》第 152 条:"人民法院适用普通程序审理的案件,应当在立案之日起六个月内审结。有特殊情况需要延长的,经本院院长批准,可以延长六个月;还需要延长的,报请上级人民法院批准。"

对于简易程序的审限,一般为 3 个月,经本院院长批准可以延长 1 个月。依据为《民事诉讼法》第 164 条:"人民法院适用简易程序审理案件,应当在立案之日起三个月内审结。有特殊情况需要延长的,经本院院长批准,可以延长一个月。"

需注意的主要包括诉前调解期限、庭审中对证据需要鉴定的鉴定期限、专业机构进行的评估期限、管辖异议的期限、公告期限等几种期限不计入审限。依据为《民事诉讼法解释》第 243 条:"民事诉讼法第一百五十二条规定的审限,是指从立案之日起至裁判宣告、调解书送达之日止的期间,但公告期间、鉴定期间、双方当事人和解期间、审理当事人提出的管辖异议以及处理人民法院之间的管辖争议期间不应计算在内。"

(8) 关于上诉期

判决书送达之日起算,判决书送达之日起 15 日内为上诉期,裁定书送达之日起 10 日内为上诉期。依据为《民事诉讼法》第 171 条:"当事人不服地方人民法院第一审判决的,有权在判决书送达之日起十五日内向上一级人民法院提起上诉。当事人不服地方人民法院第一审裁定的,有权在裁定书送达之日起十日内向上一级人民法院提起上诉。"

(9) 提交上诉状(或有)

当事人对一审判决不服的,可以向上一级人民法院提起上诉,但提出上诉的请求是通过原审法院提出,提交上诉状也是通过一审法院提交。依据为《民事诉讼法》第 173 条:"上诉状应当通过原审人民法院提出,并按照对方当事人或者代表人的人数提出副本。当事人直接向第二审人民法院上诉的,第二审人民法院应当在五日内将上诉状移交原审人民法院。"

现阶段全国各地法院正逐步开展以线上提交的方式进行立案、上诉等,以陕西地区为例,可以通过法院小程序直接提交上诉状,对于上诉状提交后,上诉人须预交上诉费,《诉讼费用交纳办法》第22条第2款:"上诉案件的案件受理费由上诉人向人民法院提交上诉状时预交。双方当事人都提起上诉的,分别预交。上诉人在上诉期内未预交诉讼费用的,人民法院应当通知其在7日内预交。"

2. 二审程序

(1)二审审查的范围

二审法院对于上诉案件,对案件事实部分进行实体审查,对案件程序部分进行实质审查和对法律适用进行审查,即二审对案件进行全面审查。依据为《民事诉讼法》第175条:"第二审人民法院应当对上诉请求的有关事实和适用法律进行审查。"

(2)二审以开庭为原则,不开庭审理为例外

二审案件的不开庭而进行书面审理的案件条件为:经过阅卷、调查和询问当事人,对没有提出新的事实、证据或者理由,人民法院认为不需要开庭审理的。其他案件均应当开庭审理。依据为《民事诉讼法》第176条:"第二审人民法院对上诉案件应当开庭审理。经过阅卷、调查和询问当事人,对没有提出新的事实、证据或者理由,人民法院认为不需要开庭审理的,可以不开庭审理。"

(3)撤回上诉和撤回起诉

撤回起诉,当事人对案件起诉后向法院申请撤回起诉,或者根据法律规定视为撤诉,法律后果为同一诉讼请求再次起诉的,法院应当受理。例外情形为当事人有违反法律的行为需要依法处理的或者法庭辩论终结后原告申请撤诉,被告不同意的,法院可以不准撤诉。依据为《民事诉讼法解释》第

214条:"原告撤诉或者人民法院按撤诉处理后,原告以同一诉讼请求再次起诉的,人民法院应予受理。"及第238条:"当事人申请撤诉或者依法可以按撤诉处理的案件,如果当事人有违反法律的行为需要依法处理的,人民法院可以不准许撤诉或者不按撤诉处理。法庭辩论终结后原告申请撤诉,被告不同意的,人民法院可以不予准许。"

撤回上诉指上诉人撤回上诉请求,不再进行上诉,但当事人是否能够撤回上诉的决定权由人民法院决定。法律后果为,准许撤回上诉后,自撤诉裁定出具后,一审法院的审判结果即成为生效的法律文书。依据为《民事诉讼法》第180条:"第二审人民法院判决宣告前,上诉人申请撤回上诉的,是否准许,由第二审人民法院裁定。"

(4)二审案件的审理期限

二审案件的审理期限为3个月,自二审立案之日起算,需要延长的,本院院长批准。依据为《民事诉讼法》第183条:"人民法院审理对判决的上诉案件,应当在第二审立案之日起三个月内审结。有特殊情况需要延长的,由本院院长批准。"

3.简易程序

(1)适用案件

基层人民法院和它派出的法庭审理事实清楚、权利义务关系明确、争议不大的简单的民事案件,也可以对其他民事案件由当事人双方约定适用简易程序的。

(2)审理期限

简易程序案件在立案后3个月内审结。依据为《民事诉讼法》第164条:"人民法院适用简易程序审理案件,应当在立案之日起三个月内审结。有特殊情况需要延长的,经本院院长批准,可以延长一个月。"

(3) 简易程序中的小额诉讼

①小额诉讼中的金额的确定

金额为各省、自治区、直辖市上年度就业人员年平均工资 50% 以下的，适用小额诉讼程序，一审终审。标的额超过各省、自治区、直辖市上年度就业人员年平均工资 50% 但在 2 倍以下的，当事人双方也可以约定适用小额诉讼的程序。

依据为《民事诉讼法》第 165 条："基层人民法院和它派出的法庭审理事实清楚、权利义务关系明确、争议不大的简单金钱给付民事案件，标的额为各省、自治区、直辖市上年度就业人员年平均工资百分之五十以下的，适用小额诉讼的程序审理，实行一审终审。基层人民法院和它派出的法庭审理前款规定的民事案件，标的额超过各省、自治区、直辖市上年度就业人员年平均工资百分之五十但在二倍以下的，当事人双方也可以约定适用小额诉讼的程序。"及《民事诉讼法解释》第 272 条："民事诉讼法第一百六十五条规定的各省、自治区、直辖市上年度就业人员年平均工资，是指已经公布的各省、自治区、直辖市上一年度就业人员年平均工资。在上一年度就业人员年平均工资公布前，以已经公布的最近年度就业人员年平均工资为准。"

②审理期限

小额诉讼的审理期限为 2 个月，自立案之日起算。依据为《民事诉讼法》第 168 条："人民法院适用小额诉讼的程序审理案件，应当在立案之日起两个月内审结。有特殊情况需要延长的，经本院院长批准，可以延长一个月。"

③不适用小额诉讼的案件

实务中，对于类金融机构业务中的情形，常见的不适用小额诉讼的类型为：一方当事人下落不明、当事人提出反诉的、涉外案件、需要评估鉴定或者对诉前评估、鉴定结果有异议的案件。依据为《民事诉讼法》第 166 条："人民法院审理下列民事案件，不适用小额诉讼的程序：（一）人身关系、财产确权案件;(二)涉外案件;(三)需要评估、鉴定或者对诉前评估、鉴定结果有异议的案件;(四)一方当事人下落不明的案件;(五)当事人提出反诉的案件;(六)其他不宜适用小额诉讼的程序审理的案件。"

4. 再审程序

(1) 再审条件

除法律另有规定外,司法审判中实行两审终审制,对于类金融机构,已经取得生效的法律文书后,对方当事人未及时按照判决书履行判决内容即可以向法院申请执行。对方当事人认为判决有错误的,可以向上一级法院申请再审,或者一方人数众多的可以向原审法院申请再审,属于当事人的权利,也并不妨碍已经生效法律文书的权利实现,执行法院并不停止执行。

依据为《民事诉讼法》第210条:"当事人对已经发生法律效力的判决、裁定,认为有错误的,可以向上一级人民法院申请再审;当事人一方人数众多或者当事人双方为公民的案件,也可以向原审人民法院申请再审。当事人申请再审的,不停止判决、裁定的执行。"

(2) 当事人申请再审的申请期限

当事人申请再审的应当在判决、裁定发生效力后6个月提出或者法律规定的情形下自知道或应当知道之日起6个月提出。依据为《民事诉讼法》第216条:"当事人申请再审,应当在判决、裁定发生法律效力后六个月内提出;有本法第二百一十一条第一项、第三项、第十二项、第十三项规定情形的,自知道或者应当知道之日起六个月内提出。"

(3) 再审审查期限

再审审查期限为3个月,自收到再审申请书之日起算,特殊情况由院长批准后可以延长。审查的法律后果为符合再审的,裁定再审,不符合的,裁定驳回申请。依据为《民事诉讼法》第215条第1款:"人民法院应当自收到再审申请书之日起三个月内审查,符合本法规定的,裁定再审;不符合本法规定的,裁定驳回申请。有特殊情况需要延长的,由本院院长批准。"

(4)裁定再审后的法律程序

再审审查认为符合再审的,裁定再审,但裁定并不属于对案件本身的实体审理,对于裁定再审的,根据发生法律效力的判决是由一审或二审法院作出的,按照该生效法律文书生效的审理程序进行审理,对于提审的,按照二审程序审理。依据为《民事诉讼法》第218条:"人民法院按照审判监督程序再审的案件,发生法律效力的判决、裁定是由第一审法院作出的,按照第一审程序审理,所作的判决、裁定,当事人可以上诉;发生法律效力的判决、裁定是由第二审法院作出的,按照第二审程序审理,所作的判决、裁定,是发生法律效力的判决、裁定;上级人民法院按照审判监督程序提审的,按照第二审程序审理,所作的判决、裁定是发生法律效力的判决、裁定。"

5. 对于实体部分的审理,关于类金融机构普遍性的问题

(1)对于逾期利息部分,根据实务判例以不超过年利率24%为主,类金融相关业务不适用新的民间借贷司法解释,民间借贷的逾期利息的上限为LPR的4倍,依据为《最高人民法院关于新民间借贷司法解释适用范围问题的批复》第1条:"一、关于适用范围问题。经征求金融监管部门意见,由地方金融监管部门监管的小额贷款公司、融资担保公司、区域性股权市场、典当行、融资租赁公司、商业保理公司、地方资产管理公司等七类地方金融组织,属于经金融监管部门批准设立的金融机构,其因从事相关金融业务引发的纠纷,不适用新民间借贷司法解释。"

(2)对于违约金及其他费用部分,实务中,部分类金融机构除约定有逾期利息外,还约定有违约金,或者在业务前期收取包括但不限于以咨询服务费、居间服务费、项目评估费等各种以提供资金利率的其他名目的费用类,陕西地区的实务判例中,以违约金及各种名目的费用、逾期利息整体不超过年利率24%为主要裁判内容。

(3)对于实现债权的费用,主要包括律师费。类金融机构的业务合同通常会明确关于实现债权的费用,包括律师费、诉讼费等由债务人承担,实

务中对于律师费是否能够得到支持,各地司法判例不一致,但主流的司法判例观点为,各方当事人就实现债权产生的律师费有明确的约定,且在费用实际产生的情况下,违约方应当承担违约责任。以陕西地区为例,判例中以约定的实现债权金额为主,如有些合同中会对律师费的收费标准进行约定,也有个别法官以自由裁量权对律师费进行下调金额后进行支持的判例。

各地对于主张律师费的证据资料要求不同,有的只要求有代理合同和发票,有的法院会要求除提供代理合同和发票外,还需要律师费转账流水等,以陕西地区为例,各法院会有差异,以要求提供代理合同和发票为主。

二、仲裁阶段

仲裁,是指仲裁机构依照仲裁规则,在选择仲裁的主体参与下,解决争议的活动。仲裁包括劳动仲裁、国际贸易仲裁、商事仲裁等,从类金融机构角度,是指在类金融机构参与下,通过仲裁解决争议的方式,实现债权权利的仲裁活动。

(一) 相关依据

1.《中华人民共和国仲裁法》(2017年9月1日公布)

2.《最高人民法院关于内地与澳门特别行政区就仲裁程序相互协助保全的安排》(法释〔2022〕7号)

3.《最高人民法院关于仲裁司法审查案件报核问题的有关规定》(法释〔2021〕21号)

4.《最高人民法院关于人民法院办理仲裁裁决执行案件若干问题的规定》(法释〔2018〕5号)

5.《最高人民法院关于仲裁机构"先予仲裁"裁决或者调解书立案、执

行等法律适用问题的批复》(法释〔2018〕10号)

6.《最高人民法院关于仲裁司法审查案件归口办理有关问题的通知》(法〔2017〕152号)

7.《仲裁委员会仲裁收费办法》(国办发〔1995〕44号)

8.《仲裁委员会仲裁暂行规则示范文本》(1995年7月28日国务院办公厅发布)

(二)可以选择仲裁方式的依据

当事人双方未对争议解决进行约定的情况下,通常按照《民事诉讼法》的规定,由人民法院进行纠纷处理,当事人对争议解决进行选择由仲裁委员会处理时,需要达成仲裁协议或者相关合同中具有仲裁条款。实务中,类金融机构作为债权人时选择由仲裁委员会裁决时,通常会在合同中明确争议解决方式为某某仲裁委员会,甚至有些机构在约定合同时,会约定仲裁员、组庭方式(如独任审理)、送达地址和送达方式,此种情形下按照仲裁方式处理争议,依据为《仲裁法》第4条:"当事人采用仲裁方式解决纠纷,应当双方自愿,达成仲裁协议。没有仲裁协议,一方申请仲裁的,仲裁委员会不予受理。"及第5条:"当事人达成仲裁协议,一方向人民法院起诉的,人民法院不予受理,但仲裁协议无效的除外。"第16条:"仲裁协议包括合同中订立的仲裁条款和以其他书面方式在纠纷发生前或者纠纷发生后达成的请求仲裁的协议……"

(三)仲裁协议效力的确认

实务中,对于由类金融机构拟定的独立签订的仲裁协议,当事人在对该协议效力有不同主张的情况下,可以申请对该仲裁协议效力进行确认,仲裁协议无效的情形依据内容为《仲裁法》第17条规定:"有下列情形之一的,仲裁协议无效:(一)约定的仲裁事项超出法律规定的仲裁范围的;(二)无民事行为能力人或者限制民事行为能力人订立的仲裁协议;(三)一方采取胁迫手段,迫使对方订立仲裁协议的。"对于程序层面,确认仲裁协议效力的,可以请求仲裁委员会作出决定或者请求人民法院作出裁定,仲裁委员会可以对该仲裁协议效力进行确认,但需要当事人在仲裁庭首次开庭前提出,当事人双方向法院或仲裁委员会分别申请时,由法院裁定。依据为《仲裁法》第 20 条:"当事人对仲裁协议的效力有异议的,可以请求仲裁委员会作出决定或者请求人民法院作出裁定。一方请求仲裁委员会作出决定,另一方请求人民法院作出裁定的,由人民法院裁定。当事人对仲裁协议的效力有异议,应当在仲裁庭首次开庭前提出。"及第 19 条第 2 款:"仲裁庭有权确认合同的效力。"

(四)仲裁委员会的选定

仲裁委员会的选定由双方当事人协议选定,不区分地域和级别,即和法院管辖不同,可以自由选定非当事人双方住所地的任一仲裁委员会,如当事人双方均在西安,可以选择厦门仲裁委员会,也可以选择北海仲裁委员会等,同时没有相关仲裁标的额的限制,只要符合仲裁受理条件的均可以选择仲裁。依据为《仲裁法》第 6 条:"仲裁委员会应当由当事人协议选定。仲裁不实行级别管辖和地域管辖。"

(五)仲裁案件审理程序

1. 立案

启动实现债权权利主张的第一步程序,同诉讼立案程序一致,当事人准备相关的文书后向仲裁委申请立案,准备的相关资料包括但不限于仲裁申请书、授权委托书、证据相关材料、当事人双方身份证明文件以及仲裁协议或者能够证明立案仲裁委员会具有受理依据的仲裁条款证明文件。立案审查通过后,需要缴纳仲裁费用,包括案件受理费和处理费两部分,而以诉讼方式进行的,法院只收取案件诉讼费。仲裁委员会收取该两种费用的具体标准以该受理仲裁委员会的相关规定为准。依据为《仲裁委员会仲裁收费办法》第 2 条:"当事人申请仲裁,应当按照本办法的规定向仲裁委员会交纳仲裁费用,仲裁费用包括案件受理费和案件处理费。"第 4 条第 2 款:"仲裁案件受理费的具体标准由仲裁委员会在仲裁案件受理费表规定的幅度内确定,并报仲裁委员会所在地的省、自治区、直辖市人民政府物价管理部门核准。"第 8 条:"案件处理费的收费标准按照国家有关规定执行;国家没有规定的,按照合理的实际支出收取。"

2. 仲裁保全

在仲裁程序中当事人可以向仲裁委员会申请进行保全,由仲裁委员会出具保全相关函件后,由被申请人住所地或财产所在地法院进行保全。《仲裁法》第 28 条:"一方当事人因另一方当事人的行为或者其他原因,可能使裁决不能执行或者难以执行的,可以申请财产保全。当事人申请财产保全的,仲裁委员会应当将当事人的申请依照民事诉讼法的有关规定提交人民法院。"详述见本书第六章第二节保全相关内容。

3. 仲裁组庭

与法院审理不同的是,对于仲裁庭的人员,当事人双方可以选定组成,组成方式可以是独任审理,由当事人双方在收到的仲裁员名单中共同选定或者共同委托仲裁委员会主任进行指定,也可以是 3 名仲裁员组成的合议庭,由当事人各选定 1 名,由当事人共同选定或共同委托仲裁委员会主任进行指定,共同选定或主任指定的为首席仲裁员。依据为《仲裁法》第 30 条:"仲裁庭可以由三名仲裁员或者一名仲裁员组成。由三名仲裁员组成的,设首席仲裁员。"第 31 条:"当事人约定由三名仲裁员组成仲裁庭的,应当各自选定或者各自委托仲裁委员会主任指定一名仲裁员,第三名仲裁员由当事人共同选定或者共同委托仲裁委员会主任指定。第三名仲裁员是首席仲裁员。当事人约定由一名仲裁员成立仲裁庭的,应当由当事人共同选定或者共同委托仲裁委员会主任指定仲裁员。"

另外,仲裁庭审理案件中,裁决意见以少数服从多数的原则处理,形不成多数意见的,以首席仲裁员意见作出,依据为《仲裁法》第53条:"裁决应当按照多数仲裁员的意见作出,少数仲裁员的不同意见可以记入笔录。仲裁庭不能形成多数意见时,裁决应当按照首席仲裁员的意见作出。"

4. 开庭

开庭程序基本同于法院诉讼程序中的开庭程序,包括但不限于申请人陈述仲裁请求、被申请人答辩、举证质证等相关案件事实调查阶段、辩论阶段、最后陈述等。具体以选择的仲裁委员会规则为准。

5. 一裁终局

仲裁审理不同于法院审理,对于仲裁案件的结果为一裁终局,当事人无权利进行类似于法院的上诉、再审等程序,裁决作出且向当事人双方送达后,即为生效的法律文书。依据为《仲裁法》第9条:"仲裁实行一裁终局的制度。裁决作出后,当事人就同一纠纷再申请仲裁或者向人民法院起诉的,仲裁委员会或者人民法院不予受理。"

(六) 撤销仲裁裁决

取得生效的裁决书6个月内,当事人可以向仲裁委员会所在地的中级人民法院申请撤销裁决,此处须注意撤销裁决的地域管辖为仲裁委所在地,级别管辖为中级人民法院,审判的方式为组成合议庭,撤销裁决的理由为该裁决违背社会公共利益或满足六种情形的任意一种,情形内容及具体依据为《仲裁法》第58条:"当事人提出证据证明裁决有下列情形之一的,可以向仲裁委员会所在地的中级人民法院申请撤销裁决:(一) 没有仲裁协议的;(二) 裁决的事项不属于仲裁协议的范围或者仲裁委员会无权仲裁的;(三) 仲裁庭的组成或者仲裁的程序违反法定程序的;(四) 裁决所根据的证据是伪造的;(五) 对方当事人隐瞒了足以影响公正裁决的证据的;(六) 仲裁员在仲裁该案时有索贿受贿,徇私舞弊,枉法裁决行为的。人民法院经组成合议庭审查核实裁决有前款规定情形之一的,应当裁定撤销。人民法院认定该裁决违背社会公共利益的,应当裁定撤销。"

申请撤销仲裁裁决的时限为收到裁决之日起 6 个月内。依据为《仲裁法》第 59 条:"当事人申请撤销裁决的,应当自收到裁决书之日起六个月内提出。"

撤销仲裁的法律后果为法院经审理,认为符合《仲裁法》第 58 条任意一种情形的,裁定撤销裁决,不符合的,驳回申请人的申请,依据为《仲裁法》第 60 条:"人民法院应当在受理撤销裁决申请之日起两个月内作出撤销裁决或者驳回申请的裁定。"

法院审理撤销仲裁裁决案件的审限为受理之日起 2 个月。实务中,通常法院对于撤销仲裁裁决的案件,采用询问的方式审理,由当事人双方围绕仲裁裁决的申请相关内容及是否满足撤销裁决的情形,进行举证、质证及其他庭审活动等。

(七)不予执行仲裁裁决

取得生效的仲裁裁决后,被申请人一方未及时足额履行仲裁裁决书内容的,申请人可以向被执行人住所地或者被执行的财产所在地的中级人民法院申请执行,申请人向执行法院申请执行后,被执行人可以提出申请不予执行,同时提交相关证据予以证明,人民法院对该提出申请进行审查,满足情形和相关依据为《民事诉讼法》第 248 条第 2 款:"被申请人提出证据证明仲裁裁决有下列情形之一的,经人民法院组成合议庭审查核实,裁定不予执行:(一)当事人在合同中没有订有仲裁条款或者事后没有达成书面仲裁协议的;(二)裁决的事项不属于仲裁协议的范围或者仲裁机构无权仲裁的;(三)仲裁庭的组成或者仲裁的程序违反法定程序的;(四)裁决所根据的证据是伪造的;(五)对方当事人向仲裁机构隐瞒了足以影响公正裁决的证据的;(六)仲裁员在仲裁该案时有贪污受贿,徇私舞弊,枉法裁决行为的。人民法院认定执行该裁决违背社会公共利益的,裁定不予执行。"

对于被执行人提出的不予执行申请进行审查后的法律后果,在满足《民事诉讼法》第248条第2款任意一种情形时,裁定不予执行,对于不满足的,由执行法院继续执行。

被执行人提出不予执行仲裁裁决的时限为执行通知书送达之日起15日,或特殊情形下知道或应当知道之日起15日,依据为《最高人民法院关于人民法院办理仲裁裁决执行案件若干问题的规定》第8条:"被执行人向人民法院申请不予执行仲裁裁决的,应当在执行通知书送达之日起十五日内提出书面申请;有民事诉讼法第二百三十七条第二款第四、六项规定情形且执行程序尚未终结的,应当自知道或者应当知道有关事实或案件之日起十五日内提出书面申请。"

人民法院审查不予执行仲裁裁决的应当另行立案,同时,审查的期限为立案之日起2个月,有特殊情况,经院长批准可以延长1个月。依据为《最高人民法院关于人民法院办理仲裁裁决执行案件若干问题的规定》第2条第2款:"被执行人、案外人对仲裁裁决执行案件申请不予执行的,负责执行的中级人民法院应当另行立案审查处理……"及第12条:"人民法院对不予执行仲裁裁决案件的审查,应当在立案之日起两个月内审查完毕并作出裁定;有特殊情况需要延长的,经本院院长批准,可以延长一个月。"

审查方式主要为询问,必要时由仲裁庭作出说明或向仲裁机构调阅仲裁案卷。依据为《最高人民法院关于人民法院办理仲裁裁决执行案件若干问题的规定》第11条第2款:"被执行人、案外人对仲裁裁决执行案件申请不予执行的,人民法院应当进行询问;被执行人在询问终结前提出其他不予执行事由的,应当一并审查。人民法院审查时,认为必要的,可以要求仲裁庭作出说明,或者向仲裁机构调阅仲裁案卷。"

对于法院作出的不予执行仲裁裁决的裁定的,可以重新仲裁或者向人民法院起诉,依据为《民事诉讼法》第248条第2款:"仲裁裁决被人民法院裁定不予执行的,当事人可以根据双方达成的书面仲裁协议重新申请仲裁,也可以向人民法院起诉。"

三 赋予强制执行效力公证

公证是公证机构根据自然人、法人或者其他组织的申请,依照法定程序对民事法律行为,有法律意义的事实和文书的真实性、合法性予以证明的活动。此处指办理赋予强制执行效力的公证文书类事宜。

(一) 相关依据

1.《中华人民共和国公证法》(2017年9月1日公布)

2.《最高人民法院关于公证债权文书执行若干问题的规定》(法释〔2018〕18号)

3.《最高人民法院、司法部、中国银监会关于充分发挥公证书的强制执行效力服务银行金融债权风险防控的通知》(司发通〔2017〕76号)

4.《最高人民法院关于公证机关赋予强制执行效力的包含担保协议的公证债权强制执行的批复》(〔2014〕执他字第36号)

5.《最高人民法院、司法部关于公证机关赋予强制执行效力的债权文书执行有关问题的联合通知》(司发通〔2000〕107号)

6.《公证程序规则》(2020年10月20日公布)

7.《司法部办公厅关于调整公证机构执业区域的通知》(司办通〔2021〕69号)

8.《司法部关于公证执业"五不准"的通知》(司法通〔2017〕83号)

（二）公证受理

类金融机构及业务相对人在选择赋予公证债权文书具有强制执行效力时，需要向拟办理公证的公证处提交相关申请和证据材料，在办理过程中需要公证员按照有关办证规则核实双方当事人身份、债权文书内容及实际债权债务关系，债务履行方式、内容、时限等方面结合法律法规及公证规则进行全面审查，同时须载明当债务人不履行或者不适当履行义务时，债务人愿意接受强制执行。办理具有强制执行效力的债权文书的公证的依据和条件，具体为《公证程序规则》（2020年修订）第39条："具有强制执行效力的债权文书的公证，应当符合下列条件：（一）债权文书以给付为内容；（二）债权债务关系明确，债权人和债务人对债权文书有关给付内容无疑义；（三）债务履行方式、内容、时限明确；（四）债权文书中载明当债务人不履行或者不适当履行义务时，债务人愿意接受强制执行的承诺；（五）债权人和债务人愿意接受公证机构对债务履行情况进行核实；（六）《公证法》规定的其他条件。"

（三）形式内容和法律后果

对于公证处办理的赋予强制执行效力的公证债权文书的，由公证处制作相关公证债权文书，并送达给申请人（类金融机构及相对人），相关公证债权文书的形式内容通常包括申请人的债权文书原件及具有编号的《公证书》，实务中常见公证书内容形式为："……根据《中华人民共和国民事诉讼法》、《中华人民共和国公证法》、《公证程序规则》和《最高人民法院、司法部关于公证机关赋予强制执行效力的债权文书执行有关问题的联合通知》的有关规定，赋予前面的《××合同》具有强制执行效力，如债务人不履行或不适当履行前面的合同、协议义务，债权人有权持本公证书在前面合同、协议约定履行期限的最后一日起两年内，向我处申请执行证书并向有管辖权的人民法院申请强制执行。"

办理赋予强制执行效力公证债权文书的法律后果,即对于当债务人及时履行了合同约定的债务时,公证债权文书则履行完毕。当债务人不履行或者不适当履行义务时,因该公证文书赋予了强制执行效力,债权人可以向公证处申请出具《执行证书》。依据为《公证法》第37条第1款:"对经公证的以给付为内容并载明债务人愿意接受强制执行承诺的债权文书,债务人不履行或者履行不适当的,债权人可以依法向有管辖权的人民法院申请执行。"依据取得的执行证书,即具有强制执行效力的生效的法律文书,向法院申请强制执行。

(四)公证事项的核实

办理公证,实务中主要办理方式为现场公证,包括但不限于公证机构在签约现场对当事人的身份予以核实,对担保物权的权属、当事人的内部授权程序、合同条款、当事人意思表示等进行当场核实,特别是对自然人身份的核实,应当采取身份核验设备等方式,依据为《公证程序规则》(2020年修订)第25条第2款:"审查自然人身份,应当采取使用身份识别核验设备等方式,并记录附卷。"

实务中,另一种办理公证的方式为视频公证,即随着电子信息技术的发展,公证机构可以采取以视频的方式代替现场签约时的身份核验及相关公证内容的核查,实务中还存在以大数据的方式核查签约双方的身份信息以及对电子签章合同的公证办理等事宜进行视频公证。与现场办理公证的区别为视频公证的核查内容一致,但视频公证须借助电子信息技术以及其他可以交叉检验以确保公证内容符合相关法律法规的公证方式。

(五)公证书生效和费用

公证事项办理并经公证处内部审批后,申请人取得公证书,自公证书出具之日起生效,公证书落款为公证员签名或者加盖签名章并加盖公证机构印章,依据为《公证法》第 32 条:"公证书应当按照国务院司法行政部门规定的格式制作,由公证员签名或者加盖签名章并加盖公证机构印章。公证书自出具之日起生效。……"同时办理公证须由申请人支付公证费,依据为《公证法》第 34 条:"当事人应当按照规定支付公证费。"以陕西省汉唐公证处公示的收费标准为例,"赋予债权文书具有强制执行效力,按债务总额的 0.3%收取",另外,公证机构和银行业金融机构协商一致的,可以在办理债权文书时收取部分费用,出具执行证书时收齐其余费用。依据为《最高人民法院、司法部、中国银监会关于充分发挥公证书的强制执行效力服务银行金融债权风险防控的通知》第 10 条:"各省(区、市)司法行政部门要会同价格主管部门合理确定银行业金融债权文书强制执行公证的收费标准。公证机构和银行业金融机构协商一致的,可以在办理债权文书公证时收取部分费用,出具执行证书时收齐其余费用。"实务中,类金融机构存在按该种方式分开支付公证费的实务情形。

(六)无法办理非金融机构融资合同公证

自《司法部关于公证执业"五不准"的通知》于 2017 年 8 月 14 日实施之日起,对于民间借贷类的合同公证处不再办理合同公证及赋予强制执行效力公证,类金融机构属于"地方人民政府金融管理部门批准设立的从事资金融通业务的机构及其分支机构",其设立是地方金融管理部门批准的。实务中,部分地区对于类金融机构会取得由金融管理部门颁发的《经营许可证》,也存在无《经营许可证》但取得金融管理部门审批的"红头文件"——《关于同意设立××公司的批复》(陕西地区),无论取得《经营许可证》或批复,均不属于无法办理公证的主体范围。依据为《司法部关于公证执业"五不准"的通知》第 2 条:"不准办理非金融机构融资合同公证。在有关管理办法出台之前,公证机构不得办理自然人、法人、其他组织之间及其相互之间(经人民银行、银监会、证监会、保监会,商务主管部门、地方人民政府金融管理部门批准设立的从事资金融通业务的机构及其分支机构除外)的融资合同公证及赋予强制执行效力公证。"

(七)出具强制执行证书

当债务人不履行或不适当履行公证文书时,债权人可以向公证处申请出具强制执行证书,具体程序和内容为:

1. 申请人向公证处申请出具执行证书

实务中,在《公证书》中通常会明确:"……如债务人不履行或不适当履行前面的合同、协议义务,债权人有权持本公证书在前面合同、协议约定履行期限的最后一日起两年内,向我处申请执行证书并向有管辖权的人民法院申请强制执行。"即申请出具执行须在履行期限的最后一日2年内向公证处申请。

申请的公证机关为原出具《公证书》的公证机关。依据为《最高人民法院、司法部关于公证机关赋予强制执行效力的债权文书执行有关问题的联合通知》第4条:"债务人不履行或不完全履行公证机关赋予强制执行效力的债权文书的,债权人可以向原公证机关申请执行证书。"

申请的文书内容包括《申请书》、《授权委托书》、《公证书》、债务人不履行或不完全履行的证据材料(包括但不限于放款流水、还款流水、催收函等),其中申请书应当明确申请人双方身份主体、债务履行期限、申请执行标的等。

2. 公证处向被申请人发送核实通知函

公证机构收到申请人出具的执行证书申请后,按照法律法规规定的程序以及合同约定的核实方式进行核实,以确保执行证书载明的债权债务明确无误,实务中通常采取通知被申请人现场确认核实的方式和以按照约定的送达地址发送《核实函》通知的方式进行核实,并在《核实函》明确依据的债权债务相关合同、合同项下往来资金结算明细表以及其他与债务履行相关的证据、执行标的金额和相关计算依据以及对于上述内容有不同意见的处理方式:有异议或无异议。

3. 被申请人有异议时的处理

对于被申请人在限定时间内对于核实函内容有异议的,由公证机关对于被申请人提出的异议进行核查,必要时由被申请人对于异议部分提交证据予以证明。对于异议成立的,由公证机关向申请人说明并确认,并按照核实的最终无异议内容出具执行证书或者已经履行完毕的决定不予出具执行证书;对于异议不成立的,由公证机关向被申请人说明,并按核实的内容出具执行证书。

4. 被申请人无异议时的处理

对于被申请人在限定时间内未提出异议,或者超过限定时间提交异议的,由公证机构按照其核实的执行内容出具执行证书。

5. 执行证书内容

公证机构出具的执行证书属于生效的法律文书,人民法院按照该生效的法律文书进行案件执行,故该执行证书内容应当明确且具有可执行性,具体执行证书的内容标准和依据为《公证程序规则》第55条第3款:"执行证书应当载明申请人、被申请执行人、申请执行标的和申请执行的期限。债务人已经履行的部分,应当在申请执行标的中予以扣除。因债务人不履行或者不适当履行而发生的违约金、滞纳金、利息等,可以应债权人的要求列入申请执行标的。"

6. 出具执行证书

公证机构经核实并按照法律法规的规定确定执行证书内容,经内部审批后,最终出具执行证书,执行证书自出具后即具有法律效力。

(八) 公证债权文书具有不可诉性

对于当事人双方申请了对公证债权文书赋予强制执行效力,即当事人对发生债务人不履行或不适当履行前面的合同、协议义务时的权利实现途径为向公证处申请出具执行证书,当公证债权文书被裁定不予执行后,当事人可以向法院提起诉讼,依据为《民事诉讼法解释》第478条第2款:"公证债权文书被裁定不予执行后,当事人、公证事项的利害关系人可以就债权争议提起诉讼。"

另外,对于已经出具了执行证书,当事人双方可以对部分债务或全部债务的履行另行达成以诉讼解决争议的方式,属于通过合意的方式变更了可以直接申请强制执行的内容,当事人对变更后的债权向法院提起诉讼,法律无禁止性规定。

(九)不予执行公证执行证书

1. 管辖法院

公证债权文书的执行案件由被执行人住所地或者被执行财产所在地人民法院管辖,对于当事人双方有约定的,如合同签订地、原告所在地等约定均无效,依据为《公证债权文书执行规定》第2条:"公证债权文书执行案件,由被执行人住所地或者被执行的财产所在地人民法院管辖。"

2. 不予执行公证债权文书的内容

对于出具公证债权文书,有严重违反法定公证程序的情形,被执行人可以向人民法院申请不予执行,对于内容与事实不符或者违反法律强制性规定等实体事由的,可以在执行终结前,以债权人为被告向执行法院提起诉讼要求不予执行公证债权文书。

依据为《公证债权文书执行规定》第12条:"有下列情形之一的,被执行人可以依照民事诉讼法第二百三十八条第二款规定申请不予执行公证债权文书:(一)被执行人未到场且未委托代理人到场办理公证的;(二)无民事行为能力人或者限制民事行为能力人没有监护人代为办理公证的;(三)公证员为本人、近亲属办理公证,或者办理与本人、近亲属有利害关系的公证的;(四)公证员办理该项公证有贪污受贿、徇私舞弊行为,已经由生效刑事法律文书等确认的;(五)其他严重违反法定公证程序的情形。被执行人以公证债权文书的内容与事实不符或者违反法律强制性规定等实体事由申请不予执行的,人民法院应当告知其依照本规定第二十二条第一款规定提起诉讼。"

3. 申请不予执行的时限

对于审查公证程序的情形,被执行人申请不予执行的时限,为执行通知送达之日起15日内,公证员为近亲属办理公证,或者办理与本人、近亲属有利害关系的公证的或公证员办理该项公证有贪污受贿、徇私舞弊行为,已经由生效刑事法律文书等确认的,执行程序未终结的,自知道或应当知道之日起15日内提出。依据为《公证债权文书执行规定》第13条第1款:"被执行人申请不予执行公证债权文书,应当在执行通知书送达之日起十五日内向执行法院提出书面申请,并提交相关证据材料;有本规定第十二条第一款第三项、第四项规定情形且执行程序尚未终结的,应当自知道或者应当知道有关事实之日起十五日内提出。"

对于可能存在内容与事实不符或者违反法律强制性规定等,需要审查实体事由的,被执行人可以在执行终结前提起诉讼,由执行法院审理后判决。

4. 审查方式

人民法院对公证债权文书的审查,应全面审查公证债权文书的内容是否确有错误,包括审查程序问题和实体问题,对于审查公证程序的情形,特别是案情复杂,争议较大的应当进行听证及调取相关案卷或听取情况说明,《公证债权文书执行规定》第15条:"人民法院审查不予执行公证债权文书案件,案情复杂、争议较大的,应当进行听证。必要时可以向公证机构调阅公证案卷,要求公证机构作出书面说明,或者通知公证员到庭说明情况。"对于审查公证实体内容的,由执行法院具体审理后判决。

5. 审查期限

对于审查公证程序的情形,审查期限为受理之日起60日内,特殊情形经院长批准延长30日。依据为《公证债权文书执行规定》第16条:"人民法院审查不予执行公证债权文书案件,应当在受理之日起六十日内审查完毕并作出裁定;有特殊情况需要延长的,经本院院长批准,可以延长三十日。"

对于审查实体事由的,审理按照人民法院一审审限确定。

6. 审查结果

对于审查公证程序的情形,《公证法》第37条第2款:"前款规定的债权文书确有错误的,人民法院裁定不予执行,并将裁定书送达双方当事人和公证机构。"及《民事诉讼法》第249条第2款:"公证债权文书确有错误的,人民法院裁定不予执行,并将裁定书送达双方当事人和公证机关。"

对于审查公证实体内容的,由执行法院具体审理后判决。

第五节

执行阶段

一、执行

(一) 相关依据

1.《最高人民法院关于人民法院执行工作若干问题的规定(试行)》(法释〔2020〕21号)

2.《最高人民法院关于人民法院民事执行中查封、扣押、冻结财产的规定》(法释〔2020〕21号)

3.《最高人民法院关于人民法院民事执行中拍卖、变卖财产的规定》(法释〔2020〕21号)

4.《最高人民法院关于民事执行中变更、追加当事人若干问题的规定》(法释〔2020〕21号)

5.《最高人民法院关于民事执行中财产调查若干问题的规定》(法释〔2020〕21号)

6.《最高人民法院关于执行和解若干问题的规定》(法释〔2020〕21号)

7.《最高人民法院关于执行担保若干问题的规定》(法释

〔2020〕21号）

8.《最高人民法院关于委托执行若干问题的规定》（法释〔2020〕21号）

9.《最高人民法院关于人民法院办理执行异议和复议案件若干问题的规定》（法释〔2020〕21号）

10.《最高人民法院关于人民法院办理仲裁裁决执行案件若干问题的规定》（法释〔2018〕5号）

11.《最高人民法院关于公证债权文书执行若干问题的规定》（法释〔2018〕18号）

12.《最高人民法院关于正确适用暂缓执行措施若干问题的规定》（法发〔2002〕16号）

13.《最高人民法院印发〈关于严格规范终结本次执行程序的规定（试行）〉的通知》（法〔2016〕373号）

14.《最高人民法院关于公布失信被执行人名单信息的若干规定》（法释〔2017〕7号）

15.《最高人民法院、最高人民检察院印发〈关于民事执行活动法律监督若干问题的规定〉的通知》（法发〔2016〕30号）

16.《最高人民法院关于限制被执行人高消费及有关消费的若干规定》（法释〔2015〕19号）

17.《最高人民法院关于全国法院被执行人信息查询平台信息异议处理的若干规定》（法释〔2009〕129号）

18.《最高人民法院关于执行工作中正确适用修改后民事诉讼法第202条、第204条规定的通知》（法明传〔2008〕1223号）

19.《最高人民法院关于人民法院办理执行案件若干期限的规定》（法发〔2006〕35号）

20.《最高人民法院印发〈关于人民法院执行公开的若干规定〉和〈关于人民法院办理执行案件若干期限的规定〉的通知》（法发〔2006〕35号）

21.《最高人民法院关于依法制裁规避执行行为的若干意见》(法〔2011〕195号)

22.《最高人民法院关于人民法院确定财产处置参考价若干问题的规定》(法释〔2018〕15号)

23.《最高人民法院关于认真做好网络司法拍卖与网络司法变卖衔接工作的通知》(法明传〔2017〕455号)

24.《最高人民法院关于人民法院强制执行股权若干问题的规定》(法释〔2021〕20号)

25.《最高人民法院关于执行程序中计算迟延履行期间的债务利息适用法律若干问题的解释》(法释〔2014〕8号)

26.《全国人民代表大会常务委员会关于〈中华人民共和国刑法〉第三百一十三条的解释》(2002年8月29日发布)

27.《最高人民法院关于审理拒不执行判决、裁定刑事案件适用法律若干问题的解释》(法释〔2020〕21号)

(二) 申请执行期间

申请执行的期间为2年,起算时间点的确定如下:一是法律文书规定有履行期限的,如判决书中明确"被告×××于本判决生效后十日内向原告支付人民币×××元",则法律文书规定的履行期间,即"判决生效后十日内"的最后一日开始计算2年的申请执行期间;二是分期履行的,如调解书中明确"被告应于××××年××月××日向原告支付人民币×××元,于××××年××月××日前支付剩余借款本息",即"支付剩余借款本息"的时间节点为分期履行的最后一期,届满之日开始计算2年的申请执行期间;三是法律文书未规定履行期限的,从生效之日起计算两年的申请执行期间。

依据为《民事诉讼法》第250条:"申请执行的期间为二年。申请执行时效的中止、中断,适用法律有关诉讼时效中止、中断的规定。前款规定的期间,从法律文书规定履行期间的最后一日起计算;法律文书规定分期履行的,从最后一期履行期限届满之日起计算;法律文书未规定履行期间的,从法律文书生效之日起计算。"

(三)对通过诉讼、仲裁裁决、公证债权文书的执行

1. 对通过诉讼取得生效法律文书的执行法院

对于发生法律效力的民事判决、裁定执行,从级别管辖角度,由第一审人民法院或第一审人民法院同级的法院执行,从地域管辖角度,由被执行人财产所在地法院执行。落脚点在被执行人财产所在地法院,是为了便于执行。

依据为《民事诉讼法》第235条第1款:"发生法律效力的民事判决、裁定,以及刑事判决、裁定中的财产部分,由第一审人民法院或者与第一审人民法院同级的被执行的财产所在地人民法院执行。"

2. 对仲裁裁决的执行法院

对于仲裁裁决或者仲裁调解书的执行,从机构类别角度,仲裁机构没有强制执行的职能,由人民法院执行,从级别管辖的角度,由中级人民法院执行,从地域管辖角度,由被执行人住所地或者被执行的财产所在地执行。比如,当事人双方为甘肃的,约定由西安仲裁委员会进行裁决,取得生效的裁决书后,未及时足额履行的,可以由申请人向被执行人住所地或者被执行的财产所在地的中级人民法院申请执行。

依据为《最高人民法院关于人民法院办理仲裁裁决执行案件若干问题的规定》第2条:"当事人对仲裁机构作出的仲裁裁决或者仲裁调解书申请执行的,由被执行人住所地或者被执行的财产所在地的中级人民法院管辖。……"及《民事诉讼法》第248条:"对依法设立的仲裁机构的裁决,一方当事人不履行的,对方当事人可以向有管辖权的人民法院申请执行。受申请的人民法院应当执行。"及第235条第2款:"法律规定由人民法院执行

的其他法律文书,由被执行人住所地或者被执行的财产所在地人民法院执行。"

3. 对公证债权文书的执行

对于赋予强制执行效力的公证债权文书的执行,从机构类别的角度,由人民法院执行;从级别管辖的角度,由基层人民法院执行;从地域管辖的角度,由被执行人住所地或者被执行的财产所在地执行。

依据为《民事诉讼法》第249条:"对公证机关依法赋予强制执行效力的债权文书,一方当事人不履行的,对方当事人可以向有管辖权的人民法院申请执行,受申请的人民法院应当执行……"及第235条第2款:"法律规定由人民法院执行的其他法律文书,由被执行人住所地或者被执行的财产所在地人民法院执行。"

(四)执行程序

1. 执行立案

取得生效的法律文书且被执行人未按照该文书及时足额履行法律义务的,申请人可以根据法律文书的不同向具有管辖权的法院申请执行,申请执行的标准和条件,从主体上,需要是法律文书确定的权利人或继承人、权利承受人;从内容上,为法律文书确定的具有给付内容的文书,包括但不限于迟延履行金等;从必要条件上,法律文书已经生效且被执行人未在履行期限届满前及时足额履行。受申请执行法院于7日内予以立案或裁定不予受理。

依据为《执行工作若干规定》第16条:"人民法院受理执行案件应当符合下列条件:(1)申请或移送执行的法律文书已经生效;(2)申请执行人是生效法律文书确定的权利人或其继承人、权利承受人;(3)申请执行的法律文书有给付内容,且执行标的和被执行人明确;(4)义务人在生效法律文书确定的期限内未履行义务;(5)属于受申请执行的人民法院管辖。人民法院对符合上述条件的申请,应当在七日内予以立案;不符合上述条件之一的,应当在七日内裁定不予受理。"

2. 执行通知、列入被执行人信息

执行立案后,在案件分到具体的执行法官后,由执行法官10日内向被执行人发出执行通知书,明确告知执行的标的和内容,并责令被执行人立即履行,以及延迟履行的利息或履行金。执行通知书的送达方式和其他法律文书一致,包括但不限于邮寄送达、留置送达、公告送达等。

依据为《民事诉讼法》第251条:"执行员接到申请执行书或者移交执行书,应当向被执行人发出执行通知,并可以立即采取强制执行措施。"及《执行工作若干规定》第22条:"人民法院应当在收到申请执行书或者移交执行书后十日内发出执行通知。执行通知中除应责令被执行人履行法律文书确定的义务外,还应通知其承担民事诉讼法第二百五十三条规定的迟延履行利息或者迟延履行金。"

对于已经被执行立案的被执行信息,由执行法院通过全国法院执行案件信息管理系统录入。信息数据的准确性由执行案件承办人员负责,申请人及被执行人均可以通过"中国执行信息公开网"对案件执行的被执行人的姓名或名称、执行标的等进行查询。

3. 被执行人财产汇报

以类金融机构作为申请执行人主体的,通常均属于金钱债权的执行类型,执行具体的案件时,执行法院在给被执行人发送执行通知的同时,会向被执行人发送报告财产令,要求被执行人报告自收到执行通知之日起1年内的财产情况,被执行人拒绝报告、虚假报告、无正当理由逾期报告的,可以被罚款、拘留或者列入失信被执行人名单,甚至承担刑事责任。

依据为《民事诉讼法》第252条:"被执行人未按执行通知履行法律文书确定的义务,应当报告当前以及收到执行通知之日前一年的财产情况。被执行人拒绝报告或者虚假报告的,人民法院可以根据情节轻重对被执行人或者其法定代理人、有关单位的主要负责人或者直接责任人员予以罚款、拘留。"

《执行中财产调查规定》第3条第1款:"人民法院依申请执行人的申请或依职权责令被执行人报告财产情况的,应当向其发出报告财产令。金钱债权执行中,报告财产令应当与执行通知同时发出……"及第9条第1款:"被执行人拒绝报告、虚假报告或者无正当理由逾期报告财产情况的,人民法院可以根据情节轻重对被执行人或者其法定代理人予以罚款、拘留;构成犯罪的,依法追究刑事责任。"及第10条:"被执行人拒绝报告、虚假报告或者无正当理由逾期报告财产情况的,人民法院应当依照相关规定将其纳入失信被执行人名单。"

4.查封、冻结、扣押

(1)对金钱的执行

①存款

对于被执行人主体是法人或非法人组织的,对于在金融机构开立了相关银行账户的,由执行法院作出冻结的执行裁定并发出协助执行通知书,由金融机构对账户内的货币资金进行冻结。

对于被执行人主体是自然人的,分两种情况:一种是银行账户的货币资金,同上述法人或非法人组织的措施一样,由执行法院作出冻结的执行裁定并发送协助执行通知,由金融机构予以冻结。另一种是对于自然人的收入转为存款的,应当责令自然人交出存单,拒不交出的,可以作出提取存款的裁定并向其发出协助执行通知,由金融机构通过提取的方式将存款交给执行法院或存入指定账户。依据为《执行工作若干规定》第28条:"作为被执行人的自然人,其收入转为储蓄存款的,应当责令其交出存单。拒不交出的,人民法院应当作出提取其存款的裁定,向金融机构发出协助执行通知书,由金融机构提取被执行人的存款交人民法院或存入人民法院指定的账户。"

②收入

对于被执行人主体为自然人,在有关单位享有收入的,对于已经收取的收入,可以直接采取冻结账户的方式,或者存单要求交出的方式执行,对于尚未支取的收入,由执行法院出具裁定并向发放收入的单位发送协助执行通知书,扣留或提取。但对于仅有收入来源的被执行人,还应当留存其必要的生活最低收入,各地执行法院根据当地经济情况自由裁量。

依据为《执行工作若干规定》第29条:"被执行人在有关单位的收入尚未支取的,人民法院应当作出裁定,向该单位发出协助执行通知书,由其协助扣留或提取。"

③应收账款

对于被执行人对第三人享有到期的债权执行,由申请人或被执行人向执行法院进行申请(实务中执行法院一般会要求提供应收账款的财产线索和一定的证据),执行法院出具《到期履行通知书》并向第三人直接送达,通知书内容主要明确第三人在收到履行通知书后,对通知书有异议的须在15日内向执行法院提出,未提出异议而又不履行的,执行法院有权裁定对第三人强制执行。而对于第三人对通知书提出异议的,执行法院不予以审查。

从债权人的角度,若第三人未提出异议的,满15日后可以由执行法院要求第三人履行,未履行的,可以强制执行,若第三人提出异议的,由于执行法院对第三人提出的异议不进行审查,执行法院不能对第三人执行,而对于债权人的救济途径,可以提起执行异议之诉,通过诉讼的方式确定对第三人的债权,或者债权人可以另行提起代位权之诉。

依据为《执行工作若干规定》第45条:"被执行人不能清偿债务,但对本案以外的第三人享有到期债权的,人民法院可以依申请执行人或被执行人的申请,向第三人发出履行到期债务的通知(以下简称履行通知)。履行通知必须直接送达第三人。履行通知应当包含下列内容:(1)第三人直接向申请执行人履行其对被执行人所负的债务,不得向被执行人清偿;(2)第三人应当在收到履行通知后的十五日内向申请执行人履行债务;(3)第三人对履行到期债权有异议的,应当在收到履行通知后的十五日内向执行法院提出;(4)第三人违背上述义务的法律后果。"

《执行工作若干规定》第 47 条:"第三人在履行通知指定的期间内提出异议的,人民法院不得对第三人强制执行,对提出的异议不进行审查。"及第 49 条:"第三人在履行通知指定的期限内没有提出异议,而又不履行的,执行法院有权裁定对其强制执行。此裁定同时送达第三人和被执行人。"

对于未到期的债权,执行法院可以出具裁定予以冻结,冻结后该债务第三人不能直接向被执行人履行,待债权到期后,参照前述到期债权的方式予以执行。依据为《最高人民法院关于依法制裁规避执行行为的若干意见》第 13 条:"依法保全被执行人的未到期债权。对被执行人的未到期债权,执行法院可以依法冻结,待债权到期后参照到期债权予以执行。第三人仅以该债务未到期为由提出异议的,不影响对该债权的保全。"

(2)对动产的查封、扣押

对于三种类型的动产的执行,一是能够明确产权的动产,如存放于被执行人厂房的机器设备且有合同或发票证明其权属的;二是虽然无法明确产权但由被执行人占有的,如被执行人办公场地的电脑(无法提供合法来源的);三是登记在被执行人名下的特定动产,如车辆、船舶等。执行法院可以直接进行查封、扣押的方式如下:一是可以由执行法院直接控制该财产;二是由第三人控制的,在该动产上加贴封条或其他公示方式。

依据为《查封、扣押、冻结财产规定》第 2 条第 1 款:"人民法院可以查封、扣押、冻结被执行人占有的动产、登记在被执行人名下的不动产、特定动产及其他财产权……"及第 8 条:"查封、扣押动产的,人民法院可以直接控制该项财产。人民法院将查封、扣押的动产交付其他人控制的,应当在该动产上加贴封条或者采取其他足以公示查封、扣押的适当方式。"

另外,对于特定动产中车辆的查封、扣押措施,已经进行了权属登记的车辆,一方面由执行法院在车辆登记部门进行车辆手续的查封、冻结;另一方面由执行法院对车辆实际进行控制,或者在第三人控制车辆时加贴封条或其他公示查封、扣押的适当方式。

对于未进行权属登记的机动车辆,扣押时应当记载发动机编号,扣押期间权利人要求办理权属登记手续的,执行法院应当准许,当办理完权属登记后,可以对登记权属的机动车辆进行查封、冻结。依据为《查封、扣押、冻结财产规定》第11条:"扣押尚未进行权属登记的机动车辆时,人民法院应当在扣押清单上记载该机动车辆的发动机编号。该车辆在扣押期间权利人要求办理权属登记手续的,人民法院应当准许并及时办理相应的扣押登记手续。"

(3)对不动产的查封

①产权明确,且有不动产登记证的

对于已经取得不动产登记证的,执行法院可以通过不动产登记部门对该不动产进行查封,并在不动产上张贴封条或公告,可以提取保存有关财产权证照。实务中,执行法院对于不动产的查封须出具查封裁定和协助执行通知书,并送达至不动产登记部门进行线下查封。

依据为《查封、扣押、冻结财产规定》第9条:"查封不动产的,人民法院应当张贴封条或者公告,并可以提取保存有关财产权证照。查封、扣押、冻结已登记的不动产、特定动产及其他财产权,应当通知有关登记机关办理登记手续。未办理登记手续的,不得对抗其他已经办理了登记手续的查封、扣押、冻结行为。"

随着执行措施的不断优化,2024年2月7日,最高人民法院、自然资源部发布了《最高人民法院、自然资源部关于开展"总对总"不动产网络查封登记试点工作的通知》,选择在北京、上海、天津、重庆、江苏、浙江、山东、甘肃8个省(区、市)开展"总对总"不动产网络查封登记试点工作,全国各级人民法院均可依法对上述地区的不动产进行"总对总"不动产网络查封登记。试点工作不改变人民法院和不动产登记机构的法定责任,不增加不动产登记机构的额外工作,不突破不动产查封登记、登记资料查询一般规则,线上与线下查封统一流程、统一要件、统一标准,具有同等法律效力。

2024年12月完成试点后,若在全国范围内进行推广,将大大优化不动产的查封工作,也更能便捷、快速、准确地完成执行查封,对于作为申请执行人的债权人属于重大利好。

②产权明确,已取得网签备案的

对于被执行人已签订网签合同,且取得合同备案号但尚未取得不动产登记证的,执行法院可以查封、拍卖,在查封时按照网签合同备案号进行查封,与已经取得不动产登记证的查封办理无异同,也可以从不动产登记机构打印出《不动产登记簿》,唯一的区别为网签备案且未取得不动产登记证的不动产登记簿会在"所有人名称"处登记为房地产开发企业的名称,但不实质影响查封和后期处置。

③产权明确,未网签备案无不动产登记证的

对于未进行权属登记的建筑物的查封,需要根据土地使用权相关审批文件或其他证据确定其权属,因未进行登记,无法在不动产登记机构进行查封登记,应当通知管理人或实际占有人,并张贴查封公告,依据为《查封、扣押、冻结财产规定》第10条:"查封尚未进行权属登记的建筑物时,人民法院应当通知其管理人或者该建筑物的实际占有人,并在显著位置张贴公告。"及第2条第2款、第3款:"未登记的建筑物和土地使用权,依据土地使用权的审批文件和其他相关证据确定权属。对于第三人占有的动产或者登记在第三人名下的不动产、特定动产及其他财产权,第三人书面确认该财产属于被执行人的,人民法院可以查封、扣押、冻结。"

对于小产权房的查封,由于该房产所形成时的土地性质原因等问题无法办理相关不动产登记证,法院无法办理查封,可以按照上述方式通知管理人或实际占有人,并张贴公告,但后期无法进行处置,否则会导致通过司法拍卖将"非法产权"变为"合法产权"的问题。

结合实务,对于小产权房的执行,可以采取对其房产所产生的房屋租金进行执行,或者对于房屋的使用权进行执行,在一定程度上可以收回部分款项。

(4)对股权的冻结

对有限责任公司、其他法人企业股权的冻结,执行法院可以在出具执行裁定和协助执行通知后直接在市场监督管理局进行股权冻结,冻结后股权无法进行变更登记,执行法院应当通知有关企业不得办理被冻结投资权益或股权的转移手续,不得向被执行人支付股息或红利。

依据为《执行工作若干规定》第38条:"对被执行人在有限责任公司、其他法人企业中的投资权益或股权,人民法院可以采取冻结措施。冻结投资权益或股权的,应当通知有关企业不得办理被冻结投资权益或股权的转移手续,不得向被执行人支付股息或红利。被冻结的投资权益或股权,被执行人不得自行转让。"

对股份有限公司股权的冻结,在执行法院出具执行裁定和协助执行通知后,一方面需要向市场监督管理局办理股权冻结手续,另一方面需要向冻结股权的被执行企业告知其不得办理被冻结投资权益或股权的转移手续,不得向被执行人支付股息或红利,另外,对于股份有限公司的股权已经进行托管的情况下,如因股份有限公司的股权变更不需要在市场监督管理局进行每一次的变更,为了股权登记管理的规范和便捷,部分股份有限公司将其股权托管给了第三方可以办理股权托管的机构,对于此种类型的股权已经进行托管的股份有限公司,还应当向股权的托管机构发送协助执行通知,告知其不得办理被冻结投资权益或股权的转移手续。

上市公司的股权的冻结,还应当通过证券登记机构办理,其他与上述办理内容一致,另外,对于被执行人在其他股份有限公司的股票,执行法院可以扣押,并分三种情况进行处置:一是强制转让;二是拍卖、变卖;三是直接抵债给债权人。

依据为《执行工作若干规定》第37条:"对被执行人在其他股份有限公

司中持有的股份凭证(股票),人民法院可以扣押,并强制被执行人按照公司法的有关规定转让,也可以直接采取拍卖、变卖的方式进行处分,或直接将股票抵偿给债权人,用于清偿被执行人的债务。"

(5)对股息或红利等收益的执行

对于股息或红利等收益分为已到期的和未到期的,采取不同的处理方式,对于已经到期的,由执行法院出具执行裁定禁止被执行人提取,禁止有关企业向被执行人支付并要求企业直接向申请执行人支付;对于未到期的,执行法院可以对于该收益部分予以冻结,禁止到期后提取,禁止有关企业向被执行人直接支付,因该部分收益已经冻结,到期后可以由执行法院直接提取。

依据为《执行工作若干规定》第36条:"对被执行人从有关企业中应得的已到期的股息或红利等收益,人民法院有权裁定禁止被执行人提取和有关企业向被执行人支付,并要求有关企业直接向申请执行人支付。对被执行人预期从有关企业中应得的股息或红利等收益,人民法院可以采取冻结措施,禁止到期后被执行人提取和有关企业向被执行人支付。到期后人民法院可从有关企业中提取,并出具提取收据。"

5.划扣、提取、扣押

划扣是执行法院根据生效的法律文书,通过银行或其他金融机构,将被执行人的存款或其他资金直接划转到法院指定的账户。广泛适用于对金钱债权的执行中。划扣存款可以在冻结的基础上,也可以未经冻结,执行法院直接进行划扣。

提取是执行法院根据生效的法律文书,向被执行人所在单位、银行或其他金融机构发出协助执行通知书,要求其协助提取被执行人的收入。主要适用于被执行人有收入但拒不履行,而由执行法院强制执行的措施。提取主要针对被执行人的收入,通过相关单位协助提取,而法院划扣主要针对被执行人的存款或资金,通过银行或其他金融机构协助划扣。

扣押是执行法院根据生效的法律文书,对于被执行人占有的动产、特定动产及其他财产权采取的一种强制限制被执行人使用,而将扣押物交付给执行法院。实务中主要适用于动产、特定动产等。

6.确定财产处置参考价

对于需要拍卖、变卖的财产,对于其财产处置参考价的确定,可以采取当事人议价、定向询价、网络询价、委托评估等方式进行。

关于评估,实务中,对于评估工作的进行,应当从名单分库中协商确定三家评估机构以及顺序,当事人协商不成或另一方下落不明的,由执行法院在评估机构入围的名单库中随机抽取,采取摇号的方式进行,确定评估机构后由执行法院进行委托价格评估。

依据为《确定财产处置参考价的规定》第16条:"采取委托评估方式确定参考价的,人民法院应当通知双方当事人在指定期限内从名单分库中协商确定三家评估机构以及顺序;双方当事人在指定期限内协商不成或者一方当事人下落不明的,采取摇号方式在名单分库或者财产所在地的名单子库中随机确定三家评估机构以及顺序。双方当事人一致要求在同一名单子库中随机确定的,人民法院应当准许。"

关于应当评估的情形,是指在法律、行政法规规定必须委托评估、双方当事人要求委托评估或者网络询价不能或不成的,人民法院应当委托评估机构进行评估。(《确定财产处置参考价的规定》第14条)

其中,法律、行政法规规定必须委托评估的情形,为满足以下情形之一的:(1)涉及国有资产或者公共利益等事项的;(2)企业国有资产法、公司法、合伙企业法、证券法、拍卖法、公路法等法律、行政法规规定必须委托评估的;(3)双方当事人要求委托评估的;(4)司法网络询价平台不能或者在期限内均未出具网络询价结果的;(5)法律、法规有明确规定的。(《人民法院委托评估工作规范》第9条)

对于拍卖标的价格确定,通常还有其他方式如下:

一是当事人议价,由申请人和被执行人进行协商议价,以双方达成一致的价格作为拍卖标的物的参考价格。

二是定向询价,能够采取定向询价的基础前提,其一是定向询价对象有计税基准价、政府定价或有政府指导价的,定向询价的方式为向财产所在地的有关机构进行定向询价;其二是当事人议价不能或者不成或双方当事人一致要求直接进行定向询价。

依据为《确定财产处置参考价的规定》第5条:"当事人议价不能或者不成,且财产有计税基准价、政府定价或者政府指导价的,人民法院应当向确定参考价时财产所在地的有关机构进行定向询价。双方当事人一致要求直接进行定向询价,且财产有计税基准价、政府定价或者政府指导价的,人民法院应当准许。"

三是通过网络询价的方式确定其市场价格,目前采取网络询价的主体的主要为京东、阿里、工商银行,由法院依职权同时委托三家网络询价机构进行,以三家询价结果的平均值最终确定网络询价的结果。

依据为《拍卖、变卖财产规定》第4条第1款:"对拟拍卖的财产,人民法院可以委托具有相应资质的评估机构进行价格评估。对于财产价值较低或者价格依照通常方法容易确定的,可以不进行评估。"及第2款:"当事人双方及其他执行债权人申请不进行评估的,人民法院应当准许。"

实务中,确定财产处置参考价的顺序,依次为当事人议价、定向询价、网络询价、委托评估。

当事人、利害关系人对议价或者定向询价提出异议的,人民法院不予受理。(《确定财产处置参考价的规定》第24条第2款)

对于评估、网络询价结果不满意,当事人可以提出程序性异议和实体性异议。

对于程序性异议,当事人、利害关系人认为网络询价报告或者评估报告

具有下列情形之一的,可以在收到报告后5日内提出书面异议:

(1)财产基本信息错误;(2)超出财产范围或者遗漏财产;(3)评估机构或者评估人员不具备相应评估资质;(4)评估程序严重违法(《确定财产处置参考价的规定》第22条),经执行法院审查执行行为异议,理由成立的,裁定撤销或者改正;理由不成立的,裁定驳回。当事人、利害关系人对裁定不服的,可向上一级法院申请复议。

对于实体性异议,当事人以网络询价、评估结果过高或过低提出的异议,属于实体性异议,该异议不属于执行行为异议的审查范畴,司法网络询价平台在期限内出具询价结果的,人民法院应当以司法网络询价平台出具结果的平均值为参考价,而财产处置参考价与拍卖、变卖成交价格并不等同。

7.关于拍卖、变卖

(1)起拍价(保留价)的确定

拍卖中对于起拍价的确定,经过双方当事人议价的,实务中以议价确定的金额为起拍价,经过网络询价或定向询价的,实务中以网络询价中三家网络询价结果的平均值或者以定向询价确定的价格作为参考价格并征询当事人的意见,经过评估的,实务中以评估价作为参考价格。

起拍价是涉及本次拍卖是否成功的因素之一,起拍价不得低于评估价或者市价的70%,也即实务中常说的拍卖中可以降价两次,第一次降价为在确定参考价格的基础上降幅30%,第二次为一拍流拍后,二次拍卖的起拍价降价幅度不得超过前次起拍价的20%,起拍价若以不低于评估价或者市价的70%起拍,从债权人角度看,属于第一次降价起拍。

另外,对于起拍价的确定还应当由人民法院依法组成合议庭评议确定。依据为《最高人民法院关于人民法院网络司法拍卖若干问题的规定》(以下简称《网络司法拍卖规定》)第10条:"网络司法拍卖应当确定保留价,拍卖保留价即为起拍价。起拍价由人民法院参照评估价确定;未作评估的,参照市价确定,并征询当事人意见。起拍价不得低于评估价或者市价的百分之七十。"

(2)保证金的确定

保证金数额由人民法院在起拍价的 5%~20% 确定,保证金数额应当由人民法院依法组成合议庭评议确定。

竞买人参加网络竞买的,可以向人民法院指定的账户交纳,也可以由网络服务提供者在其提供的支付系统中对竞买人的相应款项予以冻结。

申请执行人参加竞买的,可以不交保证金;但债权数额小于保证金数额的按差额部分交纳。

依据为《网络司法拍卖规定》第 17 条第 1 款:"保证金数额由人民法院在起拍价的百分之五至百分之二十范围内确定。"及第 2 款:"竞买人应当在参加拍卖前以实名交纳保证金,未交纳的,不得参加竞买。申请执行人参加竞买的,可以不交保证金;但债权数额小于保证金数额的按差额部分交纳。"

(3)第一次网络拍卖(一拍)

网络司法拍卖的基本流程为:一是法院出具拍卖裁定;二是对拍品进行评估、设定起拍价;三是选定网络司法拍卖平台;四是发布拍卖公告和竞买须知;五是参与竞买人咨询看样、交纳保证金;六是网络竞拍;七是竞拍成交后支付拍品尾款;八是交纳相关拍卖成交后的税费;九是交付拍品、办理过户交易手续。

一拍前关于法院出具拍卖裁定,执行案件进入执行后,执行法院对拍卖标的物进行查封后,由申请人申请对拍卖标的物进行评估拍卖,依据为《民事诉讼法》第 255 条:"被执行人未按执行通知履行法律文书确定的义务,人民法院有权查封、扣押、冻结、拍卖、变卖被执行人应当履行义务部分的财产。但应当保留被执行人及其所扶养家属的生活必需品。"及第 258 条:"财产被查封、扣押后,执行员应当责令被执行人在指定期间履行法律文书确定的义务。被执行人逾期不履行的,人民法院应当拍卖被查封、扣押的财产……"对前款措施,人民法院应当作出裁定。

一拍前关于发布拍卖公告和竞买须知,依据《网络司法拍卖规定》第12条:"网络司法拍卖应当先期公告,拍卖公告除通过法定途径发布外,还应同时在网络司法拍卖平台发布。拍卖动产的,应当在拍卖十五日前公告;拍卖不动产或者其他财产权的,应当在拍卖三十日前公告。拍卖公告应当包括拍卖财产、价格、保证金、竞买人条件、拍卖财产已知瑕疵、相关权利义务、法律责任、拍卖时间、网络平台和拍卖法院等信息"确定公告时间及其他相关信息。而关于《竞买须知》则主要体现拍卖标的的具体情形,拍卖标的以现状交付包括但不限于现有外观、结构、固定装修,竞买人的行为能力和委托代理人资格,以及延时出价、拍卖成交后的后续手续办理等。

一拍进行时,从拍卖公告确定的拍卖时间进行起拍,竞价时间不少于24小时,从起拍价开始以递增出价方式竞价,竞价程序结束前5分钟内无人出价的,最后出价即为成交价;有出价的,竞价时间自该出价时点顺延5分钟,直至竞拍成功。

依据为《网络司法拍卖规定》第20条:"网络司法拍卖从起拍价开始以递增出价方式竞价,增价幅度由人民法院确定。竞买人以低于起拍价出价的无效。网络司法拍卖的竞价时间应当不少于二十四小时。竞价程序结束前五分钟内无人出价的,最后出价即为成交价;有出价的,竞价时间自该出价时点顺延五分钟。竞买人的出价时间以进入网络司法拍卖平台服务系统的时间为准。"

竞拍成交的,由网络司法拍卖平台以买受人的真实身份自动生成确认书并公示;竞拍未成交的,则为第一次拍卖流拍。

(4)第二次网络拍卖(二拍)

关于二拍的启动周期,一拍流拍后应当在30日内在同一网络司法拍卖平台再次拍卖。

关于二拍的公告，拍卖动产的应当在拍卖 7 日前公告，拍卖不动产或者其他财产权的应当在拍卖 15 日前公告，比一拍的公告期间缩减了 50%。

关于二拍的起拍价，起拍价降价幅度不得超过前次起拍价的 20%，二拍的降幅标准为一拍起拍价，其和评估价或询价结果等财产处置参考价不同，一拍可以在财产处置参考价的 70% 起拍，二拍可以在起拍价的基础上降幅 20% 以内，但降价幅度应当由人民法院依法组成合议庭评议确定。

关于二拍的拍卖公告、竞拍须知的内容、保证金的交纳等其他拍卖时须明确披露的信息，同一拍卖标的物同一拍有异同，具体以二拍执行法院调整为准。

依据为《网络司法拍卖规定》第 26 条："网络司法拍卖竞价期间无人出价的，本次拍卖流拍。流拍后应当在三十日内在同一网络司法拍卖平台再次拍卖，拍卖动产的应当在拍卖七日前公告；拍卖不动产或者其他财产权的应当在拍卖十五日前公告。再次拍卖的起拍价降价幅度不得超过前次起拍价的百分之二十。再次拍卖流拍的，可以依法在同一网络司法拍卖平台变卖。"

(5) 变卖

再次拍卖流拍的，可以依法在同一网络司法拍卖平台变卖。

关于变卖期间和竞买时间，拍卖期是个期日，从某一日开始计算竞价的 24 小时时间，变卖期是个期间，即从确定开始变卖起计算 60 日，变卖期间内有人出价的，开始计算竞价时间，竞价时间为 24 小时。

关于变卖的启动周期，网拍二拍流拍后，人民法院应当于 10 日内询问申请执行人或其他执行债权人是否接受以物抵债。不接受以物抵债的，人民法院应当于网拍二拍流拍之日起 15 日内发布网络司法变卖公告。(《最高人民法院关于认真做好网络司法拍卖与网络司法变卖衔接工作的通知》第 2 条)

关于变卖的起拍价，第二次拍卖时的流拍价，即为变卖时的起拍价。

关于变卖的公告期，与二拍公告期一样，拍卖动产的应当在拍卖 7 日前公告,拍卖不动产或者其他财产权的应当在拍卖 15 日前公告。(《最高人民法院关于认真做好网络司法拍卖与网络司法变卖衔接工作的通知》第 3 条)

关于竞买人资格确定的,竞买人交齐变卖价全款后,取得竞买资格。(《最高人民法院关于认真做好网络司法拍卖与网络司法变卖衔接工作的通知》第 5 条)

(6)起拍价、降价幅度等的确定

对于起拍价及其降价幅度、竞价增价幅度、保证金数额和优先购买权人竞买资格及其顺序应当由合议庭评议确定。

依据为《网络司法拍卖规定》第 27 条:"起拍价及其降价幅度、竞价增价幅度、保证金数额和优先购买权人竞买资格及其顺序等事项,应当由人民法院依法组成合议庭评议确定。"

(7)悔拍的处理

从竞买人的角度,若拍卖成交后悔拍,交纳的保证金不予退还,且不得再次参加该标的物的后续拍卖。

从执行法院的角度,若拍卖成交后悔拍的,按照支付拍卖产生的费用损失、弥补重新拍卖价款低于原拍卖价款的差价等先行冲抵已经产生的费用,有剩余冲抵被执行人债务。

从申请执行人角度,若拍卖成交后悔拍的,执行法院扣除相应的已经产生的费用后可以冲抵被执行人债务,还可以申请继续拍卖。

依据为《网络司法拍卖规定》第 24 条:"拍卖成交后买受人悔拍的,交纳的保证金不予退还,依次用于支付拍卖产生的费用损失、弥补重新拍卖价款低于原拍卖价款的差价、冲抵本案被执行人的债务以及与拍卖财产相关的被执行人的债务。悔拍后重新拍卖的,原买受人不得参加竞买。"

(8)对于股权的特殊处理方式

关于股权拍卖价格的确定,在实务中属于难点,股权能否顺利上拍的必要条件为股权能否确定一个相对标准且合理的拍卖价格,对于股权价格的确定基础材料,采取了多种方式和渠道进行材料的收集和提供:一是人民法院可以向公司登记机关、税务机关等部门调取,也可以责令被执行人、股权所在公司以及控制相关材料的其他主体提供;二是经当事人书面申请,人民法院可以委托审计机构对股权所在公司进行审计;三是对于因缺少评估所需完整材料无法进行评估或者认为影响评估结果但被执行人未能提供的,通知评估机构根据现有材料进行评估,并告知当事人因缺乏材料可能产生的不利后果。

《强制执行股权若干规定》第11条规定:"拍卖被执行人的股权,人民法院应当依照《最高人民法院关于人民法院确定财产处置参考价若干问题的规定》规定的程序确定股权处置参考价,并参照参考价确定起拍价。确定参考价需要相关材料的,人民法院可以向公司登记机关、税务机关等部门调取,也可以责令被执行人、股权所在公司以及控制相关材料的其他主体提供;拒不提供的,可以强制提取,并可以依照民事诉讼法第一百一十一条、第一百一十四条的规定处理。为确定股权处置参考价,经当事人书面申请,人民法院可以委托审计机构对股权所在公司进行审计。"及第12条规定:"委托评估被执行人的股权,评估机构因缺少评估所需完整材料无法进行评估或者认为影响评估结果,被执行人未能提供且人民法院无法调取补充材料的,人民法院应当通知评估机构根据现有材料进行评估,并告知当事人因缺乏材料可能产生的不利后果。评估机构根据现有材料无法出具评估报告的,经申请执行人书面申请,人民法院可以根据具体情况以适当高于执行费用的金额确定起拍价,但是股权所在公司经营严重异常,股权明显没有价值的除外。依照前款规定确定的起拍价拍卖的,竞买人应当预交的保证金数额由人民法院根据实际情况酌定。"

关于股权的拍卖公告的特殊规定,对于拍卖股权除按照网络司法拍卖规定的公告之外,还应当在相关报纸上进行公告,依据为《最高人民法院关于冻结、拍卖上市公司国有股和社会法人股若干问题的规定》第14条："拍卖股权,人民法院应当委托拍卖机构于拍卖日前10天,在《中国证券报》、《证券时报》或者《上海证券报》上进行公告。"

关于股权拍卖的特殊处理,执行法院可以征得全体股东过半数同意后予以拍卖、变卖,依据为《执行工作若干规定》第39条第2款:"对被执行人在有限责任公司中被冻结的投资权益或股权,人民法院可以依据《中华人民共和国公司法》第七十一条、第七十二条、第七十三条的规定,征得全体股东过半数同意后,予以拍卖、变卖或以其他方式转让。不同意转让的股东,应当购买该转让的投资权益或股权,不购买的,视为同意转让,不影响执行。人民法院也可允许并监督被执行人自行转让其投资权益或股权,将转让所得收益用于清偿对申请执行人的债务。"而2023年修订的《中华人民共和国公司法》(以下简称《公司法》)对第71条、第72条、第73条部分进行了修订,新修订的内容中第85条规定:"人民法院依照法律规定的强制执行程序转让股东的股权时,应当通知公司及全体股东,其他股东在同等条件下有优先购买权。其他股东自人民法院通知之日起满二十日不行使优先购买权的,视为放弃优先购买权。"对于强制执行股权部分作了明确规定。

8.终结本次执行程序

终结本次执行程序,是指在执行程序中,对确无财产可供执行或发现的财产不能处置的案件,执行法官依照法律规定,暂时终结案件本次执行程序的一种结案方式。

终结本次执行程序的条件:人民法院终结本次执行程序,根据《最高人民法院关于严格规范终结本次执行程序的规定(试行)》第1条规定,应当同时符合下列条件:

一是已向被执行人发出执行通知、责令被执行人报告财产;

二是已向被执行人发出限制消费令,并将符合条件的被执行人纳入失信被执行人名单;

三是已穷尽财产调查措施,未发现被执行人有可供执行的财产或者发现的财产不能处置;

四是自执行案件立案之日起已超过 3 个月;

五是被执行人下落不明的,已依法予以查找;被执行人或者其他人妨害执行的,已依法采取罚款、拘留等强制措施,构成犯罪的,已依法启动刑事责任追究程序。

终结本次执行程序的法律后果为:

一是被执行人应当继续履行生效法律文书确定的义务,并不因为本次执行程序终结而豁免其应当履行的义务;

二是申请执行人发现被执行人有可供执行财产的,可以向执行法院申请恢复执行;

三是终结本次执行程序前,人民法院应当将案件执行情况、采取的财产调查措施、被执行人的财产情况、终结本次执行程序的依据及法律后果等信息告知申请执行人,并听取其对终结本次执行程序的意见。终结本次执行程序时执行法院应当出具裁定,终结本次执行程序后,当事人、利害关系人对终结本次执行裁定有异议的可以提出执行行为异议。另外,终结本次执行程序后的 5 年内,执行法院应当每 6 个月通过网络执行查控系统查询一次被执行人的财产,并将查询结果告知申请执行人。符合恢复执行条件的,执行法院应当及时恢复执行。(《最高人民法院关于严格规范终结本次执行程序的规定(试行)》第 5 条、第 9 条第 2 款)

9. 终结执行

终结执行是人民法院在执行案件过程中,因为发生了一些特殊情况,从而不能继续执行或者从判决实质上彻底无法履行,无履行的必要,以及程序上的问题,执行程序予以结束。

终结执行的条件为:根据《最高人民法院关于执行案件立案、结案若干问题的意见》第 17 条的规定:"有下列情形之一的,可以以'终结执行'方式结案:(一)申请人撤销申请或者是当事人双方达成执行和解协议,申请执行人撤回执行申请的;(二)据以执行的法律文书被撤销的;(三)作为被执行人的公民死亡,无遗产可供执行,又无义务承担人的;(四)追索赡养费、扶养费、抚育费案件的权利人死亡的;(五)作为被执行人的公民因生活困难无力偿还借款,无收入来源,又丧失劳动能力的;(六)作为被执行人的企业法人或其他组织被撤销、注销、吊销营业执照或者歇业、终止后既无财产可供执行,又无义务承受人,也没有能够依法追加变更执行主体的;(七)依照刑法第五十三条规定免除罚金的;(八)被执行人被人民法院裁定宣告破产的;(九)行政执行标的灭失的;(十)案件被上级人民法院裁定提级执行的;(十一)案件被上级人民法院裁定指定由其他法院执行的;(十二)按照《最高人民法院关于委托执行若干问题的规定》,办理了委托执行手续,且收到受托法院立案通知书的;(十三)人民法院认为应当终结执行的其他情形。前款除第(十)项、第(十一)项、第(十二)项规定的情形外,终结执行的,应当制作裁定书,送达当事人。"可知,在民事诉讼中,已经开始的强制执行因发生某种法定的特殊情况,使执行程序无法或无须继续进行,从而结束执行程序。

对终结执行的异议,当事人、利害关系人依照《民事诉讼法》第225条规定对终结执行行为提出异议的,应当自收到终结执行法律文书之日起60日内提出;未收到法律文书的,应当自知道或者应当知道人民法院终结执行之日起60日内提出。批复发布前终结执行的,自批复发布之日起60日内提出。超出该期限提出执行异议的,人民法院不予受理。(《最高人民法院关于对人民法院终结执行行为提出执行异议期限问题的批复》)

终结执行程序的法律后果为:

一是对当事人而言,申请执行权利消灭,不能再次向原判决法院申请执行,但满足《民事诉讼法解释》第518条:"因撤销申请而终结执行后,当事人在民事诉讼法第二百四十六条规定的申请执行时效期间内再次申请执行的,人民法院应当受理"除外。

二是对于执行法院而言,终结执行裁定作出后,即使申请人的权益没有实现,执行法院也不会对终结执行案件的被执行人继续采取财产查控措施。

(五) 执行和解

执行和解是申请人与被执行人在执行过程中就生效的法律文书进行变更,达成新的权利义务主体、履行标的、期限、地点和方式等内容的协议,从而导致执行中止或终结法律后果的法律行为。

执行和解的条件为:

一是双方自愿达成和解协议,即双方当事人自愿协商并达成一致意见或和解内容记入笔录;

二是和解内容必须符合法律、法规的规定,且不侵害其他第三人的合法权益;

三是当事人必须能够独立进行诉讼活动并承担相应的法律后果;

四是执行和解应发生在执行开始后,案件终结前。

执行和解的法律后果为:

一是执行法院可以中止执行,中止执行后,申请执行人申请解除查封、扣押、冻结的,人民法院可以准许。(《执行和解若干问题的规定》第3条)

二是执行和解协议履行完毕的,人民法院作执行结案处理。(《执行和解若干问题的规定》第8条)

另外,须特别注意,当事人达成以物抵债执行和解协议的,人民法院不得依据该协议作出以物抵债裁定。(《执行和解若干问题的规定》第6条)

不履行执行和解协议的法律后果为:

一是被执行人一方不履行执行和解协议的,申请执行人可以申请恢复执行原生效法律文书,也可以就履行执行和解协议向执行法院提起诉讼。

(《执行和解若干问题的规定》第 9 条)

二是和解协议中有执行担保的,可以执行的担保财产或保证人。执行和解协议中约定担保条款,且担保人向人民法院承诺在被执行人不履行执行和解协议时自愿接受直接强制执行的,恢复执行原生效法律文书后,人民法院可以依申请执行人申请及担保条款的约定,直接裁定执行担保财产或者保证人的财产。(《执行和解若干问题的规定》第 18 条)

(六) 延迟履行金的计算

根据《民事诉讼法》第 253 条规定加倍计算之后的迟延履行期间的债务利息,包括迟延履行期间的一般债务利息和加倍部分债务利息。

迟延履行期间的一般债务利息,根据生效法律文书确定的方法计算;生效法律文书未确定给付该利息的,不予计算。

加倍部分债务利息的计算方法为:加倍部分债务利息 = 债务人尚未清偿的生效法律文书确定的除一般债务利息之外的金钱债务 × 日万分之一点七五 × 迟延履行期间。(《最高人民法院关于执行程序中计算迟延履行期间的债务利息适用法律若干问题的解释》第 1 条)

2024 年 6 月 17 日关于就修订《最高人民法院关于执行程序中计算迟延履行期间的债务利息适用法律若干问题的解释》征求意见的函对以上内容及其他部分进行了修订,并对外征求意见:

1. 加倍部分债务利息的计算方法为:加倍部分债务利息 = 债务人尚未清偿的生效法律文书确定的除一般债务利息之外的金钱债务 × 迟延履行期间一年期贷款市场报价利率 × 迟延履行期间。

前款所称"一年期贷款市场报价利率",是指中国人民银行授权全国银行间同业拆借中心自 2019 年 8 月 20 日起每月发布的一年期贷款市场报价利率。

迟延履行期间的一般债务利息和加倍部分债务利息之和超过合同成立

时一年期贷款市场报价利率4倍的部分,不予强制执行。

2. 增加内容:第2条 民间借贷案件中,生效法律文书确定的一般债务利息计算跨越2020年8月20日的,对2020年8月20日之前的一般债务利息按执行依据执行;2020年8月20日后的一般债务利息超过中国人民银行授权全国银行间同业拆借中心公布的一年期贷款市场报价利率4倍计算的部分,不予强制执行。

本解释修订前已经执行的部分不再执行回转。

3. 增加内容:第5条 被执行人的财产不足以清偿全部债务的,应当先清偿生效法律文书确定的金钱债务,再清偿加倍部分债务利息,但当事人对清偿顺序另有约定的除外。

清偿生效法律文书确定的金钱债务,除当事人有约定外,一般债务利息与本金应当按照先本后息的顺序清偿。

4. 增加内容:第6条 执行标的物经处置未能变价,不能采取其他执行措施,被执行人已无其他财产可供执行,申请执行人无正当理由拒绝以物抵债的,自申请执行人拒绝之日起,在申请执行人拒绝以物抵债价值范围内,停止计算一般债务利息及加倍部分债务利息。

5. 关于上述规定修改后的溯及力问题

对于修改后的利率的溯及力。建议修改后加倍部分利息以新的利率计算,修改前的利息以原利率(万分之一点七五)计算。

对于修改后清偿顺序的溯及力。对规定生效前已经清偿的,仍以原来的清偿顺序为准;对规定生效后清偿的适用新的清偿顺序。

虽然上述内容尚在征求意见过程中,但从征求意见内容中可以看出对于延迟履行金部分的执行有重大调整的倾向,特别是最高的限制,偿还顺序先本金后延迟履行金(另有约定除外)、溯及力等均对类金融机构后期的债权权利有影响,应当予以关注,具体以最终发布的正式文件为准。

(七) 追加被执行人

1. 满足追加的情形

执行程序中,追加被执行人的条件必须以法律与司法解释规定的法定情形为准,不能超出法定情形。在执行过程中,申请执行人或其继承人、权利承受人可以向人民法院申请变更、追加当事人。申请符合法定条件的,人民法院应予支持。(《民事执行中变更、追加当事人规定》第1条)

满足以下情形和主体的可以追加为被执行人:

(1) 遗产管理人、继承人、受遗赠人、取得遗产的主体

作为被执行人的自然人死亡或被宣告死亡,申请执行人申请变更、追加该自然人的遗产管理人、继承人、受遗赠人或其他因该自然人死亡或被宣告死亡取得遗产的主体为被执行人,在遗产范围内承担责任的,人民法院应予支持。(《民事执行中变更、追加当事人规定》第10条第1款)

(2) 财产代管人

作为被执行人的自然人被宣告失踪,申请执行人申请变更该自然人的财产代管人为被执行人,在代管的财产范围内承担责任的,人民法院应予支持。(《民事执行中变更、追加当事人规定》第10条第2款)

(3) 变更合并后存续或新设的法人、非法人组织

作为被执行人的法人或非法人组织因合并而终止,申请执行人申请变更合并后存续或新设的法人、非法人组织为被执行人的,人民法院应予支持。(《民事执行中变更、追加当事人规定》第11条)

(4) 变更、追加分立后新设的法人或非法人组织

作为被执行人的法人或非法人组织分立,申请执行人申请变更、追加分立后新设的法人或非法人组织为被执行人,对生效法律文书确定的债务承担连带责任的,人民法院应予支持。但被执行人在分立前与申请执行人就债务清偿达成的书面协议另有约定的除外。(《民事执行中变更、追加当事

人规定》第 12 条)

(5)出资人

作为被执行人的个人独资企业,不能清偿生效法律文书确定的债务,申请执行人申请变更、追加其出资人为被执行人的,人民法院应予支持。个人独资企业出资人作为被执行人的,人民法院可以直接执行该个人独资企业的财产。(《民事执行中变更、追加当事人规定》第 13 条第 1 款)

(6)该字号经营者的财产

个体工商户的字号为被执行人的,人民法院可以直接执行该字号经营者的财产。(《民事执行中变更、追加当事人规定》第 13 条第 2 款)

(7)普通合伙人

作为被执行人的合伙企业,不能清偿生效法律文书确定的债务,申请执行人申请变更、追加普通合伙人为被执行人的,人民法院应予支持。(《民事执行中变更、追加当事人规定》第 14 条第 1 款)

(8)未按期足额缴纳出资的有限合伙人

作为被执行人的有限合伙企业,财产不足以清偿生效法律文书确定的债务,申请执行人申请变更、追加未按期足额缴纳出资的有限合伙人为被执行人,在未足额缴纳出资的范围内承担责任的,人民法院应予支持。(《民事执行中变更、追加当事人规定》第 14 条第 2 款)

(9)该法人、其他分支机构的财产

作为被执行人的法人分支机构,不能清偿生效法律文书确定的债务,申请执行人申请变更、追加该法人为被执行人的,人民法院应予支持。法人直接管理的责任财产仍不能清偿债务的,人民法院可以直接执行该法人其他分支机构的财产。(《民事执行中变更、追加当事人规定》第 15 条第 1 款)

(10)该法人分支机构的财产

作为被执行人的法人,直接管理的责任财产不能清偿生效法律文书确定债务的,人民法院可以直接执行该法人分支机构的财产。(《民事执行中

变更、追加当事人规定》第 15 条第 2 款)

(11)该非法人组织的债务承担责任的主体

个人独资企业、合伙企业、法人分支机构以外的非法人组织作为被执行人,不能清偿生效法律文书确定的债务,申请执行人申请变更、追加依法对该非法人组织的债务承担责任的主体为被执行人的,人民法院应予支持。(《民事执行中变更、追加当事人规定》第 16 条)

(12)未缴纳或未足额缴纳出资的股东、出资人或依《公司法》规定对该出资承担连带责任的发起人

作为被执行人的营利法人,财产不足以清偿生效法律文书确定的债务,申请执行人申请变更、追加未缴纳或未足额缴纳出资的股东、出资人或依《公司法》规定对该出资承担连带责任的发起人为被执行人,在尚未缴纳出资的范围内依法承担责任的,人民法院应予支持。(《民事执行中变更、追加当事人规定》第 17 条)

(13)抽逃出资的股东、出资人

作为被执行人的营利法人,财产不足以清偿生效法律文书确定的债务,申请执行人申请变更、追加抽逃出资的股东、出资人为被执行人,在抽逃出资的范围内承担责任的,人民法院应予支持。(《民事执行中变更、追加当事人规定》第 18 条)

(14)原股东或依《公司法》规定对该出资承担连带责任的发起人

作为被执行人的公司,财产不足以清偿生效法律文书确定的债务,其股东未依法履行出资义务即转让股权,申请执行人申请变更、追加该原股东或依公司法规定对该出资承担连带责任的发起人为被执行人,在未依法出资的范围内承担责任的,人民法院应予支持。(《民事执行中变更、追加当事人规定》第 19 条)

(15)不能证明公司财产独立于自己财产的股东

作为被执行人的一人有限责任公司,财产不足以清偿生效法律文书确

定的债务,股东不能证明公司财产独立于自己的财产,申请执行人申请变更、追加该股东为被执行人,对公司债务承担连带责任的,人民法院应予支持。(《民事执行中变更、追加当事人规定》第20条)

(16)未经清算即办理注销登记的股东(有限责任公司)、董事和控股股东(股份有限公司)

作为被执行人的公司,未经清算即办理注销登记,导致公司无法进行清算,申请执行人申请变更、追加有限责任公司的股东、股份有限公司的董事和控股股东为被执行人,对公司债务承担连带清偿责任的,人民法院应予支持。(《民事执行中变更、追加当事人规定》第21条)

(17)该股东、出资人或主管部门

作为被执行人的法人或非法人组织,被注销或出现被吊销营业执照、被撤销、被责令关闭、歇业等解散事由后,其股东、出资人或主管部门无偿接受其财产,致使该被执行人无遗留财产或遗留财产不足以清偿债务,申请执行人申请变更、追加该股东、出资人或主管部门为被执行人,在接受的财产范围内承担责任的,人民法院应予支持。(《民事执行中变更、追加当事人规定》第22条)

(18)未经依法清算即办理注销登记且进行了书面承诺的第三人

作为被执行人的法人或非法人组织,未经依法清算即办理注销登记,在登记机关办理注销登记时,第三人书面承诺对被执行人的债务承担清偿责任,申请执行人申请变更、追加该第三人为被执行人,在承诺范围内承担清偿责任的,人民法院应予支持。(《民事执行中变更、追加当事人规定》第23条)

(19)书面承诺自愿代履行的第三人

执行过程中,第三人向执行法院书面承诺自愿代被执行人履行生效法律文书确定的债务,申请执行人申请变更、追加该第三人为被执行人,在承诺范围内承担责任的,人民法院应予支持。(《民事执行中变更、追加当事

人规定》第 24 条）

(20) 依行政命令被无偿调拨、划转收到财产的第三人

作为被执行人的法人或非法人组织,财产依行政命令被无偿调拨、划转给第三人,致使该被执行人财产不足以清偿生效法律文书确定的债务,申请执行人申请变更、追加该第三人为被执行人,在接受的财产范围内承担责任的,人民法院应予支持。(《民事执行中变更、追加当事人规定》第 25 条)

2. 追加的程序

申请执行人拟对被执行人进行追加的,应当向执行法院提交书面的申请及相关证据材料。

对于事实清楚、权利义务关系明确、争议不大的案件,执行法院可以不进行公开听证;其他案件情形应当组成合议庭审查并公开听证。

经执行法院审查的两种结果:

一是经审查,理由成立的,裁定变更、追加;二是经审查,理由不成立的,裁定驳回。(《民事执行中变更、追加当事人规定》第 28 条第 1 款、第 2 款)

追加被执行人的周期:执行法院应当自收到书面申请之日起 60 日内作出裁定。有特殊情况需要延长的,由本院院长批准。(《民事执行中变更、追加当事人规定》第 28 条第 3 款)

3. 其他

对于是否变更、追加被执行人,由执行法院进行裁定,对于结果的救济,可以通过复议和诉讼两种途径进行。

一是复议。

救济主体:被申请人、申请人或其他执行当事人。

救济方式:自裁定书送达之日起 10 日内向上一级人民法院申请复议;上一级法院组成合议庭审查,并自收到申请之日 60 日内作出复议裁定,特殊情形,本院院长批准后延长。

依据为《民事执行中变更、追加当事人规定》第 30 条:"被申请人、申请

人或其他执行当事人对执行法院作出的变更、追加裁定或驳回申请裁定不服的,可以自裁定书送达之日起十日内向上一级人民法院申请复议,但依据本规定第三十二条的规定应当提起诉讼的除外。"及第31条:"上一级人民法院对复议申请应当组成合议庭审查,并自收到申请之日起六十日内作出复议裁定。有特殊情况需要延长的,由本院院长批准……"。

另外,对于《民事执行中变更、追加当事人规定》第32条所规定的内容应当进行诉讼,而排除适用复议程序,其中,《民事执行中变更、追加当事人规定》第32条内容为:"被申请人或申请人对执行法院依据本规定第十四条第二款、第十七条至第二十一条规定作出的变更、追加裁定或驳回申请裁定不服的,可以自裁定书送达之日起十五日内,向执行法院提起执行异议之诉。被申请人提起执行异议之诉的,以申请人为被告。申请人提起执行异议之诉的,以被申请人为被告。"

二是诉讼。

救济主体:被申请人或申请人。

救济方式为:自裁定书送达之日起15日内,向执行法院提起执行异议之诉,被申请人提起执行异议之诉的,以申请人为被告。申请人提起执行异议之诉的,以被申请人为被告。

依据为《民事执行中变更、追加当事人规定》第32条。

(八)限制高消费、失信被执行人名单

1. 限制高消费

(1)适用限制高消费的情形

情形一:被执行人,被执行人未按执行通知书指定的期间履行生效法律文书确定的给付义务的,人民法院可以采取限制消费措施,限制其高消费及非生活或者经营必需的有关消费。(《关于限制被执行人高消费及有关消费的若干规定》第1条第1款)

情形二:纳入失信被执行人名单的被执行人,人民法院应当对其采取限制消费措施。(《关于限制被执行人高消费及有关消费的若干规定》第1条第2款)

(2)启动方式

限制消费措施一般由申请执行人提出书面申请,经人民法院审查决定;必要时人民法院可以依职权决定。(《关于限制被执行人高消费的若干规定》第4条)

(3)限制高消费的后果

一是对于被执行人为自然人的,被采取限制消费措施后,不得有以下高消费及非生活和工作必需的消费行为:乘坐交通工具时,选择飞机、列车软卧、轮船二等以上舱位;在星级以上宾馆、酒店、夜总会、高尔夫球场等场所进行高消费;购买不动产或者新建、扩建、高档装修房屋;租赁高档写字楼、宾馆、公寓等场所办公;购买非经营必需车辆;旅游、度假;子女就读高收费私立学校;支付高额保费购买保险理财产品;乘坐G字头动车组列车全部座位、其他动车组列车一等以上座位等其他非生活和工作必需的消费行为。

二是对于被执行人为单位的,被采取限制消费措施后,被执行人及其法定代表人、主要负责人、影响债务履行的直接责任人员、实际控制人不得实施前款规定的行为。因私消费以个人财产实施前款规定行为的,可以向执行法院提出申请。执行法院审查属实的,应予准许。(《关于限制被执行人高消费及有关消费的若干规定》第3条)

2. 列入失信被执行人名单

(1)适用限制高消费的情形

被执行人未履行生效法律文书确定的义务,并具有下列情形之一的,人民法院应当将其纳入失信被执行人名单,依法对其进行信用惩戒:一是有履行能力而拒不履行生效法律文书确定义务的;二是以伪造证据、暴力、威胁等方法妨碍、抗拒执行的;三是以虚假诉讼、虚假仲裁或者以隐匿、转移财产等方法规避执行的;四是违反财产报告制度的;五是违反限制消费令的;六是无正当理由拒不履行执行和解协议的。(《关于公布失信被执行人名单信息的若干规定》第1条)

(2)不适用限制高消费的情形

具有下列情形之一的,人民法院不得依据本规定第1条第1项的规定将被执行人纳入失信被执行人名单:一是提供了充分有效担保的;二是已被采取查封、扣押、冻结等措施的财产足以清偿生效法律文书确定债务的;三是被执行人履行顺序在后,对其依法不应强制执行的;四是其他不属于有履行能力而拒不履行生效法律文书确定义务的情形,以及被执行人为未成年人的,人民法院不得将其纳入失信被执行人名单。(《关于公布失信被执行人名单信息的若干规定》第3条、第4条)

(3)列入失信被执行人名单后果

一是录入法院名单库并向社会公布。

各级人民法院应当将失信被执行人名单信息录入最高人民法院失信被执行人名单库,并通过该名单库统一向社会公布。

各级人民法院可以根据各地实际情况,将失信被执行人名单通过报纸、广播、电视、网络、法院公告栏等其他方式予以公布,并可以采取新闻发布会或者其他方式对本院及辖区法院实施失信被执行人名单制度的情况定期向社会公布。(《关于公布失信被执行人名单信息的若干规定》第7条)

二是向包括政府部门在内众多社会机构通报,在经营方面进行信用惩戒。

人民法院应当将失信被执行人名单信息,向政府相关部门、金融监管机构、金融机构、承担行政职能的事业单位及行业协会等通报,供相关单位依照法律、法规和有关规定,在政府采购、招标投标、行政审批、政府扶持、融资信贷、市场准入、资质认定等方面,对失信被执行人予以信用惩戒。(《关于公布失信被执行人名单信息的若干规定》第8条第1款)

三是向征信部门,计入征信记录。

人民法院应当将失信被执行人名单信息向征信机构通报,并由征信机构在其征信系统中记录。(《关于公布失信被执行人名单信息的若干规定》第8条第2款)

四是对国家工作人员、人大代表、政协委员等的失信,报告其单位和部门。

国家工作人员、人大代表、政协委员等被纳入失信被执行人名单的,人民法院应当将失信情况通报其所在单位和相关部门。(《关于公布失信被执行人名单信息的若干规定》第8条第3款)

对国家机关、事业单位、国有企业等机构被纳入失信被执行人名单的,通报其上级单位、主管部门或者履行出资人职责的机构。

国家机关、事业单位、国有企业等被纳入失信被执行人名单的,人民法院应当将失信情况通报其上级单位、主管部门或者履行出资人职责的机构。(《关于公布失信被执行人名单信息的若干规定》第8条第4款)

(九)拘留、罚款、拒执罪

1. 拘留、罚款

情形一:诉讼参与人或者其他人(自然人),拒不履行人民法院已经发生法律效力的判决、裁定的。

依据为《民事诉讼法》第114条第1款第6项:"诉讼参与人有下列行为之一的,人民法院可以根据情节轻重予以罚款、拘留;构成犯罪的,依法追究刑事责任:……(六)拒不履行人民法院已经发生法律效力的判决、裁定的。"

依据为《民事诉讼法解释》第188条:"民事诉讼法第一百一十四条第一款第六项规定的拒不履行人民法院已经发生法律效力的判决、裁定的行为,包括:(一)在法律文书发生法律效力后隐藏、转移、变卖、毁损财产或者无偿转让财产、以明显不合理的价格交易财产、放弃到期债权、无偿为他人提供担保等,致使人民法院无法执行的;(二)隐藏、转移、毁损或者未经人民法院允许处分已向人民法院提供担保的财产的;(三)违反人民法院限制高消费令进行消费的;(四)有履行能力而拒不按照人民法院执行通知履行生效法律文书确定的义务的;(五)有义务协助执行的个人接到人民法院协助执行通知书后,拒不协助执行的。"

情形二:诉讼参与人或者其他人为单位时的主要负责人或者直接责任人员,拒不履行人民法院已经发生法律效力的判决、裁定的。

依据为《民事诉讼法》第114条第2款:"人民法院对有前款规定的行为之一的单位,可以对其主要负责人或者直接责任人员予以罚款、拘留;构成犯罪的,依法追究刑事责任。"

情形三:被执行人与他人恶意串通,通过诉讼、仲裁、调解等方式逃避履行法律文书确定的义务的。

依据为《民事诉讼法》第116条:"被执行人与他人恶意串通,通过诉讼、仲裁、调解等方式逃避履行法律文书确定的义务的,人民法院应当根据情节轻重予以罚款、拘留;构成犯罪的,依法追究刑事责任。"

情形四:有义务协助调查、执行的单位,可以对其主要负责人或者直接责任人员予以罚款、拘留,甚至提出予以纪律处分的司法建议。

依据为《民事诉讼法》第117条第1款:"有义务协助调查、执行的单位有下列行为之一的,人民法院除责令其履行协助义务外,并可以予以罚款:(一)有关单位拒绝或者妨碍人民法院调查取证的;(二)有关单位接到人民法院协助执行通知书后,拒不协助查询、扣押、冻结、划拨、变价财产的;(三)有关单位接到人民法院协助执行通知书后,拒不协助扣留被执行人的收入、办理有关财产权证照转移手续、转交有关票证、证照或者其他财产的;(四)其他拒绝协助执行的。"

依据为《民事诉讼法》第117条第2款:"人民法院对有前款规定的行

为之一的单位,可以对其主要负责人或者直接责任人员予以罚款;对仍不履行协助义务的,可以予以拘留;并可以向监察机关或者有关机关提出予以纪律处分的司法建议。"

2. 拒执罪

(1)法律依据

《刑法》第313条【拒不执行判决、裁定罪】对人民法院的判决、裁定有能力执行而拒不执行,情节严重的,处3年以下有期徒刑、拘役或者罚金;情节特别严重的,处3年以上7年以下有期徒刑,并处罚金。

单位犯前款罪的,对单位判处罚金,并对其直接负责的主管人员和其他直接责任人员,依照前款的规定处罚。

(2)构成"有能力执行而拒不执行,情节严重的"的行为,包括以下几种:

一是被执行人隐藏、转移财产。

被执行人隐藏、转移、故意毁损财产或者无偿转让财产,以明显不合理的低价转让财产,致使判决、裁定无法执行的。

二是担保人拒执行为。

担保人或者被执行人隐藏、转移、故意毁损或者转让已向人民法院提供担保的财产,致使判决、裁定无法执行的。

三是协助义务人拒执行为。

协助执行义务人接到人民法院协助执行通知书后,拒不协助执行,致使判决、裁定无法执行的。

四是与国家工作人员通谋妨害执行。

被执行人、担保人、协助执行义务人与国家机关工作人员通谋,利用国家机关工作人员的职权妨害执行,致使判决、裁定无法执行的。

(行为1~行为4依据《全国人民代表大会常务委员会关于〈中华人民共和国刑法〉第三百一十三条的解释》相关内容)

五是拒绝报告、违反限高等拒执行为。

具有拒绝报告或者虚假报告财产情况、违反人民法院限制高消费及有关消费令等拒不执行行为,经采取罚款或者拘留等强制措施后仍拒不执行的。

六是伪造、毁灭证据等拒执行为。

伪造、毁灭有关被执行人履行能力的重要证据,以暴力、威胁、贿买方法阻止他人作证或者指使、贿买、胁迫他人作伪证,妨碍人民法院查明被执行人财产情况,致使判决、裁定无法执行的。

七是拒不交付、迁出等拒执行为。

拒不交付法律文书指定交付的财物、票证或者拒不迁出房屋、退出土地,致使判决、裁定无法执行的。

八是恶意串通,妨害执行。

与他人串通,通过虚假诉讼、虚假仲裁、虚假和解等方式妨害执行,致使判决、裁定无法执行的。

九是暴力妨害执行行为。

以暴力、威胁方法阻碍执行人员进入执行现场或者聚众哄闹、冲击执行现场,致使执行工作无法进行的。

十是殴打侮辱执行人员,妨害执行。

对执行人员进行侮辱、围攻、扣押、殴打,致使执行工作无法进行的。

十一是毁损、抢夺等妨害执行。

毁损和抢夺执行案件材料、执行公务车辆和其他执行器械、执行人员服装以及执行公务证件,致使执行工作无法进行的。

十二是造成债权人重大损失。

拒不执行法院判决、裁定,致使债权人遭受重大损失的。(行为5～行为12依据《最高人民法院关于审理拒不执行判决、裁定刑事案件适用法律若干问题的解释》第2条)

(3)救济途径

拒执罪属于公诉案件,但在同时满足以下条件时,也可以由申请执行人自诉:

条件一:负有执行义务的人拒不执行判决、裁定,侵犯了申请执行人的人身、财产权利,应当依法追究刑事责任的。

条件二:申请执行人曾经提出控告,而公安机关或者人民检察院对负有执行义务的人不予追究刑事责任的。(《最高人民法院关于审理拒不执行判决、裁定刑事案件适用法律若干问题的解释》第3条)

(十)转移资产的救济方式

1. 债权人的撤销权

债权人的撤销权,是指债权人对于债务人实施的危害债权的行为,可以请求法院予以撤销。

关于无偿转让的撤销,行为方式为:以放弃其债权、放弃债权担保、无偿转让、恶意延长其到期债权的履行期限,行为结果为足以影响债权人债权实现的。

依据为《民法典》第538条:"债务人以放弃其债权、放弃债权担保、无偿转让财产等方式无偿处分财产权益,或者恶意延长其到期债权的履行期限,影响债权人的债权实现的,债权人可以请求人民法院撤销债务人的行为。"

关于有偿低价转让的撤销,行为方式为:以明显不合理的低价转让财产,以明显不合理的高价受让他人财产,为他人的债务提供担保,行为结果为足以影响债权人债权实现的。

依据为《民法典》第539条:"债务人以明显不合理的低价转让财产、以明显不合理的高价受让他人财产或者为他人的债务提供担保,影响债权人的债权实现,债务人的相对人知道或者应当知道该情形的,债权人可以请求人民法院撤销债务人的行为。"

关于撤销权的行使范围,以债权人的债权为限。

依据为《民法典》第540条:"撤销权的行使范围以债权人的债权为限。债权人行使撤销权的必要费用,由债务人负担。"

关于撤销权的除斥期间,知道或者应当知道撤销事由之日起1年内,最长不超过行为发生之日起5年,不适用中止、中断、延长。

依据为《民法典》第541条:"撤销权自债权人知道或者应当知道撤销事由之日起一年内行使。自债务人的行为发生之日起五年内没有行使撤销权的,该撤销权消灭。"

关于撤销后的法律后果,自始没有法律约束力,即自债务人作出影响债权人权利开始的法律行为始,撤销后,对于债权人的权利不受影响,若涉及资产转移的应当转回,若涉及债务免除的应当债务恢复等。

依据为《民法典》第542条:"债务人影响债权人的债权实现的行为被撤销的,自始没有法律约束力。"

关于撤销权的行使途径,债权人依据《民法典》第538条、第539条的规定提起撤销权诉讼的,应当以债务人和债务人的相对人为共同被告,由债务人或者相对人的住所地人民法院管辖,但是依法应当适用专属管辖规定的除外。

两个以上债权人就债务人的同一行为提起撤销权诉讼的,人民法院可以合并审理。(《最高人民法院关于适用〈中华人民共和国民法典〉合同编通则若干问题的解释》第44条)

2. 破产管理人的撤销权

情形一:裁定破产受理1年内,具有明显损害债务企业行为的,管理人可以通过诉讼的方式,申请法院予以撤销,管理人的撤销行为代表全体债权人,也属于管理人履行职务的行为之一,同时因管理人不是破产撤销权的实际权利人或受益人,管理人不得自行放弃该权利。若管理人未行使上述权

利的,债权人可以提起诉讼进行撤销。(《破产规定二》第13条)

依据为《破产法》第31条:"人民法院受理破产申请前一年内,涉及债务人财产的下列行为,管理人有权请求人民法院予以撤销:(一)无偿转让财产的;(二)以明显不合理的价格进行交易的;(三)对没有财产担保的债务提供财产担保的;(四)对未到期的债务提前清偿的;(五)放弃债权的。"

情形二:裁定破产受理前6个月,企业不能清偿到期债务,并且资产不足以清偿全部债务或者明显缺乏清偿能力,仍对个别债权人进行清偿的,可以撤销,个别清偿使债务人财产受益的除外。除外情形:一是债务人对以自有财产设定担保物权的债权进行的个别清偿,但是,债务清偿时担保财产的价值低于债权额的除外;二是债务人经诉讼、仲裁、执行程序对债权人进行的个别清偿,但是,债务人与债权人恶意串通损害其他债权人利益的除外。(《破产规定二》第14条、第15条)

依据为《破产法》第32条:"人民法院受理破产申请前六个月内,债务人有本法第二条第一款规定的情形,仍对个别债权人进行清偿的,管理人有权请求人民法院予以撤销。但是,个别清偿使债务人财产受益的除外。"第2条第1款:"企业法人不能清偿到期债务,并且资产不足以清偿全部债务或者明显缺乏清偿能力的,依照本法规定清理债务。"

(十一) 执行分配

情形一:被执行人财产足以清偿全部债务的,按照执行法院采取执行措施的先后顺序受偿。

《执行工作若干问题规定》第55条第1款:"多份生效法律文书确定金钱给付内容的多个债权人分别对同一被执行人申请执行,各债权人对执行标的物均无担保物权的,按照执行法院采取执行措施的先后顺序受偿。"

情形二:被执行人财产不足以清偿全部债务的,各债权人按比例进行清偿。

被执行人是公民、其他组织,申请执行人原则上按照债权比例受偿;依据为《民事诉讼法解释》第508条:"参与分配执行中,执行所得价款扣除执行费用,并清偿应当优先受偿的债权后,对于普通债权,原则上按照其占全部申请参与分配债权数额的比例受偿。清偿后的剩余债务,被执行人应当继续清偿。债权人发现被执行人有其他财产的,可以随时请求人民法院执行。"及《执行工作若干问题规定》第55条第3款:"一份生效法律文书确定金钱给付内容的多个债权人对同一被执行人申请执行,执行的财产不足清偿全部债务的,各债权人对执行标的物均无担保物权的,按照各债权比例受偿。"

如果被执行人是企业法人,应依法先行移送破产,无法进入破产程序时,按照财产保全和查封、扣押、冻结财产的先后顺序清偿。

依据为《民事诉讼法解释》第514条:"当事人不同意移送破产或者被执行人住所地人民法院不受理破产案件的,执行法院就执行变价所得财产,在扣除执行费用及清偿优先受偿的债权后,对于普通债权,按照财产保全和执行中查封、扣押、冻结财产的先后顺序清偿。"

二 执行异议

执行异议分为对执行标的有异议和对执行行为有异议,两者在异议主体、异议途径、异议后的结果等上均有差异,详见后文。

(一)对执行标的异议

在执行过程中,案外人对执行标的提出书面异议的,人民法院应当自收到书面异议之日起15日内审查,理由成立的,裁定中止对该标的的执行;理由不成立的,裁定驳回。案外人、当事人对裁定不服,认为原判决、裁定错误的,依照审判监督程序办理;与原判决、裁定无关的,可以自裁定送达之日起15日内向人民法院提起诉讼。(《民事诉讼法》第238条)

(二) 对执行行为有异议

当事人、利害关系人认为执行行为违反法律规定的,可以向负责执行的人民法院提出书面异议。当事人、利害关系人提出书面异议的,人民法院应当自收到书面异议之日起15日内审查,理由成立的,裁定撤销或者改正;理由不成立的,裁定驳回。当事人、利害关系人对裁定不服的,可以自裁定送达之日起10日内向上一级人民法院申请复议。(《民事诉讼法》第236条)

(三) 案外人执行异议程序

1. 管辖法院为执行法院,时间节点为自裁定送达之日起15日内。

依据为《民事诉讼法解释》第302条:"根据民事诉讼法第二百三十四条规定,案外人、当事人对执行异议裁定不服,自裁定送达之日起十五日内向人民法院提起执行异议之诉的,由执行法院管辖。"

2. 诉讼主体为案外人为原告,申请执行人为被告,根据被执行人是否反对案外人异议,将其列为共同被告或第三人。

依据为《民事诉讼法解释》第305条:"案外人提起执行异议之诉的,以申请执行人为被告。被执行人反对案外人异议的,被执行人为共同被告;被执行人不反对案外人异议的,可以列被执行人为第三人。"

3. 起诉条件:一是满足一般民事案件所具备的起诉必要条件;二是案外人提起的执行异议之诉另行得到满足:执行异议申请已经被人民法院裁定驳回,有明确的排除对执行标的执行的诉讼请求,且诉讼请求与原判决、裁定无关,自执行异议裁定送达之日起15日内提起。

依据为《民事诉讼法解释》第303条:"案外人提起执行异议之诉,除符合民事诉讼法第一百二十二条规定外,还应当具备下列条件:(一)案外人的执行异议申请已经被人民法院裁定驳回;(二)有明确的排除对执行标的执行的诉讼请求,且诉讼请求与原判决、裁定无关;(三)自执行异议裁定送达之日起十五日内提起。人民法院应当在收到起诉状之日起十五日内决定是否立案。"及《民事诉讼法》第122条:"起诉必须符合下列条件:(一)原告是与本案有直接利害关系的公民、法人和其他组织;(二)有明确的被告;(三)有具体的诉讼请求和事实、理由;(四)属于人民法院受理民事诉讼的范围和受诉人民法院管辖。"

4. 案外人执行异议之诉适用普通程序审理,经审理后分别作出不同的判决结果:判决不得执行该执行标的或驳回诉讼请求。

依据为《民事诉讼法解释》第310条:"对案外人提起的执行异议之诉,人民法院经审理,按照下列情形分别处理:(一)案外人就执行标的享有足以排除强制执行的民事权益的,判决不得执行该执行标的;(二)案外人就执行标的不享有足以排除强制执行的民事权益的,判决驳回诉讼请求。案外人同时提出确认其权利的诉讼请求的,人民法院可以在判决中一并作出裁判。"

(四)申请执行人提出执行异议程序

1. 起诉条件。一是满足一般民事案件所具备的起诉必要条件。二是申请执行人提起本次执行异议之诉需另行满足以下条件:人民法院裁定中止执行,有明确的对执行标的继续执行的诉讼请求,且诉讼请求与原判决、裁定无关,执行异议裁定送达之日起15日内提起。

依据为《民事诉讼法解释》第304条:"申请执行人提起执行异议之诉,除符合民事诉讼法第一百二十二条规定外,还应当具备下列条件:(一)依案外人执行异议申请,人民法院裁定中止执行;(二)有明确的对执行标的继续执行的诉讼请求,且诉讼请求与原判决、裁定无关;(三)自执行异议裁定送达之日起十五日内提起。人民法院应当在收到起诉状之日起十五日内决定是否立案。"以及上文已列明的《民事诉讼法》第 122 条。

2. 诉讼主体为申请执行人为原告,案外人为被告,根据被执行人是否反对案外人异议,将其列为共同被告或第三人。

依据为《民事诉讼法解释》第 306 条:"申请执行人提起执行异议之诉的,以案外人为被告。被执行人反对申请执行人主张的,以案外人和被执行人为共同被告;被执行人不反对申请执行人主张的,可以列被执行人为第三人。"

3. 申请执行人执行异议之诉适用普通程序进行审理,经审理后分别作出不同的判决结果:判决准许执行该执行标的或驳回诉讼请求。

依据为《民事诉讼法解释》第 311 条:"对申请执行人提起的执行异议之诉,人民法院经审理,按照下列情形分别处理:(一)案外人就执行标的不享有足以排除强制执行的民事权益的,判决准许执行该执行标的;(二)案外人就执行标的享有足以排除强制执行的民事权益的,判决驳回诉讼请求……"

(五) 执行行为异议和执行标的异议的异同

相同点:一是对执行行为异议和执行标的异议管辖法院均为执行法院;二是均是以书面方式提起的;三是均是执行法院收到异议 15 日内进行审查。

不同点:一是提起行为异议的主体为当事人和利害关系人,而执行标的异议人为案外人;二是主张不同,行为异议是对法院的执行行为有异议,而执行标的异议是案外人认为其具有足够排除强制执行的事实和法律依据;三是救济方式不同,执行行为异议为向上一级法院复议,而执行标的异议根据原判决、裁定的不同,提起审判监督程序或提起执行异议之诉;四是处理方式不同,提出执行行为异议的不停止执行,例外情形停止执行,而执行标的异议不得处分标的物,例外情形继续执行。

(六) 排除执行的情形

1. 以房抵债协议能否排除强制执行

《最高人民法院关于人民法院办理执行异议和复议案件若干问题的规定》第29条规定的异议指向标的物必须是房地产经营者所开发的商品房,将一般民事主体之间的民事交易排除在消费者保护原则之外,也即仅限于一手房买卖。该条款保护的交易对象为消费者,系为生活消费需要而购买商品、使用商品的人。

另外,在满足上述条件之外,还须举证证明所购房屋为唯一住房,且已支付购房总价款的50%以上。否则不符合《最高人民法院关于人民法院办理执行异议和复议案件若干问题的规定》第29条的规定。

对于债权人而言,在遇到买受人通过以房抵债形式排除债权人的强制执行,债权人应当明确自身债权的性质,如果属于一般债权人,则应当严格按照法律规定审查买受人是否具有民事权益、能否达到排除强制执行的条件。如果属于担保物权的债权人,那么按照购房消费者生存权优先于担保物权优先于物权期待权的权利顺位,进而制定充分维护自身合法权益的诉讼策略。

对于买受人而言,在面对债务人为房地产开发商时,在无法确保抵债房屋能及时过户至买受人名下的情况下,应对以房抵债持审慎态度。在面对债务人为非房地产开发商时,应当按照《最高人民法院关于人民法院办理执行异议和复议案件若干问题的规定》第28条的规定,签订合法有效的书面商品房买卖合同,占有房屋,及时办理过户登记。

2. 保证金已质押能否排除强制执行

根据《最高人民法院关于适用〈中华人民共和国民法典〉有关担保制度的解释》(以下简称《担保制度的解释》)第70条:"债务人或者第三人为担

保债务的履行,设立专门的保证金账户并由债权人实际控制,或者将其资金存入债权人设立的保证金账户,债权人主张就账户内的款项优先受偿的,人民法院应予支持……"及《民法典》第429条:"质权自出质人交付质押财产时设立。"可知,在以保证金作为出质标的物的质押权关系设立中,质权的设立条件如下:一是设立专门的保证金账户;二是由债权人实际控制或将资金存入债权人设立的保证金账户;三是债权人可以就该账户的保证金主张优先受偿。其中对于保证金的交付,主要行为表现为将该保证金存入债权人指定的专用账户或者存入以出质人名义开立的保证金专户,完成该交付行为后,质权设立。

质权设立后,当债务人不履行或不完全履行债务时,债权人可以主张对于该质物享有优先受偿权。保证金不同于其他担保物,一种情形为该保证金属于特殊动产,其设立质权时将保证金存入债权人账户,所有权就发生了转移,出质人无法支配和控制该保证金,根据出质人与债权人的约定,此种情形下质权人实现质权时直接从该保证金账户扣收该部分保证金,以实现债权。另一种情形为设立质权时将该保证金存入债权人设立的专用账户,实现债权时,债权人须主张其享有优先受偿权。

3. 保证金质权排除强制执行情形

在保证金已经设立质权的情形下,其他债权人申请对保证金强制执行时,质权人可以通过执行异议的方式,在能够证明质权设立无瑕疵的条件下,排除强制执行。在证明质权无瑕疵的表现形式上为该保证金已经存入出质人在该债权人开立的保证金账户中或者已经将该保证金存入债权人名下账户,在债务人不履行债务时,债权人可以以该金钱优先受偿,其作为债权人取得了保证金的控制权。

在保证金质权设立有瑕疵或者质权已经实现的情形下,在债权人主张排除其他债权的强制执行时,因质权不成立或不存在质权的情形下该债权同申请强制执行的债权均属于普通债权,各债权均无优先性,无法排除其他债权的强制执行。

在保证金质权设立有瑕疵或者质权已经实现从而不能排除其他债权的强制执行时,其他债权通过强制执行的方式从而实现债权。而对于出质人,根据《民事诉讼法解释》第 310 条"对案外人提起的执行异议之诉,人民法院经审理,按照下列情形分别处理:(一)案外人就执行标的享有足以排除强制执行的民事权益的,判决不得执行该执行标的;(二)案外人就执行标的不享有足以排除强制执行的民事权益的,判决驳回诉讼请求。案外人同时提出确认其权利的诉讼请求的,人民法院可以在判决中一并作出裁判"之规定,作为出质人提出异议后,会被判决驳回诉讼请求,但出质人可以提出确认其权利的诉讼请求。

实务中的建议如下:一是从债权人的角度,对于质权的设立无瑕疵是核心,在设立质权时须将保证金存入债权人设立的专用账户或者将保证金存入债权人账户,从而能够现实地控制该保证金账户,在实现债权时或者排除其他执行时取得较有利的条件。

二是从出质人的角度,质权设立时是为了保障债权人的利益,在债权未实现之前,按照与债权人约定的方式保障合同履行,在其他债权人主张强制执行时,依据质权已经设立且无瑕疵从而排除执行,在债权已经实现,债权人未主张质权或无须主张质权时,及时向债权人要求返还已经交付的保证金。

三是从其他债权人的角度,按照债权实现的目的,即使存在保证金质押的情形下,可以要求实现债权,由质权人或者出质人对于该执行行为提出执行异议,在该质权设立存在瑕疵的情形下,可以按照执行程序实现债权目的。

4. 股权代持关系能否排除强制执行

根据《民事诉讼法解释》第 309 条:"案外人或者申请执行人提起执行异议之诉的,案外人应当就其对执行标的享有足以排除强制执行的民事权益承担举证证明责任。"可知,对于案外人或者申请执行人作为主体,对执行标的主张排除执行的,须由案外人或者申请执行人对于能够进行排除的民事权益承担相关的举证责任,达到足以排除的标准,否则承担举证不能的法律后果。

(1)股权代持情形下的法院强制执行差异

情形一:生效确定股权代持关系的法律文书晚于执行行为作出后的。

根据《最高人民法院关于人民法院办理执行异议和复议案件若干问题的规定》第26条第2款:"金钱债权执行中,案外人依据执行标的被查封、扣押、冻结后作出的另案生效法律文书提出排除执行异议的,人民法院不予支持。"可知,对于已经采取执行行为后生效的确定股权代持关系的法律文书,不能排除作为排除强制执行的依据从而排除执行。

情形二:生效确定股权代持关系的法律文书早于执行行为作出后的。

生效确定股权代持关系的法律文书早于执行行为作出后的情形,并不能因此当然排除对案涉股权的强制执行,对执行异议申请人涉及的股权是否享有足以排除强制执行的民事权益的评判,实际上涉及的是对作为债权人的民事权益与作为代持权实际出资人的民事权益在案涉强制执行程序中何者更应优先保护的问题。须综合相关法律规范对于股权代持关系的规定以及相关当事人权利的形成时间、股权登记名义人与实际权利人相分离的原因乃至法律对于市场秩序的价值追求等因素加以考量。

情形三:无生效的法律文书,但结合其他证据能够证明该股权属于代持关系。

基于申请执行人对于执行标的的信赖利益,即使能够证明存在股权代持关系,也不影响申请执行人的正常执行,由申请执行人对于股权的名义持有人进行强制执行该代持关系仅限于代持股东与实际股东之间,不能对抗除代持关系以外的第三人,亦不能对抗工商登记的公示效力,而对于名义股东被执行后,当代持人作为被执行人时,可以另行向股权实际持有人主张赔偿。

(2)不属于股权代持关系,可能排除强制执行的情形

基于登记错误或者确有证据能够证明该股权并非股权代持关系,即虽然登记在股权持有人名下,但并非实际股东的原因,而是基于其他原因,实际股东并不知情或存在过错,且没有证据证明股权持有人与实际股东之间存在股权代持关系,即实际股东并没有将其股权利益置于代持风险之下的意思表示的,可以排除法院的强制执行。

实务建议如下:一是从债权人的角度,对于存在股权代持关系的标的股权,在执行过程中可以对该股权进行冻结后处置,在存在案外人提出股权属于代持关系的,即使已经取得生效的法律文书,也不必然排除强制执行,于执行前取得生效法律文书的,仍须结合其他包括但不限于股权代持关系的规定以及相关当事人权利的形成时间、股权登记名义人与实际权利人相分离的原因乃至法律对于市场秩序的价值追求等因素加以考量,于执行后取得的生效法律文书的,无法排除。二是从股权代持人和实际股权持有人的角度,存在真实的股权代持关系时,代持人被强制执行该持有的股权时,名义股权存在被执行的可能性,在无法排除强制执行时且代持人作为被执行人时,实际股权持有人可以向代持人主张赔偿。

5. 股权受让人能否排除强制执行

股权被查封后,股权受让人提出执行异议,能够排除法院强制执行的条件如下:一是在人民法院查封之前签订真实有效的转让合同;二是在人民法院查封之前完成公司股东名册的变更,其可依据股东名册向公司主张股东权利;三是受让人在查封之前已足额支付转让价款或已依约支付部分价款且将剩余价款按照人民法院的要求交付执行。

上述三个条件必须同时满足,还需重点关注以下三点。一是相关的股权转让合同发生在人民法院查封之前,对于查封后股权签订股权转让相关合同的,因处置查封标的物,不影响法院的执行。二是查封之前已实际在公

司内部完成了股东名册的变更,变更后的股东身份其他股东均予以认可的股东,只是形式上未进行工商登记变更,实质上已经属于公司实际的股东。但对于股权持有人和受让人以及其他股东通过虚构或倒签合同、股东名册,以满足上述条件的排除在外。三是对于股权转让款的支付,具体又分为两种情形。情形一是受让股东已经足额支付了股权转让款,此时整个股权转让的交易除未进行工商变更登记外,其他股权转让的实质交易内容已完成,属于可以排除执行的条件之一。情形二是依约支付部分价款且将剩余价款按照人民法院的要求交付执行。对于未有效支付股权转让款,导致股权转让人责任财产不当减少,不符合有关股权转让款支付要件,不能排除法院的强制执行。

另外,股权质押的法定优先权,对于质押的股权,在查封后,股权受让人提出执行异议,要求排除强制执行的,除满足上述排除强制执行的三种条件外,对于股权质押中质权人的优先权属于法定优先权,原股东的股权转让款属于一般债权。质权人的权利优先于股权转让人的股权转让款或受让人的排除执行相关时的权利,能够享有优先受偿权。

实务中建议如下:从股权受让人的角度,对于提出排除法院强制执行,须同时满足上述三种条件时方可排除。具体操作时,一是在股权转让的交易中签订相关股权合同并进行股东名册变更后,及时进行工商变更登记,以防登记的股权持有人和实际的股权持有人并非同一个人,而引起的其他债权人对于登记的股权持有人执行时对该股权的执行。二是在发生股权转让未变更完毕股权被查封的情形,除提供交易的股权转让合同和登记的股东名册外,及时联系执行法院将剩余价款按照法院的要求交付执行,避免股权转让人责任财产不当减少,妨碍法院执行。

从申请强制执行的债权人角度,对于股权的执行遵循商事外观主义,主要以工商登记为准,存在股权受让人主张排除强制执行时,异议人须进行举证证明其排除执行要求满足上述四种条件外,且该排除强制执行行为并不能排除质权的法定优先权。

6.消费性购房人能否排除强制执行

金钱债权执行中,消费性购房人对登记在被执行的房地产开发企业名下的商品房提出异议,满足以下条件时:(1)在人民法院查封之前已签订合法有效的书面买卖合同;(2)所购商品房系用于居住且买受人名下无其他用于居住的房屋;(3)已支付的价款超过合同约定总价款的50%,可以排除法院强制执行。

上述三个条件必须同时满足,需要重点关注以下四点。

一是该查封标的房产被查封时在房地产开发企业的名下,此处的被执行主体特指房地产开发企业,购房人主体主要指非消费性住房的购买主体,对于不属于开发商和消费性住房购买主体适用《最高人民法院关于人民法院办理执行异议和复议案件若干问题的规定》第28条:"金钱债权执行中,买受人对登记在被执行人名下的不动产提出异议,符合下列情形且其权利能够排除执行的,人民法院应予支持:(一)在人民法院查封之前已签订合法有效的书面买卖合同;(二)在人民法院查封之前已合法占有该不动产;(三)已支付全部价款,或者已按照合同约定支付部分价款且将剩余价款按照人民法院的要求交付执行;(四)非因买受人自身原因未办理过户登记。"

二是对于合法有效的书面买卖合同,主要依据合同内容确定是否满足该条件,当合同内容具备《商品房销售管理办法》第16条规定的商品房买卖合同的主要内容,并且出卖人已经按照约定收受购房款的,该协议应当认定为商品房买卖合同,而不能只依据合同名称判断是否为买卖合同。另外需要注意的是该买卖合同须在查封之前签订。

三是消费性购房人名下无其他用于居住的房屋,即消费性购房人名下无其他房屋,案涉房屋属于满足其生存权的合理消费范畴,同时须满足已支付的价款超过合同总价款的50%。

四是消费性购房人在满足上述条件时,可以排除一般债权的强制执行,也可以排除建设工程承包人的优先权和抵押权的优先权。执行异议之诉赋予符合一定条件的商品房买受人权利特别的优先性,使其可以对抗建设工程承包人的优先受偿权、抵押权和其他债权人对房地产开发企业所享有的金钱债权。

实务中建议如下:一是从申请强制执行的债权人角度,对于不动产的执行以不动产登记为准,可以按照不动产登记的相关内容对被执行人名下的房产进行查封,案外人作为消费性购房人对该执行行为提出异议的,其需要承担相应的举证责任证明满足上述三种条件能够排除执行。二是从被执行人的角度,债权人可以对被执行人名下的不动产进行查封,除案外人作为消费性购房人身份在满足上述三种条件时排除强制执行外,债权人对该涉案房屋可以按照法律规定强制执行。三是从消费性购房人的角度,在签订相关买卖合同时,应当更多关注该合同签订的内容是否符合商品房买卖合同主要内容,同时将已经支付的款项相关证据进行保存,对于按揭购买的房产,因房地产开发商已经取得购房款,则为已经完成了付款义务,对于出现房产被查封的情形,及时提出执行异议并举证证明应当予以排除,既可以排除在建工程承包人的优先权,又可以排除抵押权的优先权。

第三章 不良资产的多样化处置方式

03
CHAPTER

第一节

概　述

对于不良资产处置，可以不拘泥于其中某一种方式的催收和处置手段，应当在法律适用的范围内，结合市场的变化和可接受程度，采取多种处置方式，以达到实现债权的目的。

目前市场面对于不良处置，具有可操作性的主要包括债务重组、债权转股权、多样化出售、租赁处置、资产证券化、破产重组、破产清算、诉讼或仲裁等方式。

债务重组和债权转股权，前者其表现形式主要为通过削减债务、协商还款期限、债务互抵、借新还旧等达到债务优化，以更有利于实现债权。后者属于债务重组的一种，其表现形式为将债权通过协商或评估确定价格的方式转变为债务人股权，以达到债务削减。

多样化出售和租赁处置，前者通过资产出售或权利出售的方式实现债权。后者通过出租的方式实现债权。两者的区别主要为处置方式的不同，从而适用的相关法律和操作模式有较大的差异。

资产证券化，是将已经产生的一定规模的不良资产，结合其能够形成稳定的应收账款，作为底层基础资产，通过证券市场对外发行符合其条件的有价证券,从而以证券化的方式达到实现债权的目的。

破产重组和破产清算,前者是根据债务人的资产债务状况,达到资不抵债但仍有重整价值的情形下,通过重组的方式(包括但不限于引进新的投资人)处置债务。后者是债务人资不抵债,且无重组价值或者无其他投资人的情形。不良资产处置的阶段还包括预重整和执行转破产。

预重整程序,是债务人具有资不抵债的情形,于破产重整之前,债务人、债权人及其他新的投资人自愿达成破产重整的草案方案,通过预先重整的方式,于破产重整的草案在债权人通过后,转为破产重整程序的一种。该程序非必经程序。执行转破产程序,为债权人在强制执行阶段,通过执行未完全实现债权且债务人达到破产的条件,债权人通过申请法院将债务人转入破产程序的一种。

诉讼或仲裁,相较于上述其他方式,诉讼或仲裁的方式是最常规的处置方式,诉讼主要为通过法院起诉的方式取得生效法律文书,从而实现债权。仲裁主要为债务人、债权人或其他合同主体通过约定纠纷处理方式为仲裁,于债权人实现债权时,通过仲裁裁决的方式取得生效法律文书,从而实现债权。除以上外,类金融机构较常见的另一种方式为办理赋予强制执行效力的公证,即通过办理赋予强制执行效力的公证,于债务人未及时足额还款时,债权人通过申请出具执行证书的方式实现债权。执行证书同样为生效的法律文书的一种。

第二节

债务重组方式

债务重组从本质上而言,是一项法律活动,旨在通过一定的方式改变债权人与目标公司(债务人)之间原有债权债务合同关系的过程。其表现方式较多,详述如下。

一、协商还款周期、展期等

(一)内容

1. 确认债权

协商还款周期、展期等方式的基础是债权人、债务人双方须对债权进行确认。确认债权包括双方对债务本金、利息、逾期利息、已还款金额、已产生费用、违约金、后续逾期利息计算标准等全方面核对和确认。

债务确认的依据是双方签订的主债权债务合同,根据该合同约定的内容和标准,以财务数据核算为基础,核对清双方之间债权债务的最终金额。反复核对后双方应当形成有效的法律文书,对于已经确认的内容以书面形式予以固定。

通常情况下,类金融机构与债务人会签订《债权债务确认书》或其他内容为债权确认的文书。也有的机构会将确认内容作为《还款计划》中的一部分,先予以确认,后进行债务还款的约定。无论何种形式,确认债权作为必要和基础至关重要。

2. 延长还款时间,明确还款期限

债权确认的基础工作完成后,债务重组的主要表现形式之一为协商由债务人延长还款的时间或者分期还款,明确每一笔还款的具体时间。

延长还款时间,实质上是变更了债权人与债务人之前签订的相关合同内容,主要核心条款中还款期间双方进行了变更。变更延长还款期限后,以下方面需要关注:

(1)还款期限延长后,于约定的日期到期之前,除合同另有约定外,无法启动法律程序主张权利。期限延长即变更了原合同内容,债务人具有期限利益,未到期之前债务人可以拒绝还款,期限的延长意味着债权人若在延长的期限内发现债务人财务情况继续恶化,或者增加债务等情形(除非合同有明确约定,出现该情形,可以要求提前结清款项),仍需要等合同到期后主张其权利。

(2)分期还款,明确每一期的还款期限的情形,建议明确约定,债务人按照分期还款的计划,任何一期未及时足额归还的,债权人可以要求债务人对于剩余未偿还部分,一次性全部清偿。该约定的目的即是以附条件的方式给予债务人延期。

3. 债权人、债务人主体不变

协商还款周期、展期等的方式下,债权人、债务人主体并没有发生变化,即之前签订的合同中双方主体并没有发生变化,仅是还款期限发生了变化,这种方式改变了债权人与目标公司(债务人)之间原有债权债务合同关系。

4. 债务还款时间的延长,对保证人的影响

根据《民法典》第 695 条的规定:"债权人和债务人未经保证人书面同

意,协商变更主债权债务合同内容,减轻债务的,保证人仍对变更后的债务承担保证责任;加重债务的,保证人对加重的部分不承担保证责任。债权人和债务人变更主债权债务合同的履行期限,未经保证人书面同意的,保证期间不受影响。"可知,对于延长债务还款期限,保证人承担的责任,主要依据变更的内容是否加重了保证人的责任。若加重了,保证人对加重部分不承担责任;若减轻了,对变更后的债务继续承担保证责任。对于期限这种变更,无法判断是否加重或减轻的情形,未经保证人书面同意,按原来合同约定的保证期限承担责任。

5. 查漏补缺

债权人和债务人协商还款周期、展期等时,是最好的查漏补缺的机会,可以将原合同签订时存在的问题,通过签订新的《还款计划》或补充协议等文件时,一并补充完善。应当对以下内容具体核查并补缺:

(1) 股东会决议是否完备

核查债务人、保证人提供的股东会决议是否完备,股东签字或盖章是否合规,股东会决议文件是否满足形式要求,股东会表决的内容及表决权数是否达到要求。

(2) 签字、盖章是否合规

核查债务人、保证人在主合同上的签字是否真实、盖章是否有效(核查是否有多套公章),核查签字人为被授权人,授权文书形式及内容是否合规,授权的出具人是否有其他文书,如公证授权等,具有授权的权限。

(3) 抵、质押物的核实、应收账款的变化

延期的情况下,须核查抵、质押的现状,现状下是否出租,抵、质押物是否存在其他债权人的查封、冻结、扣押,抵、质押物是否保管完善。存在应收账款或应收账款质押的情形,须核查应收账款的支付情况,现阶段余额情况。

(4) 其他债权人是否到期——影响首封查封

存在可能有其他债权人的情况,须核查其他债权人的债务到期时间,其

他债权人的担保措施等情况,是否存在延期期间其他债权人到期的情况,是否存在延期后可能会被其他债权人进行首封的情形。

6.可变更的

债务延期是对原合同期限进行了变更,结合具体情况,债权人与债务人还可以对以下方面进行变更:

(1)管辖

除原合同办理了赋予强制执行效力的公证外,债权人和债务人可以对原合同及本次签订的协议进行重新约定,可以选择仲裁,或者诉讼,也可以对管辖法院(原告方所在地、被告方所在地、合同签订地等)进行具体的约定。

(2)利率

债权人和债务人可以对原合同及本次签订的协议重新约定之间的利率,可以约定逾期之后的利率,也可以对原合同利率进行重新约定(因涉及原合同项下利息收取和债权确认的情况,通常不会对原合同利率进行变更)。

(3)利息减免

债权人和债务人对债务情况进行确认后,可以在确认债权的基础上对利息予以减免,相当于在一定程度上对原合同收取利息的变更,或者为单独的债务减免。

(二)操作方式

1.确认债权

债权人与债务人对于已形成债权进行确认,并形成书面文件,或者在后续的还款计划或确认书中予以确认。

2.签订还款计划或确认书

基础的债权确认之后,双方形成新的书面文件。但需要结合前文内容综合考虑债务人及其他债权人的情况确认。

3. 根据是否增加保证人责任,确认是否需要签字

通常保证人须在债权人和债务人另行签订的文书上签字,但实务中存在逾期还款时保证人不配合的情形,除原合同另有约定外,可以考虑是否增加保证人责任,来判断是否需要其签字。

4. 其他

延长还款期限一定程度上增加了债权人的风险,故原合同项下的抵、质押物及其他手续的合同是必要的。

二、追加新的债务人作为共同债务人（债务加入），或者追加新的保证人

(一) 内容

1. 确认债权

无论是追加新的债务人还是追加新的保证人,其基础为对追加之前的债权债务予以确认,在该债权的基础上追加的第三人为债务加入人或保证人,均需要对之前债务的认可,包括但不限于对原合同产生的主债权金额、利息等。特别是对于违约金,因该内容具有相对性及专属性,是否包含需要根据第三人加入债务时及保证人与债权人达成的约定内容确定。

2. 追加新的债务人作为共同债务人(债务加入)

(1) 法律依据

根据《民法典》第552条的规定:"第三人与债务人约定加入债务并通知债权人,或者第三人向债权人表示愿意加入债务,债权人未在合理期限内明确拒绝的,债权人可以请求第三人在其愿意承担的债务范围内和债务人承担连带债务。"可知,债务加入的条件为:一是第三人与债务人约定进行

债务加入,或者第三人向债权人表示愿意加入(不需要债务人同意);二是需要向债权人通知或向债权人表示愿意加入债务,而不需要债权人同意,告知即可;三是债权人须在合理的时间内明确拒绝,否则债务即加入;四是第三人与债务人承担的连带债务,而并非债务转移或者连带保证责任。

(2)债务加入可以不以债务人的同意为要件

第三人加入债务有两种方式:一是与债务人约定加入债务,通知债权人,此种情形下债务人是明确知道第三人加入债务的,债务人是同意的;二是第三人直接向债权人表示愿意加入。

无论以何种方式加入债务,均须向债权人通知,但并非需要债权人提前同意,只要债权人在合理期限内未明确表示拒绝,即可加入债务。实务中,从类金融机构业务层面出发,债权人通常也不会拒绝,毕竟从债权人的角度来讲,增加了履约的可能性,并不损害债权人的利益。

(3)债务加入并非债务转移,也非连带保证责任

第三人债务加入后,其和债务承担的责任为连带债务。此时债务人与第三人为共同的债务人,债务并未进行债务转移(债务转移需要债权人同意而非告知),第三人与债务人均有还款义务,且为连带义务,债权人可以要求第三人与债务人共同还款,也可以根据履行能力择其一。第三人债务加入后也并非承担的连带保证责任,第三人加入后,其作为共同债务人,承担还款义务后,不涉及向其他债务人追偿,但可以根据第三人与债务人达成的合意进行内部债务责任分配。

(4)债务加入应当由债务加入的第三人出具内部决议

第三人债务加入属于公司的重大事项,涉及对外承担责任。对于作为公司主体的第三人,其应当按照其章程的约定,对该事项进行决议,从债权人的角度,应当按照第三人作为债务人的角色,要求其提供符合对外承担债务的内部决议,以防后期债务加入后,第三人之股东以未经过内部决议即对外承担责任而要求撤销该加入行为等。

(5) 以实际履行行为确认债务加入

实务中,第三人作为债务加入人直接以实际履行的行为清偿债务,进行债务加入的情形时有发生,该实际履行行为即是对债权人的债务加入的意思表示,除非债权人明确表示拒绝,该行为即视为第三人的债务加入。

第三人以实际履行行为加入的,若与债务人已达成合意且明确了内部责任的分配,债务加入履行后,可以按该约定与债务人进行内部责任分配,若未与债务人达成合意,也未明确内部分配的,第三人按照共同债务人之义务承担责任,内部分配另行解决。

3. 追加新的保证人

(1) 法律依据

根据《民法典》第543条的规定:"当事人协商一致,可以变更合同。"可知,原合同中债权人与债务人协商一致可以变更合同,而追加新的保证人即为双方对担保方式和担保人的增加,可以进行变更,即增加新的保证人。

(2) 保证人的担保的范围和期间

以保证合同为例,常见小额贷款公司的《个人保证》合同约定为:"保证的范围为主合同项下债权本息及违约金、损害赔偿金和债权人实现债权而发生的费用(包括但不限于催收费用、诉讼费或仲裁费、保全费、公告费、执行费、律师费、差旅费)以及其他所有主合同债务人的应付费用。"可知,保证人的保证范围同原合同的保证人范围一致,并不会因为保证人的加入时间而影响其范围。

对于保证期间的约定,具体需要根据新加入保证人与债权人签订的合同约定确定,同样以小额贷款公司的《个人保证》为例,内容约定:"保证期间为借款到期之日起叁年。保证有效期自《借款合同》生效之日起计算。"可以知道,保证期间的起算点为《借款合同》生效之日,又因为新加入的保证人与债务人签订的合同晚于原合同的生效时间,笔者认可可以视同债权人与保证人共同的追认,保证期间的终止日为主合同到期后3年止。

(3) 第三人债务加入对保证人的影响

根据《民法典》第 697 条第 2 款的规定:"第三人加入债务的,保证人的保证责任不受影响。"可知,在原合同中存在保证人,有第三人加入债务的情形,因第三人作为共同债务人,并未加重保证人的责任,故保证人的保证责任仍不受影响。

还有情形是原合同中有保证人,后有第三人加入债务,以及有新的保证人加入,对于原合同中的保证人不受影响,第三人与债务人承担共同连带责任,新的保证人按照与债权人的约定承担具体的保证责任。

(二) 操作方式

1. 确认债权

确认债权是对第三人加入债务以及追加新的保证人之前的债权债务进行结算,明确第三人及新的保证人加入前的具体的债权总额,以确定第三人及新的保证人需要承担的已产生债权金额,也方便计算后续债务加入及新保证人承担具体金额。

2. 签订债务加入或保证合同

新的保证人加入需要与债权人达成合意,双方协商一致,对于保证承担的金额(之前已产生),保证承担的范围均予以确认。若第三人债务加入与债权人已有合意,同样可以采取书面约定的方式确定债权金额,约定加入后的责任承担等。

3. 通知债权人(债务加入)或经债权人同意(追加新的保证人)

第三人债务加入未与债权人达成合意的,则需要向债权人通知,并给予债权人合理的期限,其未拒绝,则债务加入。或第三人直接以实际履行的方式进行债务偿还,达到债务加入的目的,除非债权人拒绝。而追加新的保证人,须经过债权人的同意,而非通知。

4. 其他

须注意无论是债务加入或者追加新的保证人均可以对合同管辖另行约定,建议与主合同保持一致。

三 债务互抵

(一) 内容

1. 双方确认债权

债务互抵的基础仍然是确认债权。该债权的确认可以从互负的标的物种类、品质是否相同作为类别,若相同,如互负借款债务,则在借款的本金、利息、违约金、实现债权费用等核对后,予以确认,最终确定各自欠对方债务金额,以及履行期限等。若不相同,如一方为金钱债务,另一方为具有人身属性的提供劳务债务,则按照各自债权计算办法,独立各自核算。

2. 法律依据

根据《民法典》第568条的规定:"当事人互负债务,该债务的标的物种类、品质相同的,任何一方可以将自己的债务与对方的到期债务抵销;但是,根据债务性质、按照当事人约定或者依照法律规定不得抵销的除外。当事人主张抵销的,应当通知对方。通知自到达对方时生效。抵销不得附条件或者附期限。"可知,本条为标的物种类、品质相同的情形下的互抵,除满足互抵条件外,任何一方单独通知抵销即可,且自抵销通知到达对方时生效,属于法定抵销。

根据《民法典》第569条的规定:"当事人互负债务,标的物种类、品质不相同的,经协商一致,也可以抵销。"可知,本条为标的物种类、品质不相同的情形下的互抵,须双方协商一致,即达成一致合意方能抵销,属于意定抵销。

3.债务互抵的条件

(1)互负债务

债务能够产生互抵的基础条件之一是一方对另一方具有需要清偿的债务,而另一方也有要向对方清偿的债务,无论标的物种类、品质是否相同,产生的互负债务是必须的。

(2)债务均到期

互负债务均已经到了应当履行的期限,但均未履行。时间节点为拟互抵的这一刻,双方互负债务均已到期,包括其中某一方的债务早已到期,一直拖至另一方所负债务也到期,主张要求互抵的情形,对于早已到期的债务可以从计算违约金额或其他逾期产生的费用等方面予以确定金额。

(3)均属于可以互抵的债务

债务可以被履行,属于合法的债务,且属于可以互抵的债务范围,如互负金钱债务,因其不具有不适当履行的情形,可以进行债务互抵。

(4)债务并非法律规定不得抵销、性质不得抵销或约定不得抵销的情形

一是法律规定不得抵销的情形,如禁止强制执行的债务保留被执行人的生活必需品;

二是具有性质上不得抵销的情形,如具有人身专属性的义务,约定由特定的人提供服务,该类债务不得互抵;

三是双方之前已经有协议约定,对产生的债务不得抵销,有约定在先,不得抵销。除非双方另行合意,重新达成协议对前述约定内容进行了变更,允许抵销。

4.标的物种类、品质相同的,单方抵销通知对方即可;标的物种类、品质不相同的,互抵须协商一致

标的物属于同种类、品质相同的,满足互抵条件的情况下,任何一方向对方发出抵销的通知,即产生了债务互抵的法律效果,不需要另一方同意,

满足法律规定的抵销条件即可。从实务角度出发,因种类、品质均相同,实际上是双方把账务核对清楚,即可以避免互相支付给对方,方便简洁,避免烦琐。

标的物属于同种类、品质不相同的,需要双方合意才能产生互抵的法律效果。从实务角度出发,主要是因为品种、品质的不相同,核算的依据和标准均不相同,直接产生互抵,会产生不相匹配,无法对应核算的情形。

5.债权转让后,也可互抵

根据《民法典》第549条的规定:"有下列情形之一的,债务人可以向受让人主张抵销:(一)债务人接到债权转让通知时,债务人对让与人享有债权,且债务人的债权先于转让的债权到期或者同时到期;(二)债务人的债权与转让的债权是基于同一合同产生。"可知,以上两种情形,债务人可以向受让人提出债务互抵。从实务的角度出发,因为作为债务人债权转让后,仅是债务人履行债务的相对主体发生了变化,并没有丧失债务人对债权人的抵销权,故若满足上述两种条件,即可以主张抵销。

6.互抵协议或三方抵债协议适用

实务中,债务互抵适用的文书为互抵协议(两方主体)和三方抵债协议(三方主体),互抵协议是互为债权人、债务人之间签订的用来确定双方进行债务抵销的法律文书。而三方抵债协议会涉及其他第三方,该第三方主体可能是一方债权的受让人,也可能是其他债权主体(如三角债务进行互相抵销)。无论是何种协议,因有各方的合意,无论品种、品质是否相同,均可以产生抵销效果。

(二)操作方式

1.确认债权

债权确认是基础,依据确认的品种、品质,进而判断是否到期等可以抵销的条件,从而进一步判断是否满足单方抵销。确认债权是任意一方拟主张抵销的主体重要的工作内容。

2. 签订债务互抵协议

实务中,类金融机构对债务人负债的通常均不为金钱债务,而债务人通常所负为金钱债务。对于品种、品质不同的债务,通常采取签订债务互抵协议的方式进行债务互抵,或类金融机构将债权转让后,由债权受让人与债务人进行互抵。

3. 单方主张互抵的,满足条件下通知对方

满足单方主张互抵条件的,无论是债务人还是债权人均可主张抵销,此处必须以通知的方式告知对方,才生效。

4. 其他

债务互抵协议可以另行约定管辖,该管辖可以与主合同不一致,若履行该协议发生争议,对于该互抵协议的管辖依据该协议内容确定,主合同中的管辖仅对履行主合同产生约束力,债务互抵协议并非履行主合同的一部分。

四 债权转让或债务转让

(一) 内容

1. 债权转让

债权转让,是指不改变合同内容的合同转让,债权人通过债权转让,与第三人订立合同将债权的全部或部分转移于第三人。

(1) 确认债权

债权转让的标的为债权人对债务人享有的债权法律关系,转让的标的物为享有的债权金额,故转让该债权须有一个确定的标的物金额,核实和确认债权人享有的债权金额即是一个基础的工作,也是转让行为发生的前提。

(2)法律依据

《民法典》第546条第1款规定:"债权人转让债权,未通知债务人的,该转让对债务人不发生效力。"可知,债权转让通知债务人即可。同时债权转让须满足以下条件:一是转让的债权是合法有效的债权;二是债权具有可转移性,且债权转移不会改变债权的内容;三是债权转让人与受让人已经达成合意;四是债权的转移必须通知债务人及保证人。

(3)通知债务人

债权转让后,通知债务人的,对债务人才发生效力,实务中存在是债权人通知还是债权受让人通知?法律上虽未明确,但结合相关案例,若只能由债权转让人通知,可能会存在债权转让人与受让人达成合意后,怠于行使通知义务,也不利于债权受让人权利的保护和让债务人及时知道向谁履行债务。

故债权转让人和受让人均可以向债务人及保证人通知债权转让的内容。同时债权转让人和受让人可以在债权转让相关协议内容上对债权转让的通知进行具体约定,未按照协议履行承担相关违约责任即可。

(4)债务人履行主体发生变化,履行内容未变化

债权转让后,仅是债务人履行的主体发生了变化,债权转让并未引起债权人和债务人原合同之间的合同权利义务发生重大变化,债务人收到债权通知后,应当按照原合同内容积极向债权受让人履行相关合同内容,原合同对债权受让人和债务人仍然具有约束力。

(5)债权转让对保证人的效力

《民法典》第696条规定:"债权人转让全部或者部分债权,未通知保证人的,该转让对保证人不发生效力。保证人与债权人约定禁止债权转让,债权人未经保证人书面同意转让债权的,保证人对受让人不再承担保证责任。"可知,债权转让不需要保证人同意,除非保证人与债权人有约定禁止债权转让。同时,债权转让向保证人通知即对保证人发生法律效力,保证人

仍然按照其与债权人签订的相关保证合同承担保证义务。

若保证人与债权人约定禁止债权转让,债权人转让的,保证人不再承担保证责任。结合实务,在债权人与保证人签订的相关合同中可以对是否同意债权转让进行明确,未明确的可以视为未约定,债权人转让债权通知保证人即可。

(6)债权转让,对抵、质押人的效力

根据《民法典》第407条的规定:"抵押权不得与债权分离而单独转让或者作为其他债权的担保。债权转让的,担保该债权的抵押权一并转让,但是法律另有规定或者当事人另有约定的除外。"可知,抵押权作为从权利,跟随主债权转让而转让,不得单独转让,具有附属性,同时主债权转让的,抵押人随之转让,除非另有规定与约定。质押权参照抵押权适用。

根据《民法典》第547条的规定:"债权人转让债权的,受让人取得与债权有关的从权利,但是该从权利专属于债权人自身的除外。受让人取得从权利不因该从权利未办理转移登记手续或者未转移占有而受到影响。"可知,债权转让后,抵押人作为主债权的从权利,仍然转让给了债权受让人,因抵、质押权在设立之初在相关登记部门办理登记手续,转让后是否进行变更登记并不影响债权受让人继续享有抵、质押权。

(7)债权转让的禁止性规定

根据《民法典》第545条的规定:"债权人可以将债权的全部或者部分转让给第三人,但是有下列情形之一的除外:(一)根据债权性质不得转让;(二)按照当事人约定不得转让;(三)依照法律规定不得转让。当事人约定非金钱债权不得转让的,不得对抗善意第三人。当事人约定金钱债权不得转让的,不得对抗第三人。"可知,三种情形下不能转让:一是债权性质不得转让,如具有人身专属性的债务;二是双方有约定;三是法律规定不行。同时,债权分为金钱债务或非金钱债务,对于非金钱债务,不得对抗善意第三人,对于金钱债务,不得对抗第三人,无论第三人是否善意。

（8）债权转让后能否重新约定管辖

①对原债权债务合同发生纠纷：《民事诉讼法解释》第33条规定："合同转让的，合同的管辖协议对合同受让人有效，但转让时受让人不知道有管辖协议，或者转让协议另有约定且原合同相对人同意的除外。"可知，除受让人不知道有管辖协议或另有约定且原合同相对人同意外，债权转让后，原合同对债权债务纠纷管辖的约定，依旧约束新的债权受让人。

②对债权转让合同发生纠纷：债权转让合同独立于原合同存在，属于另一个法律关系，故债权转让人与受让人因履行债权转让事宜发生纠纷的，可以根据其双方的约定进行纠纷处理，未约定的按照法律规定。

③债权受让人与债务人重新约定了管辖：债权转让后，债权受让人作为新的合同主体，其可以与债务人及保证人进行后续发生纠纷处理时的管辖选择，其重新约定的，实质上是对原合同的变更。

2.债务转让

（1）确认债务金额

债务转让涉及转让的标的物，即主合同中债务人对债权人所欠债务的金额。对于该金额的确认是债务转让的基础，主要根据合同中约定的内容，以及债务人或保证人等清偿的金额，经过结算后确定的债务金额。

（2）法律依据

根据《民法典》第551条的规定："债务人将债务的全部或者部分转移给第三人的，应当经债权人同意。债务人或者第三人可以催告债权人在合理期限内予以同意，债权人未作表示的，视为不同意。"可知，债务转让的条件：一是该债务属于合法债务且可以被转移；二是该债务转移需要经债权人同意，或者给予合理期限，经催告后未表示，默认视为拒绝转让；三是催告债权人可以是债务人，也可以是第三人。

（3）债务转移，须经债权人同意

债务转移不同于债权转让，债务移转到没有履行能力的新的债务人身上,直接影响债权的顺利实现,故在进行债务转移时,必须经债权人同意,即明示的同意,既可以是签订相关债务转移协议,也可以是其他能够表明债权人同意的文书。

而债务人或第三人向债权人发送债务转让通知,在合理期限未表示的,经催告仍未表示的即视为拒绝,可知,债务转移不能以默示的方式实现,当然债权人在知道债务人将转移债务时,也可以明示的方式表示拒绝接受债务转移,则债务转移法律效果不发生。

(4) 债务转移,对保证人的影响

根据《民法典》第697条的规定:"债权人未经保证人书面同意,允许债务人转移全部或者部分债务,保证人对未经其同意转移的债务不再承担保证责任,但是债权人和保证人另有约定的除外……"可知,债务转移必须经过保证人同意,否则保证人不再承担该保证责任。除外情形是债权人和保证人另有约定,即在签订原合同时债权人和保证人约定未经保证人同意债务人可以债务转移,或者债务转移仅需要通知保证人即可,或其他排除保证人同意行为的约定。

(5) 债务转移,对抵、质押人的影响

根据《民法典》第391条的规定:"第三人提供担保,未经其书面同意,债权人允许债务人转移全部或者部分债务的,担保人不再承担相应的担保责任。"及第392条规定:"被担保的债权既有物的担保又有人的担保的……债务人自己提供物的担保的,债权人应当先就该物的担保实现债权;第三人提供物的担保的,债权人可以就物的担保实现债权,也可以请求保证人承担保证责任……"可知,债务转让对于抵、质押人来讲,其作为担保人并不需要区分提供的抵、质押物是属于债务人的还是第三人的。债权人在实现抵、质押物权时,存在两种情形:一是第三人提供了担保,债务人提供了物的担保的,债权人可以选择由债务人或第三人或者共同全部清偿;二是第三人提供了保证,债务人未提供物的担保,债权人仍可以选择由债务人或第三人或者共同全部清偿,故无论何种情形,债务转移对担保人权利存在影响。

另外,债务转移因为涉及债务人主体的变更,抵、质押人承担了担保责任后还涉及追偿的问题,若任意未经担保人同意,后续的追偿将对担保人产生不利影响。

(6)债务转移后的管辖问题

①原合同的管辖:债务转移仅是债务人主体发生了变更,对于原合同的相关内容及管辖等均未发生变化,故债务转让后受让人与债权人仍按照原合同约定解决管辖问题。

②对债务转让协议发生争议的管辖:债务转让协议与原合同属于不同的法律关系,当债务转让人与受让人因债务转让发生纠纷的,可以根据双方的约定进行处理。实务中主体通常为债务转让人、债务受让人、债权人三方主体。

③重新约定争议处理方式的管辖:债务转让后,新的债务人可以同债权人重新约定争议解决的方式,实质上为对原合同的变更。

(二)操作方式

1.债权转让

(1)确认债权

债权确认是为了明确债权转让的标的,也是债权转让协议的转让的标的,明确该部分属于债权转让的基础部分。

(2)债权人与第三人签订债权转让协议相关文件

债权转让人与受让人对于债权转让标的达成合意后,对于债权转让的内容及双方权利义务,可以通过债权转让协议的方式予以约定和明确。另外,债权转让的金额可以同债权转让标的额不一致。

(3)债权人或第三人通知

债权转让协议履行后,对于转让行为,债权人或者受让人均可以向债务人和保证人通知,通知送达后即对债务人和保证人产生效力。

(4)其他

实务中,对于案件在执行阶段,若发生债权人变更,可以依据《民事执行中变更、追加当事人规定》第9条规定:"申请执行人将生效法律文书确定的债权依法转让给第三人,且书面认可第三人取得该债权,该第三人申请变更、追加其为申请执行人的,人民法院应予支持。"向执行法院申请变更申请执行人。须注意,申请的人为债权受让人。

2. 债务转让

(1)确认债务

确认债务是为了明确债务转让的标的,是债务转让的基础。

(2)经债权人同意,或经催告债权人未拒绝

债务转让须债权人书面同意或者其他方式能够确认其同意进行债务转让。对于默示的推定不能够确认其同意,也不发生债务转让的效果。实务中主体通常为债务转让人、债务受让人、债权人三方主体签订《债务转让协议》等相关协议。或者由债务转让人与债务受让人签订两方主体的债务转让协议,债权人通过情况说明或其他能够表明其意思的文书确认其同意即可。

(3)债务转让的,须经抵、质押人(第三人)同意

债务转让的涉及抵、质押人的利益,同时涉及抵、质押人承担责任后向新债务人追偿的问题,需要经过抵、质押人同意才产生对其的效力,实务中仍是以协议或者书面承诺的方式确认抵、质押人同意债务转让。

(4)其他

实务中,因涉及债务人履行能力的问题,执行阶段很少发生债务人直接变更为另一个人的,若有其他第三人自愿还款,可以是债务加入,根据《民事执行中变更、追加当事人规定》第24条:"执行过程中,第三人向执行法院书面承诺自愿代被执行人履行生效法律文书确定的债务,申请执行人申请变更、追加该第三人为被执行人,在承诺范围内承担责任的,人民法院应

予支持。"申请执行人可以向法院申请追加第三人为被执行人,与债务人共同进行还款。

五 借新还旧

(一) 内容

借新还旧,是指债权人与债务人在旧的贷款尚未清偿的情况下,再次签订贷款合同,以新贷出的款项清偿部分或全部旧的贷款。

1. 相关依据

《担保制度的解释》第 16 条规定:"【'借新还旧'中的担保责任】主合同当事人协议以新贷偿还旧贷,债权人请求旧贷的担保人承担担保责任的,人民法院不予支持;债权人请求新贷的担保人承担担保责任的,按照下列情形处理:(一)新贷与旧贷的担保人相同的,人民法院应予支持;(二)新贷与旧贷的担保人不同,或者旧贷无担保新贷有担保的,人民法院不予支持,但是债权人有证据证明新贷的担保人提供担保时对以新贷偿还旧贷的事实知道或者应当知道的除外。

主合同当事人协议以新贷偿还旧贷,旧贷的物的担保人在登记尚未注销的情形下同意继续为新贷提供担保,在订立新的贷款合同前又以该担保财产为其他债权人设立担保物权,其他债权人主张其担保物权顺位优先于新贷债权人的,人民法院不予支持。"

《九民纪要》第 57 条规定:"贷款到期后,借款人与贷款人订立新的借款合同,将新贷用于归还旧贷,旧贷因清偿而消灭,为旧贷设立的担保物权也随之消灭。贷款人以旧贷上的担保物权尚未进行涂销登记为由,主张对新贷行使担保物权的,人民法院不予支持,但当事人约定继续为新贷提供担保的除外。"

2. 对旧债权确认，对新债权审批

借新还旧行为的本质是新债形成与旧债消灭两项法律事实的结合，从形式上看，借新还旧为两层法律关系，一层为旧贷款的借款法律关系，另一层为新贷款的法律关系。从本质上看，两者能够形成关联，是因为新贷的用途是用来归还旧的贷款，其从交易习惯上是一种常见的债务重组。

实务中由来已久，主要是由于银行贷款之间已经形成一种商业习惯，法律未予以规定，直至《九民纪要》《担保制度的解释》列文予以明确，笔者认为，类金融机构可以参照适用。

3. 债权人主张的担保人承担责任

（1）对于旧贷为担保人，新贷非担保人

在旧贷中属于担保人，债权人要求旧的担保人承担担保责任的，因担保具有从属性，新贷归还旧贷后，即意味着旧贷该笔债权债务的主债权消灭，主债权消灭，具有从属性的担保债权即消灭，保证人不需要再承担担保责任。

（2）对于新旧贷均为担保人

对于新旧贷均提供担保的人，其从本质上对两笔贷款均自愿提供担保，无论是新贷还是旧贷，其作为保证的从属性，体现为主债权的从属性，借新还旧后，旧贷归还，旧贷合同项下的主债权消灭，担保人继续为新贷项下的主债权提供担保，债权人要求担保人承担担保责任的，应当得到支持。

（3）对于旧贷非担保人，新贷为担保人或新旧贷的担保人不同

对于此种情形，担保人承担担保责任的条件为债权人有证据证明新贷的担保人提供担保时对以新贷偿还旧贷的事实知道或者应当知道，即新贷项下的担保人是对于借新还旧的事实是明知的或应当知道的，能够明确新贷项下的担保人具有提供担保的真实意思表示，或者与债权人达成合意时是知悉新贷的用途是用于归还旧贷的。

4. 抵押物是否重新办理登记

正常的商业习惯为，借新还旧中涉及抵、质押物的，因为抵、质押权的从

属性,应当在办理新贷中重新办理抵、质押登记。《九民纪要》《担保制度的解释》突破了该从属性,对于借新还旧中旧贷订立之前设立的担保物权,顺位上次于借新还旧中旧贷中以协议方式继续承担担保责任的原新贷中的担保物权。

实务中,如房产抵押贷款一押在某银行,二押在另一家银行,若一押相关的贷款进行借新还旧,在协议中约定该一押中的抵押物继续为新贷提供担保,根据上述解释,则二押顺位始终居于一押抵押权之后。

(二) 操作方式

1. 达成合意

借新还旧须债权人与债务人达成以新借款项归还旧的款项的合意,同时得与担保人确认是否为新的贷款进行担保,从而影响担保人责任的承担。

2. 签订相关的借新还旧的协议

新贷款的形成,根据债权人的内部审批后,与债务人、担保人签订新的借款合同,同时借款合同明确借款的用途用于归还旧的贷款,或者各方合意借新以还旧,以实际履约的方式确定以新还旧。

3. 新贷放款,指定归还旧贷

新贷款发放后,可以指定账户归还旧的贷款,或者其他可以控制的方式直接归还旧的贷款。

4. 根据协议确定是否办理抵押权另行登记

以各方签订协议确定抵押权登记是否另行办理,实务中存在债务人存在多个债权人,若重新办理抵押,可能产生顺序轮后或者剩余价值不足无法办理的情形,结合相关司法解释和纪要,可以以协议的方式约定旧贷中的抵押物继续为新贷提供抵押担保。

六 融资减债

(一) 内容

融资减债,是指通过增资扩股、发行股票或债券等融资方式筹集资金还债。其本质是通过其他方式进行二次融资,以融资的资金进行债务重组的还款。

1. 通过增资扩股减债

增资扩股实质是以股权进行融资的一种方式。

(1) 新股东加入的增资扩股

增资扩股主要是通过对公司整体进行增资,引进新的股东,对拟增资扩股的债务人公司的现存价值进行估值,经公司内部决议,新股东按照拟持股的比例进行增资,以增资资金作为公司的股东投入资金,可以对外进行还款。

(2) 现有股东的增资扩股

对于需要融资减债的债务人公司,可以对现有股东进行新一轮增资,并对现公司价值重新估值后进行增资,增资后公司的新投入资金即作为公司的资产对外减债。

2. 通过发行股票减债

发行股票,就是股份公司被核准上市,或者核准增发,公司以自己的股权换取社会资金,进行直接融资。发行股票的主体为上市公司,融资活动的方式有首次公开发行(IPO)、定向增发、配股等。

实务中通过资本市场的增发或配股,可以有效地融资减债。

3. 通过发行债券减债

债券是政府、企业等债务人发行的一种有价证券,会向债权人承诺在指定的日期进行还本付息。

目前市面上债券种类很多,常见的有企业债券和公司债券以及可转换债券。结合目前实务,企业债券要求相对较低,但仍有严格的交易场所和发行标准;公司债券只有国有独资公司、上市公司、两个国有投资主体设立的有限责任公司才有发行资格,并且对企业资产负债率以及资本金等都有严格限制;可转换债券只有重点国有企业和上市公司才能够发行。

(二)操作方式

1. 通过增资扩股减债

(1)新股东加入的增资扩股

新股东与旧股东共同签订出资协议,新股东以出资作为增加的注册资本,并按照新的注册资本,各新旧股东重新持有新的股权比例。新股东缴纳注册资金后,公司按照实收资本对外清偿债务。

(2)现有股东的增资扩股

各股东共同签订增资协议,增资的股东增加注册资本及缴纳注册资本金,公司收到后按照实收资本对外清偿债务。

2. 通过发行股票、债券减债

在符合股票发行和债券发行的条件下,进行融资后减债。类金融机构相对应的客户群体以中小企业较多,可以发行股票或债券的融资主体较少见。

第三节

债转股方式

一、内容

(一) 概述

债转股广义地讲,是指债权人将对债务企业的债权,转为企业的股权的行为。而结合实务,从狭义上讲,债转股是指商业银行、金融资产管理公司等机构将对企业的债权转为股权,从债权人转变为股东的过程。国家层面出台的相关政策也主要指狭义的债转股,对于类金融机构作为广义上的债权人,具有重大的参考和实操意义。

1. 对于债权人而言

从债权人的角度,无论是银行作为债权人,还是类金融机构、其他类型的债权人,债权转股权是需要根据企业的经营状况,特别是企业经营具有较好的预期,但当前情况下现金流比较短缺,以债权转变为股权的方式是一种很好的解决现有存量不良的方式。

对于债权人缺点是回收周期延长,同时以股东的身份参与企业经营,无法短时间内回收债权资金,且对于企业后续经营的风险和其他债权人的债务风险均需要进行承担。

2. 对于债务人(债转股的目标企业)而言

从债务人的角度,在短时间内一定程度上缓解了还款的压力,同时银行、类金融或其他债权人主体以股东的身份加入公司后,使目标企业的股东实力增强了,可以拓展其他融资方式进行融资减债,也可以在短时间负债下降的同时,更好地集中开展经营,调整企业治理结构,重振企业活力。

对于债务人的缺点为有债权人以股东的身份加入,势必会降低或让渡企业的控制权,受债权人的监督或一定程度上的限制。

3. 对于实施机构而言

银行债权进行股权转化时可以采取银行以债权人的身份转化为股东的身份,或以银行的子公司等形式转化成股东。还有的方式是银行的不良资产已经通过转让的形式转让给了资产管理公司,此时由资产管理公司以其作为债权人的身份转化为目标企业股东的身份,资产管理公司即为实施机构。

对类金融业务而言,实施机构通常指的是受让类金融机构债权的其他第三人,其以债权人身份转化为目标企业的股东身份。

对于实施机构,可以以更灵活的方式参与企业的经营管理,同时实施机构对于不良资产的处置方式更灵活,可以以低于市场价值的价格或者零成本的方式转化为股权。

实施机构债转股的缺点同债权人的一致。但实施机构以债权转股权的方式作为业务方向,大面积持有具有价值的企业的股权作为发展方向的除外。

(二) 相关法律

1. 现行有效的相关法律、法规及政策

《公司法》第48条规定:"股东可以用货币出资,也可以用实物、知识产权、土地使用权、股权、债权等可以用货币估价并可以依法转让的非货币财产作价出资;但是,法律、行政法规规定不得作为出资的财产除外。对作为出资的非货币财产应当评估作价,核实财产,不得高估或者低估作价。法律、行政法规对评估作价有规定的,从其规定。"及第49条第1款、第2款规定:"股东应当按期足额缴纳公司章程规定的各自所认缴的出资额。股东以货币出资的,应当将货币出资足额存入有限责任公司在银行开设的账户;以非货币财产出资的,应当依法办理其财产权的转移手续。"

《中华人民共和国市场主体登记管理条例实施细则》第13条规定:"申请人申请登记的市场主体注册资本(出资额)应当符合章程或者协议约定。市场主体注册资本(出资额)以人民币表示。外商投资企业的注册资本(出资额)可以用可自由兑换的货币表示。依法以境内公司股权或者债权出资的,应当权属清楚、权能完整,依法可以评估、转让,符合公司章程规定。"

国务院2016年10月发布的《关于积极稳妥降低企业杠杆率的意见》规定:"三、实施方式(一)明确适用企业和债权范围。市场化债转股对象企业由各相关市场主体依据国家政策导向自主协商确定。市场化债转股对象企业应当具备以下条件:发展前景较好,具有可行的企业改革计划和脱困安排;主要生产装备、产品、能力符合国家产业发展方向,技术先进,产品有市场,环保和安全生产达标;信用状况较好,无故意违约、转移资产等不良信用记录。鼓励面向发展前景良好但遇到暂时困难的优质企业开展市场化债转股,包括:因行业周期性波动导致困难但仍有望逆转的企业;因高负债而财务负担过重的成长型企业,特别是战略性新兴产业领域的成长型企业;高负债居于产能过剩行业前列的关键性企业以及关系国家安全的战略性企业。

"禁止将下列情形的企业作为市场化债转股对象:扭亏无望、已失去生存发展前景的'僵尸企业';有恶意逃废债行为的企业;债权债务关系复杂且不明晰的企业;有可能助长过剩产能扩张和增加库存的企业。转股债权范围以银行对企业发放贷款形成的债权为主,适当考虑其他类型债权。转股债权质量类型由债权人、企业和实施机构自主协商确定。"

2. 已失效但具有一定的参考性的法规

《公司注册资本登记管理规定》第 7 条规定："债权人可以将其依法享有的对在中国境内设立的公司的债权,转为公司股权。转为公司股权的债权应当符合下列情形之一:(一)债权人已经履行债权所对应的合同义务,且不违反法律、行政法规、国务院决定或者公司章程的禁止性规定;(二)经人民法院生效裁判或者仲裁机构裁决确认;(三)公司破产重整或者和解期间,列入经人民法院批准的重整计划或者裁定认可的和解协议。用以转为公司股权的债权有两个以上债权人的,债权人对债权应当已经作出分割。债权转为公司股权的,公司应当增加注册资本。"

(三) 政策性转股、市场化转股、其他转股

1. 政策性转股

政策性转股的历史沿革,以国企改革和银行重组为背景,根据国家经贸委、中国人民银行 1999 年 7 月印发的《关于实施债权转股权若干问题的意见》,以政府为主导,对陷入困境的国有企业,由银行作为债权人的不良资产,四大金融资产管理公司作为实施机构,由政府作为主导者确定债转股的企业和债转股的价格。

政策性转股并没有市场化,完全由政府作为主导,整体降低了当时的银行的不良资产率,也一定程度上减轻了负债企业的压力,具有探索性和实操性。

2. 市场化转股

主要是随着市场化的程度不断提升,结合国家不断出台相关法律法规及政策,以市场为主导,由债权人(银行债权为主,但不限于银行)自发地实施债转股,对于发展前景较好,市场经营预期较好但短时间内现金流短缺经营困难的企业,由债权人、债转企业、第三方金融机构(主要指实施机构,包

括但不限于金融资产投资公司、金融资产管理公司、保险管理资产机构等）以自主协商的方式,根据市场协商债转的模式、转让价格、退出方式等。

市场化转股是以市场为主体,债转主体由银行、金融资产管理公司等随着经济的发展逐渐拓展到其他债权人（包括但不限于类金融机构、普通债权人等）,其他主体另述。

3. 其他转股

随着债转股模式的不断成熟,相关法律、法规和政策的不断明确,主体类型不断拓展,其中包括主体为类金融机构或债权人也可以进行债转股,债转企业也从国有企业主体扩大到其他民营企业、混合所有制等主体上。

对于债转股的价格,债转主体参与各方均采取协商的方式,或者引入第三方中介机构进行评估的方式确定,对于转股后的新股东参与经营的模式以及后期退出的方式也更多元化,更贴合市场的要求和规范。

(四) 债转股的方式

债转股的交易结构很多且非常灵活,市场上常见的主要包括收债转股（由债转股实施机构先向债权人购买债务企业债权,再以债权投资形式将债权转化为股权）、发股还债（债转股实施机构先向债务企业投资股权,债务企业用该资金偿还债务）、股债结合（将股权融资方案和债权置换方案结合,以股权融资形式引入新股东并结合延长债务到期时间、增加授信等方式减轻债务企业债务压力）、债转优先股（债转股实施机构通过债转优先股债券等方式募集资金,用于认购债务企业发行的优先股）。

以类金融机构及其受让类金融机构债权的债权人作为债转主体,主要有两种债转的模式:一种是股东以债权增资入股,由债权人转化为股东,称为增量债转股;另一种是原股东转让自己的股权给债权人,公司的整体注册资本不增加,由债权人接受股权后转化为股东,称为存量债转股。

1. 增量债转股

债权可以作为非货币财产出资于债务企业,出资时非货币资产可以进行评估确认价格或者将其他能够确定金额作为出资的一部分,同时债务企业的注册资本因为债权的出资,将根据债权转股权确定能够认定的金额进行增加,结合相关法律、法规,出资应当依法办理财产权转移登记手续,之后进行工商变更登记,将债权人作为新的股东登记于工商注册。

增量债转股需要重点关注的为债权转股权核定的可以转股权的价值金额(包括债权金额核定和股权金额核定,以及债权和股权转换时对应的金额),另外,因现阶段公司均实行认缴制,对于债权作为出资的方式,在认定实缴到位时需要进行财务处理,并且应当对外公示,以能够让其他债权人或日常合同交易相对方明确该部分认缴股权已经完成了实缴。

2. 存量债转股

存量债转股是在进行债转股时,债务企业的注册资本并没有增加,对于债转的债权,实质上是债权抵销了出资义务,债转后新股东的实缴义务已经由原股东完成。在注册资金不变的情况下,对于新股东需要进行股权工商变更登记,登记完成后即继受取得原股东之股权,同时也作为股东承担企业对外负债的补充义务(未缴完成的情况下,在出资范围内,且未支付对价,下文有述)。

存量债转股同样需要重点关注债转股权核定的可以转股权的价值金额(包括债权金额核定和股权金额核定,以及债权和股权转换时对应的金额),另外,须重点核查原股东的实缴义务是否完成,是否对外公示以及相关的实缴证据、财务的账务处理等。

(五)债转股时,债权人的实缴义务和评估

增量债转股时,债权人作为新股东的实缴义务和评估,根据增资时各股东的出资约定,确定债权人作为新股东时的实缴时间和金额,因债权出资的特殊性,应当结合财务进行账务处理,同时根据需要确定是否进行评估,以及进行债权的转移登记等,确保在约定的时间内实缴完成。

存量债转股虽然出资义务属于原股东,新股东继受该股权,需要支付相应的对价,并进行明确债权人与原股东之间支付对价已经完成,否则会产生原股东未实际缴纳,新股东无法提供支付相应的对价时,需要在原股东应缴付的注册资金范围内承担补充责任。

依据为《最高人民法院关于适用〈中华人民共和国公司法〉若干问题的规定(三)》第18条:"有限责任公司的股东未履行或者未全面履行出资义务即转让股权,受让人对此知道或者应当知道,公司请求该股东履行出资义务、受让人对此承担连带责任的,人民法院应予支持;公司债权人依照本规定第十三条第二款向该股东提起诉讼,同时请求前述受让人对此承担连带责任的,人民法院应予支持。"

(六) 债转股中债务企业的内部决议

无论是增量债转股或者存量债转股,均涉及债权人作为新的股东加入债务企业,对于债务企业及原股东,均需要根据公司章程的约定进行内部决议。

根据《公司法》第66条第3项的规定:"股东会作出修改公司章程、增加或者减少注册资本的决议,以及公司合并、分立、解散或者变更公司形式的决议,必须经代表三分之二以上表决权的股东通过。"可知,对于增量债转股的方式属于增加注册资本的决议,必须经过代表2/3以上表决权的股东通过才能有效,且以上不包括本数,该行为属于公司重大事项变更,同时要符合《公司法》及公司章程规定的股东会的议事方式和表决程序,经表决通过后,才能进行债转股。

《公司法》第84条第2款规定:"股东向股东以外的人转让股权的,应当将股权转让的数量、价格、支付方式和期限等事项书面通知其他股东,其他股东在同等条件下有优先购买权……公司章程对股权转让另有规定的，从其规定。"根据前述法律规定可知，对于存量债转股的方式，首先，应看公司章程对于股权转让是否有规定，如在章程中规定股东向股东以外的人转让股权，应当经过其他股东的全部或过半数同意的，则应当按照章程规定在经过全部或过半数股东表决通过后方可转让。其次，在章程没有规定的情况下，拟转让股权股东应当将股权转让比例、价格、支付方式等事项书面通知其他股东，其他股东在同等条件下，则享有优先购买权，其他股东所享有的优先购买权系基于有限责任公司的人合性。

（七）其他类别的可以转股权的债权

1. 非金钱之债权

实务中，常见的可转债之债权为金钱债权，因其具有可确定性和可估价性，而作为非金钱之债能否作为可转债之债，笔者认为是可以的，其与金钱之债的核心差别为非金钱之债的价值评估确认或者债权人和债务人能够协商确认该非金钱之债的价格，以及折算股权的对等价值。

非金钱之债在作为增量债转股时，涉及的另一个问题是该非金钱之债能否转移至债务企业，其是否能够作为出资，满足债务企业增资部分的实缴，且是否能够以其他方式确认实缴完成（相对于债务企业的交易方或其他债权人）。对于非金钱之债作为存量债转股时，因不涉及出资的问题（原股东已实缴完成），需要确认的是该非金钱之债作为受让股权的支付对价即可，对价协商完成且经过债务企业内部决议通过的，则该债转股可实行。

2. 因债权产生的违约金、利息、逾期利息（约定过高的情形）等

对于合同约定的确定的债务，如本金、利息，若未超过法律之规定及双方有约定的，属于可以确定之债权，债权人与债务人依据合同条款，经过对账后即能够确定所欠债权之金额。

对于合同约定的违约金、逾期利息（约定过高的情形）等，涉及可能具

有一定的灵活性的,如违约金可能存在过高的问题,是否进行调整,依据《民法典》第585条第1款、第2款的规定:"【违约金】当事人可以约定一方违约时应当根据违约情况向对方支付一定数额的违约金,也可以约定因违约产生的损失赔偿额的计算方法。约定的违约金低于造成的损失的,人民法院或者仲裁机构可以根据当事人的请求予以增加;约定的违约金过分高于造成的损失的,人民法院或者仲裁机构可以根据当事人的请求予以适当减少。"对于违约金需要根据实际损失进行确定,具有一定的变化性,笔者建议先进行协商,以最终协商的金额确定债权的总金额,若对争议部分无法确认或协商一致,可以通过诉讼或仲裁确认的生效法律文书最终确定债权金额。

3. 调解、和解协议达成的债权

在进行不良资产处置时,通常债权人和债务人会在处理的过程中达成调解或和解协议,该协议内容属于双方对债权部分的另行协商,能够确认债权和债权的还款方式。

调解、和解协议达成的债权,若不存在损害其他债权人利益和违法的情形,均可以作为债转股之债权。结合实务,通常为了确认债权的合法性和自愿性,经法院确定的债权可以作为债转股的债权,或者债权人及转股企业均予以认可的债权,且该债权合法有效。

(八) 退出机制

一是债转股企业与债权人签订回购协议,主要根据企业的经营状况(可以约定企业经营状况良好或亏损等),双方可以约定回购的条件和方式,约定达到相关退出条件的情形时,由债转股企业的股东进行回购。

二是股权转让退出,可以在企业经营稳定后,将股权转让给其他第三方作为退出方式,另外也可以根据企业性质在二级市场减持退出(上市公司),或者其他交易新三板、股权交易所(非上市企业)等转让退出。

二　操作方式

以类金融机构或受让类金融机构债权的公司作为债权人为例,以债务企业作为有限责任公司为例:

(一)确认债权并达成合意

债务重组的所有方式里,债权确认属于最基础的部分,债权确认需要根据原合同中的约定,对于双方之前的债权债务通过非诉对账的方式予以确认或者以诉讼、仲裁的方式用生效的法律文书予以确认,特别是涉及合同中有违约金的约定,或者逾期利息超过法律规定等易存在争议和超出法律规定的部分,需要对该债权进行明确的确认后才能进行债转股的操作。

债权确认后,对于不良资产的债务重组有多种方式,需要债权人与债务人达成债权转股权的合意,双方一致确认以债转股的方式进行债务重组是最具有可操作性和可行性的,即可以着手下一步。

补充说明,市场化转股中债权人为银行、金融公司等或者债务人属于国有企业、城投公司等需要进行审批的,应当经过相关部门审批后进行债转股。

(二)尽职调查

作为债权人一方,对于以股权方式进入债务企业,无论是存量可转债还是增量可转债,均对债权人具有重大影响,故实务中当双方达成合意,签订债转股框架协议之后,债权人会委托第三方法律和财务机构或者自主向债务企业进行详细的尽职调查,调查范围包括债务企业的历史沿革、资产组成、负债的形成、正在履行中的合同,应收账款等。

该部分的尽职调查程度可以参考企业股权并购的广度和深度进行,目的是厘清现有的债权债务,盘查现有的资产和负债,综合考虑企业未来的经营情况和现金流的安排等,预判将来退出的可能性和初步方案。

(三)债权转股权的价值核定

债权价值可以根据原合同的内容进行核算,涉及违约金和逾期利息等方面的,协商不一致可以通过生效的法律文书予以确认。对于股权价值的核定相对比较有难度,股权价值的认定属于复杂的工作,需要结合企业的经营状况、品牌价值、资产负债等综合进行评定。实务中对于股权价值的评定,可以由第三方机构予以评估,以该评估报告为基数双方进行协商确定,较为可行。

另外,虽然债权金额能够明确,但债权金额和股权价值金额之间的转换价值仍然需要双方协商确定,债权转换股权的价格可以高于或低于股权评估或协商的价格,具体转换的标准,需要双方协商予以最终确定。

(四)签订股权转让协议或增资协议

上述步骤均已完成后,依据框架协议,双方即可以签订相关协议,对于增量转债的,双方根据协商确定的债权转股权标准和金额,签订股权转让协议,同时,债务企业进行内部决议,同意将该债权转股权,债权人作为新股东加入债务公司,并根据工商登记的要求进行工商变更登记。

对于存量转债的,经债务公司内部决议,原股东将其持有的股权根据双方确定的债权转股权标准和金额转让给债权人,债权人作为新股东加入公司,并根据工商登记的要求进行变更登记。

(五)确认实缴完成或者认缴确认(依据债权)

对于增量转债的,主要是债权作为出资方式,认缴完成后,根据需要进行评估,以能够确认的方式向公司转移登记,同时对财务进行账务处理,确认实缴完成,必要时对外进行公示(以公司年报披露的形式)。

对于存量转债的,主要是核查和确保原股东实缴完成,结合原股东的实缴凭证,债务公司对该笔认缴的确认凭证,相关的财务账务处理以及对外公示等方式确认原股东已经实缴完成。

(六)变更公司组织结构(董事会、监事会、总经理)

债权人作为新股股东加入债务公司后,涉及对债务公司的控制权,通常根据公司的章程进行公司管理。一方面需要根据持股比例对债务公司的股东会决议事项进行表决,另一方面常见的是更换董事会成员或者总经理、副总经理、财务负责人等高级管理人员对公司进行管理和控制,并进行工商变更登记。

股东会按照股权比例进行表决,各股东另有约定的,也可以同股不同权的方式进行表决。

董事会表决实行一人一票制,具体职责为《公司法》第67条第2款:"董事会行使下列职权:(一)召集股东会会议,并向股东会报告工作;(二)执行股东会的决议;(三)决定公司的经营计划和投资方案;(四)制订公司的利润分配方案和弥补亏损方案;(五)制订公司增加或者减少注册资本以及发行公司债券的方案;(六)制订公司合并、分立、解散或者变更公司形式的方案;(七)决定公司内部管理机构的设置;(八)决定聘任或者解聘公司经理及其报酬事项,并根据经理的提名决定聘任或者解聘公司副经理、财务负责人及其报酬事项;(九)制定公司的基本管理制度;(十)公司章程规定或者股东会授予的其他职权。"

经理为公司日常主持工作的高级管理人员,可以根据债权人拟对债务公司的控制程度进行调整,另外,财务负责人因涉及公司账务等原因需要根据双方约定确认是否调整。

(七)退出

债权人进行债转股方式的目的是处理已经形成的不良资产,通常情况下,债权人的目的均不是长期作为债务公司的股东而存在(金融资产公司将以债转股方式持有其他公司资产作为业务方向的除外),故在进行债转股时,双方可以约定债权人的退出方式和退出的条件。常见的为企业经营正常后,其他股东以当时股权的价值(通常会有溢价)在满足回购条件时,回购债权人股东持有的股权。

另外,其他的退出方式,也可以约定将债权人持股股权在满足条件下,转让给第三人或者进行二级市场的流通(上市公司)等。

第四节

多样化出售、处置

不良资产的多样化出售主要是指采取多种形式以更高价格对外转让不良资产。常见的方式主要包括公开拍卖（以公开形式通过第三方平台机构，将产生的不良资产作为标的物对外出售，以最高应价者取得的买卖方式和交易活动）、招标转让（按照公开方式对不良资产的信息进行披露并按照竞标规则，最终由评估委员会通过开标、评标，以竞价规则为主，取得竞标值最高的投标者获得标的物的交易活动）、竞价转让（通过一定渠道公开发布转让信息，根据竞买人意向报价确定底价，在交付一定数量保证金后，在约定时间和地点向转让人提交出价标书和银行汇票，由转让人当众拆封，按价高者得的原则确定受让人的处置方式）、打包处置（指资产管理公司将一定数量的债权、股权和实物资产进行组合，形成具有某一特性的资产包，再将该资产包通过债务重组、招标、拍卖、置换等方式进行处置的行为）等。

结合类金融业务发展，笔者认为，针对类金融机构主要指以物抵债、资产或股权转让给第三人、承债式股权转让或收购，详述见后文。

一、以物抵债

以物抵债实质上为代物清偿。指当发生不良资产时,债务人或者抵、质押人或者其他第三人以其具有所有权的物抵偿所欠债权人的债务,以达到债务消灭的目的。从实务业务的角度出发,又分为以不动产(房产、土地、在建工程)进行以物抵债和以动产进行以物抵债。

(一)不动产(房产、土地、在建工程)以物抵债

1. 内容

不动产,是指土地和土地上的定着物,此处特指房产、土地、在建工程。对于上述不动产进行以物抵债,详述见后文。

(1)法律依据

《民法典》第401条规定:"【流押】抵押权人在债务履行期限届满前,与抵押人约定债务人不履行到期债务时抵押财产归债权人所有的,只能依法就抵押财产优先受偿。"

《民法典》第410条第1款规定:"【抵押权的实现】债务人不履行到期债务或者发生当事人约定的实现抵押权的情形,抵押权人可以与抵押人协议以抵押财产折价或者以拍卖、变卖该抵押财产所得的价款优先受偿。协议损害其他债权人利益的,其他债权人可以请求人民法院撤销该协议。"

《担保制度的解释》第68条第2款规定:"债务人或者第三人与债权人约定将财产形式上转移至债权人名下,债务人不履行到期债务,财产归债权人所有的,人民法院应当认定该约定无效,但是不影响当事人有关提供担保的意思表示的效力。当事人已经完成财产权利变动的公示,债务人不履行到期债务,债权人请求对该财产享有所有权的,人民法院不予支持;债权人

请求参照民法典关于担保物权的规定对财产折价或者以拍卖、变卖该财产所得的价款优先受偿的,人民法院应予支持;债务人履行债务后请求返还财产,或者请求对财产折价或者以拍卖、变卖所得的价款清偿债务的,人民法院应予支持。"

(2)确认债权

债权人与债务人依据双方签订的合同内容确定,截至双方达成合意拟进行以物抵债时的债权金额,包括但不限于本金、利息、违约金等的确认时能够以物抵债的基础,债权确认后依据该债权金额匹配相对应的物,该物可以是债务人的,也可以是其他任何第三人的。

(3)确认抵债不动产的价值

对于不动产(房产、土地、在建工程)的价值确认主要通过评估或者询价的方式作为基础,也可以双方进行议价,但不能明显低于市场价值,因双方之间达成以物抵债之后,需要办理变更过户登记时,涉及税费问题,若议价过低,可能涉及税款少交的问题。

对于房产的价值评估范围可以不包含房屋内所涉及动产,房屋的装修需要进行折旧或议价等。

对于土地的价值评估范围根据情况确定是否包含地上建筑物,根据"房随地走,地随房走"的法律规定,通常实务中在拟定范围时,包含土地所占面积上的房屋。

对于在建工程的价值评估范围包含但不限于土地、地上建筑物(已完成部分和未完成部分)。

(4)抵债不动产的核查

对于抵债不动产的核查,通常包括两个方面:一方面是产权的核查,另一方面是所负债务或权利制约方面的核查(如抵押情况)。

对于产权的核查,房产主要通过不动产登记中心查询房产登记簿和产权登记证来确认产权的归属,而土地需要结合土地出让合同、不动产登记证、出让金缴纳情况、完税凭证、土地的四界图形等综合确定享有土地使用权者,在建工程除核查土地相关资料。另外,须核查工程进度、项目审批程序(建设用地规划许可证、建设工程规划许可证、建设工程施工许可证)、总包相关合同等以确定地上建筑物权属及其非违法建筑等情况。

对于资产的负债或权利制约方面,主要核查该不动产是否为其他债权人设置了抵押权或其他影响抵债的情形,抵押情况可通过不动产登记中心进行核实。

(5)抵债不动产存在抵押、查封的处理

抵债不动产存在抵押的情形,可以分两种:一是抵押给其他人,债务人拟将已抵押给其他人的不动产以物抵债给债权人,其交易行为实质上是债权人对该抵押房产进行了买卖,第三人作为抵押权人的优先受偿权仍未丧失;二是抵押给债权的房产,抵押人拟将该抵押房产以物抵债给债权人,此种在实务中较常见,需要注意的是,该以物抵债的达成,须是债务履行期限届满后双方达成以物抵债的合意,若在债务履行届满前,违反《民法典》第401条流押的相关条款,而债权人只有对抵押物的优先受偿权,不发生以物抵债的效果。

抵债不动产在债权人与债务人或其他第三人达成以不动产抵债的合意时,不动产存在被法院查封的情形,不能进行不动产的以物抵债交易行为,依据为《城市房地产管理法》第38条:"下列房地产,不得转让:(一)以出让方式取得土地使用权的,不符合本法第三十九条规定的条件的;(二)司法机关和行政机关依法裁定、决定查封或者以其他形式限制房地产权利的;(三)依法收回土地使用权的;(四)共有房地产,未经其他共有人书面同意的;(五)权属有争议的;(六)未依法登记领取权属证书的;(七)法律、行政法规规定禁止转让的其他情形。"即查封的不动产不能进行交易。

(6)抵债不动产存在租赁的处理

存在租赁情形的通常为房产和土地,若达成以物抵债合意时,地上已经存在了租赁,则以物抵债行为并不影响租赁合同的继续有效,以物抵债完成后,债权人作为新的产权人仍然要承担租赁合同到期前承租人继续租赁的义务,即以不动产抵债本质上属于一种买卖交易行为,适用买卖不破租赁。

以不动产抵债完成后形成的租赁关系,不影响以物抵债行为。

(7)实务中遇到的其他问题

①交易方式的选择

从交易成本的角度出发,对于不动产中的房产、土地以及在建工程进行抵债时,需要考虑其交易方式的选择,房产通常采用直接以房产进行抵债并办理过户交易的模式,而土地进行以物抵债涉及通过资产交易过户将会产生高额的税费等问题,通常会采取以股权收购的方式变相进行以物抵债。而在建工程通常也是采取股权收购或其他方式,因在建工程变更主体后除涉及税费外,还涉及规划许可、施工许可的审批变更,故在实务中应当综合考虑,确定以物抵债的方式和交易模式。

②执行中的以物抵债

执行中按照法律程序,对于查封的房产经过经两次流拍,或者经过变卖后可以抵债给申请执行人,依据为《拍卖、变卖财产规定》第28条:"对于第二次拍卖仍流拍的不动产或者其他财产权,人民法院可以依照本规定第十九条的规定将其作价交申请执行人或者其他执行债权人抵债……第三次拍卖流拍且申请执行人或者其他执行债权人拒绝接受或者依法不能接受该不动产或者其他财产权抵债的,人民法院应当于第三次拍卖终结之日起七日内发出变卖公告。自公告之日起六十日内没有买受人愿意以第三次拍卖的保留价买受该财产,且申请执行人、其他执行债权人仍不表示接受该财产抵债的,应当解除查封、冻结,将该财产退还被执行人,但对该财产可以采取其他执行措施的除外。"

另外,须注意对于申请执行人作为以物抵债的抵债一方须具有拍卖房产所在地的购房资格,对于该以物抵债的不动产已经列入限购的条件。依据为《最高人民法院关于人民法院司法拍卖房产竞买人资格若干问题的规定》第5条:"司法拍卖房产出现流拍等无法正常处置情形,不具备购房资格的申请执行人等当事人请求以该房抵债的,人民法院不予支持。"

③以物抵债协议是诺成性还是实践性

诺成性的合同,即双方达成一致即以物抵债协议成立,变更产权登记只是履行以物抵债协议,而实践性的合同指不仅双方需要对以物抵债达成合意,还需要进行变更登记才构成以物抵债的发生,合同才成立。结合相关判例,实务中存在一定的争议,笔者认为以物抵债协议是诺成性的,即该协议的成立需要当事人的合意即可,物权的转移登记手续是为了履行协议内容。以物抵债协议达成后债权人不能再要求债务人按照旧债务履行合同,理由为依法成立的合同对当时具有约束力,在以物抵债协议不存在履行不能致使合同目的无法实现的情况下,债权人不能要求债务人履行旧债。

④以物抵债协议能否排除法院的强制执行

以物抵债协议能否排除法院的强制执行在实务中存在争议,笔者认为应当严格按照执行异议的规则掌握即可,依据为《最高人民法院关于人民法院办理执行异议和复议案件若干问题的规定》第28条:"金钱债权执行中,买受人对登记在被执行人名下的不动产提出异议,符合下列情形且其权利能够排除执行的,人民法院应予支持:(一)在人民法院查封之前已签订合法有效的书面买卖合同;(二)在人民法院查封之前已合法占有该不动产;(三)已支付全部价款,或者已按照合同约定支付部分价款且将剩余价款按照人民法院的要求交付执行;(四)非因买受人自身原因未办理过户登记。"及第29条:"金钱债权执行中,买受人对登记在被执行的房地产开发企业名下的商品房提出异议,符合下列情形且其权利能够排除执行的,人民法院应予支持:(一)在人民法院查封之前已签订合法有效的书面买卖合同;(二)所购商品房系用于居住且买受人名下无其他用于居住的房屋;(三)已支付的价款超过合同约定总价款的百分之五十。"前者的主体主要为登记不动产的被执行人,后者主要被执行人为房地产开发商。

⑤让与担保时的以物抵债

让与担保是在债务发生时将不动产登记于债权人名下进行担保的一种形式,从表面上看,债权人已经名义上持有该资产,对于已经办理让与担保的资产进行以物抵债时,应当区分债务履行期限是否届满,对于履行期限届满前双方达成的以物抵债,不产生以物抵债的效果,参考流押、流质。对于履行期限届满后达成的,应当认定为双方另行合意,重新对债务进行约定和处理,能够产生清偿的结果。依据为《九民纪要》第44条第1款:"【履行期届满后达成的以物抵债协议】当事人在债务履行期限届满后达成以物抵债协议,抵债物尚未交付债权人,债权人请求债务人交付的,人民法院要着重审查以物抵债协议是否存在恶意损害第三人合法权益等情形,避免虚假诉讼的发生。经审查,不存在以上情况,且无其他无效事由的,人民法院依法予以支持。"及第45条:"【履行期届满前达成的以物抵债协议】当事人在债务履行期届满前达成以物抵债协议,抵债物尚未交付债权人,债权人请求债务人交付的,因此种情况不同于本纪要第71条规定的让与担保,人民法院应当向其释明,其应当根据原债权债务关系提起诉讼。经释明后当事人仍拒绝变更诉讼请求的,应当驳回其诉讼请求,但不影响其根据原债权债务关系另行提起诉讼。"从本质上讲,让与担保属于其他担保方式,仅是担保的形式为名义上的物权产权登记发生了变更,故对于债务履行届满前达成的以物抵债不产生清偿效果,但不影响债权人对于该让与担保物的优先受偿。

另外,对于债务履行期限届满后的以物抵债,除双方另行签订以物抵债协议,建议采取其他能够对外公示的方式表达双方重新达成合意,且为公众所知晓,同时考虑其他能确认进行真实交易的方式进行。

2. 操作方式

(1) 达成合意

债权人与债务人或其他第三人达成以不动产进行以物抵债的合意,并签订相关的框架协议,确认目标抵债之物,和初步核算的债权,并对抵债之物与债权之间抵债的标准和数额协商一致。

另外可以约定该框架协议不构成对原债权的变更,待双方签订正式的以物抵债协议成立并生效,同时可以约定完成变更才构成以物抵债的完成。

(2) 尽职调查

结合框架协议,债权人自行或委托第三方机构对涉及该抵债资产包括产权状况、使用状况、租赁情况、查封等情况进行尽职调查,同时结合资产的调查,必要时对资产持有企业的债务情况进行调查,以防止以物抵债协议形成后因有其他债权查封或其他实现不了以物抵债协议目的的情况出现。

(3) 确认债权和抵债物价值

结合尽职调查情况,确认债权最终价值,同时确认抵债务之价值,在两者确定之后,由双方协商确定抵债的标准和金额,抵债金额和债权金额可以匹配也可以大于或小于。同时双方对确定后的抵债行为若发生无法履行或抵债协议未最终履行完成是否追及原债权进行协商确认。

(4) 签订以物抵债协议等相关文件

债权人与债务人或其他第三人签订以物抵债协议书,约定包括抵债金额,抵债之物的价值金额,抵债后对原合同的债务履行约定,双方各自的权利义务,违约责任以及管辖问题进行具体的约定。

(5) 办理变更登记

对于抵债之物的权属变更登记,特别是不动产需要到不动产登记中心进行变更登记,登记完成后即为以物抵债协议履行完毕。

须注意在不动产登记中心办理变更登记时,以物抵债协议作为变更登记时,可能会产生登记中心不予认可的情形,以物抵债协议本质为变相的不动产的买卖交易，建议可以考虑签订以物抵债协议后，另行签订买卖协议，并将以物抵债协议相关条款和买卖协议进行合并，从形式上满足登记中心的要求，从实质上满足双方以物抵债的目的，或者另行签订协议，但内容须相互匹配。

(6)抵债物的移交

不动产的以物抵债交易行为，仍旧涉及抵债之物的移交问题，如抵债之物已经对外出租的，应当通知承租人该不动产已经转移，同时与债权人进行现场交付，以保证债权对抵债之物实际控制。

(二)动产以物抵债

动产是除不动产以外，移动后不会对其价值产生影响的物品，常见的动产为机器设备、车辆、动物、各种生活日用品等。对于上述动产进行以物抵债，详述见后文。

1. 内容

(1)法律规定

《民法典》第428条规定："【流质】质权人在债务履行期限届满前，与出质人约定债务人不履行到期债务时质押财产归债权人所有的，只能依法就质押财产优先受偿。"

《民法典》第436条第2款规定："【质物返还及质权实现】债务人不履行到期债务或者发生当事人约定的实现质权的情形，质权人可以与出质人协议以质押财产折价，也可以就拍卖、变卖质押财产所得的价款优先受偿。"

(2)确认债权

在进行以物抵债之前，双方对已经形成的债权进行确认。此处同不动产以物抵债部分内容。

(3)抵债物的产权核实和价值核定

对于动产抵债物的产权核实主要通过购入动产时的相关收付凭证、销售发票以及债务企业购买动产时的相关买卖合同进行确认,同时需要核查是否在企业的经营过程中将该动产进行对外转让等。

对于动产的价值核定一方面可以结合财务折旧处理的方式进行账面确认,另一方面可以由第三方中介机构对动产的现存价值进行资产评估,债权人和债务人结合两方面价值核定的金额进行协商处理和最终确定。

(4)抵债物被查封、留置的处理

动产查封一般会由法院将该物品集中后贴封条的形式进行查封,若抵债物被查封,不能进行买卖,也不能再进行以物抵债,除双方将查封之债权进行处理并解除查封后进行以物抵债。

动产虽属于债务企业所有,在产生第三人将该动产留置,但债务企业拟将该资产进行以物抵债时,因留置具有优先性,应当先处理留置债务,债务企业实际占有该动产后进行以物抵债行为。

(5)抵债物属于融资租赁取得的物或所有权保留的物品

抵债物属于融资租赁取得之物的,须进一步核实融资租赁合同,根据该合同确定债务企业是否取得了该物之所有权,如有的融资租赁合同约定债务企业支付租金一定期限后,所有权即归债务企业所有,对于尚未履行完毕且该合同约定动产产权未转移至债务企业的,以物抵债的抵债物产权有瑕疵,无法进行抵债行为。

对于合同约定所有权保留的动产,一方面需要核查其约定的所有权保留是否进行了登记,若登记,可以对抗第三人(抵债债权人),若未登记,不能对抗;另一方面须落实所有权保留的条件是否完成,如按照合同约定债务企业已经取得了所有权,即以物抵债的抵债之物权利无瑕疵。

2. 操作方式

操作方式可参考不动产以物抵债的具体步骤。须补充说明:

(1)动产为车辆的,除进行交付之外,需要到车辆登记部门进行变更登记,未登记的不得对抗善意第三人,依据为《民法典》第225条:"船舶、航空器和机动车等的物权的设立、变更、转让和消灭,未经登记,不得对抗善意第三人。"

(2)其他动产的,交付后即产权发生转移,依据为《民法典》第224条:"动产物权的设立和转让,自交付时发生效力,但是法律另有规定的除外。"

二 资产或股权转让给第三人

(一)资产转让

资产转让,是指将债务企业的资产,转让给第三人,以受让资产取得的资金进行债务的归还。在整个交易环节中资产交易时的标的物,转让方与受让方围绕着交易标的物进行权利义务的约定。

1. 内容

(1)确定资产的权属

转让标的物的基础前提是转让方对转让的标的物资产享有处置权,在核实资产的权属层面,可以从资产的来源情况、买卖交易的合同、发票以及继受取得时上一个转让人交付的相关资产权属的证明来确认,同时确认资产的实物现状和权属状态。

(2)评估或协商确定资产的价格

对于潜在的资产购买人与债务人企业可以采取评估或协商的方式进行交易资产的价格确认,也可以进行市场询价。在进行价格确认时综合考虑该资产的购入价格、资产折旧、当前市场同类型产品价格等。

(3)资产的范围

资产标的物的范围可以包括动产(机器设备、车辆、动物、各种生活日用品等)及不动产(房产、土地、在建工程等),以及无形资产(商标、专利技术等),但需要注意应当结合税务方面的考虑,综合考虑选择资产转让或股权转让等方式进行实施。

(4)资产属于债权人的抵、质押物的处理

对于已经产生不良资产的债务企业,其对外转让的资产很可能已经被债权人抵、质押,对于动产的转让,可以考虑签订三方协议,约定转让的标的物、款项的支付,解除抵、质押的时间节点,也可以在合同中约定由受让人取得该资产,并由受让人将支付的资产价款对债务进行归还。依据为《民法典》第406条:"抵押期间,抵押人可以转让抵押财产。当事人另有约定的,按照其约定。抵押财产转让的,抵押权不受影响。抵押人转让抵押财产的,应当及时通知抵押权人。抵押权人能够证明抵押财产转让可能损害抵押权的,可以请求抵押人将转让所得的价款向抵押权人提前清偿债务或者提存……",对于不动产,现阶段根据该法律及各地不动产登记中心的办事规则也可以实现"带押过户",对于无形资产(商标、专利技术等)需要办理无形资产质押登记的解除后,再办理变更登记手续,实务中多采取三方协议的方式,也可以参考动产过户的方式,由受让人将所得款项向债权人清偿后解除质押并办理变更登记。

(5)资产受让后债务的归还处理

对于涉及债权人的资产转让后债务的归还,主要根据债权人是否参与该资产交易来判断,若签订的为三方协议,可以直接约定将该资产转让款支付给债权人一方,对于保证资产的质量、权属等出售人的义务均由转让人(债务企业)承担,付款义务由受让人承担。若签订为两方协议,因债权人不是合同交易主体,需要对债务企业的账户进行管理,一般会采取共同以债务人企业名义开立监管账户,由债权人和债务企业对该账户共同监管,并约定资产转让款到账后,定向支付归还欠债权人的债务。

2. 操作方式

(1)确认债权和资产价值

债权人与债务人须确认债权人享有的债权总额,以及对外转让资产的价值,并协商确认该资产转让后用于清偿债务。

(2)以公开转让、协议转让、集中竞价、拍卖的方式对外出售

债权人和债务人可以以多种方式寻找潜在的受让方,可以采取的方式包括但不限于公开转让、协议转让、集中竞价、拍卖的方式对外寻找资产受让人。

(3)开立监管账户

对于债权人未参与资产转让合同的情形,债权人与债务人可以设立监管账户,对于资产转让的款项进行管理,并定向进行债务清偿。

(4)定向用于归还债务,并完成变更或交接

债务清偿完毕后,对于资产转让中须债权人配合部分,如解除抵、质押,由债权人进行后续处理,完成后由资产受让人完整取得相关资产权利。

(二)股权转让

1. 内容

(1)确定股权价值

股权的价值较固定的资产难以确定。实务中,上市公司因股票在交易场所有明确的交易价格,转让时参考二级市场成交价可以初步计算,而对于非上市公司及有限责任公司的股权价值通常采取出资额法(以股东出资额确定出资价值)、实际投入法(股东实际的投资总额结合注册资本进行估价)、净资产法(按照公司当前的净资产总额为标准确定出资价值)、审计评估法(第三方中介机构通过资产和负债的整体评估,确定股权价格)等。通过估值的方式能够确定债务公司股权的价值,或者结合市场对该股权进行询价或评估,以达到对转让标的额价值的基础确定。

(2)公司负债的处理

从债权人的角度出发,债务企业的股权进行对外转让并不影响债务企业承担清偿责任,但股权转让后,新股东对于债务企业的偿债能力具有较大

的影响。

通常对于公司存在的负债,从股权购买方的角度出发,一种是继续承担负债,即承债式收购,债权人继续对债务企业享有债权,股权转让与受让人内部约定转让之前的债务由转让人承担,转让之后新产生的债务,新股东作为之后的债务企业股东承担相应的责任。对于承债式收购,详见下文。另一种是债务剥离后转让,即债务企业与债权人达成协议,将债务企业名下的债务进行债务转让,与该企业进行剥离后,由股权受让方承接债务企业的股权。

(3)股权的转让方式

对于股权的转让可以通过公开转让、协议转让、集中竞价、拍卖的方式对外寻找潜在的受让人。另外,须注意执行阶段对股权的拍卖,依据为《强制执行股权若干规定》第11条:"拍卖被执行人的股权,人民法院应当依照《最高人民法院关于人民法院确定财产处置参考价若干问题的规定》规定的程序确定股权处置参考价,并参照参考价确定起拍价。"

(4)公司内部决议

转让有限责任公司股权的,受让方为股东之外的第三人的,应当经过其他股东过半数同意,且其他股东在同等条件下放弃优先购买权,对于受让方为股东的,属于股东之间的股权变更,不需要出具股东会决议。股份有限公司股权的转让不需要出具股东会决议,上市公司须在交易场所进行,非上市公司协议转让即可。

(5)转让后支付对价及变更

股权转让后,债务企业与债权人的债权债务关系并未进行变更,债权转让后所得款项本质上为股东所应得的款项,并不属于债务企业的应收取账款,无法用股东之股权转让款归还债权人的债权。但实务中类金融机构在债权债务合同中会追加股东进行连带责任保证,股权转让后股东收取的股权转让款可用于还款,或者股东的股权转让款作为股东借款出借给债务企业用于归还债权人的债务,均可。

(6)未实缴出资到位,能否进行股权转让

债务企业股东应当实际缴纳出资后再进行股权转让,同时核实转让股权是否存在瑕疵出资是受让人应尽的基本义务,如果其明知或应当知道受让的股权存在瑕疵而仍接受转让的,应当推定其知道该股权转让的法律后果。同时债权人可以就未实缴到位的股东提起诉讼,并要求股权受让人承担连带责任。依据为《最高人民法院关于适用〈中华人民共和国公司法〉若干问题的规定(三)》第18条第1款:"有限责任公司的股东未履行或者未全面履行出资义务即转让股权,受让人对此知道或者应当知道,公司请求该股东履行出资义务、受让人对此承担连带责任的,人民法院应予支持;公司债权人依照本规定第十三条第二款向该股东提起诉讼,同时请求前述受让人对此承担连带责任的,人民法院应予支持……"。

2. 操作方式

(1)确认债权和股权价值

按照债权债务相关合同确认债权人债权总金额,另外,根据相关股权可以确定价值的方式对股权进行估值,以达到债务企业和受让人可以确定的价值。

(2)以公开转让、协议转让、集中竞价、拍卖的方式对外出售

对于潜在股权受让人的确定,可以通过公开转让、协议转让、集中竞价、拍卖的方式寻找,在执行中对于股权的拍卖,难点仍然是对股权价值的核定。

(3)拟定股权转让款用于还款方案

股权转让款属于股东应收取的款项,将款项用于归还债务企业的债务,需要对股权转让款的回款方式及路径进行设计,以股东承担担保责任的方式或者股东将转让款又出借给债务企业进行还款,或股东作为第三方债务人加入等偿还债务均可,需要对还款方案进行安排。

(4）定向用于归还债务，并完成变更或交接

对于存在股权质押给债权人，而股权转让款通过安排归还债权人债务的，需要债权人与股权受让人签订相关协议，同时结合风险控制的需要，先行进行股权质押的解除，后进行股权变更登记，股权转让款的还款在此种情况下，可以采取账户监管或其他方式确保能够正常清偿债务。

三 承债式股权并购

当债务企业资产负债相等或者资不抵债或者存在负债时，并购以承担债务企业部分或者是全部债务为条件，从债务企业取得股权就叫作承债式股权并购。从债务企业的角度出发，为承债式股权转让；从收购方角度出发，为承债式债务收购。

承债式股权并购主要用于资产转让缴纳的税费过大，而用股权转让的方式进行转让，既可以控制资产又可以减少税费缴纳，常见的为持有土地使用权的企业的债权转让，或持有在建工程项目的企业的股权转让。通常分为两种类型：一种为债务承担型承债式并购（指收购方承担债务企业的债务作为其购买股权的对价，待达到债务企业的偿债条件，收购方才对债务企业的债权人实际进行清偿）；另一种为实际支付型承债式并购（收购方实际清偿债务企业的债务作为其购买股权的对价的部分或全部，即在股权转让完成前，收购方已经对债务企业的债权人进行了清偿）。

（一）债务承担型承债式并购

1. 内容

（1）法律依据

《公司法》第84条规定："有限责任公司的股东之间可以相互转让其全

部或者部分股权。股东向股东以外的人转让股权的,应当将股权转让的数量、价格、支付方式和期限等事项书面通知其他股东,其他股东在同等条件下有优先购买权。股东自接到书面通知之日起三十日内未答复的,视为放弃优先购买权。两个以上股东行使优先购买权的,协商确定各自的购买比例;协商不成的,按照转让时各自的出资比例行使优先购买权。公司章程对股权转让另有规定的,从其规定。"

(2)承债方式的多样化

①收购方与债务企业签订债务转让协议

此种方式为收购方一方面与债务企业达成股权转让协议,另一方面基于收购股权的目的,与债权人达成债务转让的协议,即债务企业完成债务转让后,由收购方按照债务企业与债权人合同的约定进行债务清偿。

②收购方与债权人签订担保协议

此种方式为收购方向债权人提供担保,若债务企业未按照原合同及时足额履行债务时,债权人可以要求收购方以保证人的方式进行清偿,该种方式债务不进行移转,收购方作为担保债务履行的一方,在债务企业无力偿还时,实际承担了债务责任。

③收购方与债权人达成债务加入

此种方式为收购方作为债务加入方进行债务承担,从债权人的角度出发,若发生原合同未及时足额清偿,可以要求债务企业和新加入的收购方共同承担债务责任,收购方与债务企业具有同等的偿债义务,债务企业未清偿,则收购方将实际承担清偿责任。

(3)通过公开转让、协议转让、集中竞价、拍卖的方式

对于股权的转让可以通过公开转让、协议转让、集中竞价、拍卖的方式对外寻找潜在的受让人,同样承债式并购,实质上是附有条件(承担债务企业的对外债务)的股权转让,对于拟进行承债式股权转让的债务企业和进行承债式股权收购的股权受让人均可以通过上述方式进行机会的寻找和

磋商。

(4) 隐藏债务的承担

承债式股权转让虽然转让时承担债务企业的对外债务,但应当对债务范围进行约定,通常债务企业为了促成交易的完成,可能存在隐藏债务的行为,如民间借款。对于承债的范围建议在协议中明确约定债权的确定金额及对应的合同,对于其他债务,可以在股权转让协议中约定,并购完成之前的其他债务由原股东继续承担,并购完成后的债务由新股东承担。若存在并购完成后发现债务企业的隐藏债务的,对外债务企业承担责任后,对内可以根据股权转让的约定对原股东进行追偿。

(5) 支付对价的总额

从收购方的角度出发,支付对价的总额为股权转让金额和承担债务的总额,虽然承债式方式的多样化均不是即时支付,但对于收购方,该债务是附有一定期限的债务,最终会实际支付,故在计算支付总额及双方对股权议价时,须综合考虑。

2. 操作方式

从类金融机构(债权人)的角度出发,债务承担型的承债式并购中对于债权人主要根据收购方与债权人达成的协议方式,增加了收购方的担保、债务加入或债务转移,对于债权人除了债务转移方式风险不确定(须根据收购方的偿债能力判断),其他均有利而无害,可以积极促成该交易的形成。从股权转让方的角度出发,具体操作如下。

(1) 达成合意

债务企业及其股东与收购方达成股权转让的合意,并对股权的价值进行确认,收购方可以对债务企业进行必要的尽职调查,对于拟转让股权进行市场询价或者聘请第三方中介机构评估价值后协商确定。

(2) 确认债权

对于股权转让项下收购方拟承接的债务,由收购方进行尽职调查,并对债权的真实性、合法性进行确认并最终确认债权形成的总金额和履行条件。

(3) 与债权人达成协议

结合确认股权价值和债权金额之后,由债权人、债务企业与收购方就债务的承接达成协议(债务加入、提供担保或债务转让),若拟定债务转让的,债权人应当对收购方的清偿能力进行尽职调查,以确保清偿能力较强于债务企业。

(4) 其他

股权转让需要进行变更登记的由债务企业的股东与收购方进行变更登记,对于债务的处理按照债权人与收购方达成的协议进行处理。从收购方的角度出发,也可以对与债权人达成的协议附条件,股权转让变更完成后该协议才生效。

(二) 实际支付型承债式并购

1. 内容

实际支付型承债式并购在股权转让完成前,收购方已经向债务企业的债权人进行了债务清偿。主要包括直接清偿(收购方直接向债务企业的债权人清偿债务,作为购买股权的对价)、收购债权(收购方直接受让债务企业的债权人之债权,从而使收购方获得用于支付收购成本的对价)、增资减债式(交易价格分为股权收购款和增资款两部分,收购方在向转让方支付股权收购款并办理债务企业股权变更后,各股东按照持股比例向债务企业增资用于清偿债务)。

(1) 法律依据

《公司法》第220条规定:"公司合并,应当由合并各方签订合并协议,并编制资产负债表及财产清单。公司应当自作出合并决议之日起十日内通知债权人,并于三十日内在报纸上或者国家企业信用信息公示系统公告。债权人自接到通知之日起三十日内,未接到通知的自公告之日起四十五日内,可以要求公司清偿债务或者提供相应的担保。"及第221条规定:"公司合并时,合并各方的债权、债务,应当由合并后存续的公司或者新设的公司承继。"

(2)直接清偿

①确认债权和股权转让款价格

在直接清偿中,债务人要对所负债务及股权转让价格需要进行确认,所负债务可以通过债务企业与债权人签订的相关合同,确认欠款金额以及违约金、逾期利息等。对于股权转让价格可以由第三方进行评估或者参考市场同类公司价值,结合债务企业经营状况进行确定。

②清偿债务

收购方可以与债权人、债务企业签订三方协议,明确由收购方直接向债权人支付款项用于清偿债务,而支付的款项属于应支付的股权转让款的一部分,对于其他股权转让款由收购方按协议约定支付给债务企业之股东。

③完成股权变更

完成债务清偿后,债权人与债务企业之间的债权债务即消灭,根据债务企业与收购方签订的协议,由双方根据企业性质进行工商变更登记,登记完成后收购方即实际取得债务企业之股权。

从债权人角度出发,直接清偿涉及第三人(收购方)代为清偿,其实质是债务企业委托收购方将股权转让款直接支付给债权人,用于清偿债务。

(3)收购债权

①确认债权并收购

该部分涉及对债权人债权的收购,即受让债权。从债权人的角度为债权转让,收购方与债权人达成合意,以约定价格受让债权人所持有的债务企业之债权。收购方须对该债权的真实性及合法性进行核实,并对收购价格进行协商确认。

②债权应收款与股权转让款折抵

此处存在两个法律关系:一是收购方收购债权人对债务企业的债权

后,收购方对债务企业具有应收的债权款项;二是收购企业拟收购债务企业之股权,应当向债务企业之股东支付股权转让款,收购方应收款和应付款进行折抵,用于抵偿应支付的股权转让款。须注意折抵时涉及三方主体是收购方、债务企业、债务企业之股东,因股权转让款应支付的主体为债务企业之股东,而并非债务企业,可以协商处理并做好主体对应后才可以折抵。

③完成股权变更登记与债务清偿

股权变更完成后收购方即实际取得债务企业之股权,同时债务企业对于债权人的债务归于清偿。

从债权人的角度出发,其他第三方(收购方)直接收购了债权人之债权,从资金流动性上讲,对债权人是重大利好。

(4)增资减债

①确认债权

债权确认是后续能够进行增资后清偿债务的基础,对于债务的确认可以通过原合同的约定及实际履行的进度进行确认。

②核算增资金额及持股比例

该部分是增资减债的核心,需要各债务企业之股东,包括旧股东以及拟新加入股东,在债务核清的基础上确认增资的金额及各自持股比例的变化,并达成合意以增资取得的入股资金用于清偿债务。

③完成股权变更并清偿债务

增资完成并由各股东按照各自持有股权比例完成实缴出资后,对于实缴部分的出资,可由债务企业作为企业货币资产对外进行债务清偿。收购方持有债务企业股权,变更登记完成并实缴,债务企业清偿完债务后,即完成了增资减债。

从债权人的角度出发,增资减债增加了注册资本,也增加了新股东,增强了企业的清偿能力且并不影响债权利益。

2. 操作方式

（1）直接清偿

收购方须支付的债权转让款包含债权确认的款项和股权实际转让款，达成合意并完成相关协议的签订后，按照协议约定由收购方直接将用于清偿的债权清偿款项支付至债权人。须注意可以由债务企业及股权转让方委托债权人代为收取股权转让款，收到该款项即视为清偿债务，另与债务企业约定股权转让款的支付方式。

（2）收购债权

收购方须与债权人达成合意，并对债务企业签订股权转让相关协议时进行约定，必要时签订相关框架协议。另外，对于债权应收款项与收购方应支付的股权转让款项进行折抵的标准和金额在相关协议中予以确认。

（3）增资减债

确认债权后，须对收购方应增资的金额和持股比例进行确认，以及对于增资后作为出资款的认缴期限进行确认，以保证增资完成后能够及时向债权人清偿债务。

第五节

租赁处置

一 内容

(一)概述

租赁处置,是指具有租赁物的所有权或处置权利的人将该租赁物交付于承租人,由承租人向其支付租金,承租人由此获得在租赁期间使用该物品的权利的交易行为。

从债权人的角度出发,为债务人(租赁物所有人或其他具有处置权利的人)将租赁物对外进行出租,以获得相应的租金,用于归还债务的行为。

(二)法律依据

《民法典》第703条规定:"【租赁合同定义】租赁合同是出租人将租赁物交付承租人使用、收益,承租人支付租金的合同。"

其他法律依据见各条引用。

1. 租赁的种类

可以对外出租的种类很多,可以是动产(能够移动而不损害其经济用途和经济价值的物),如机器设备、车辆、生活物品等;又可以是不动产(不能移动或经移动即会损害其经济效用和经济价值的物),如房产、厂房、土地等。

2. 租赁期限

租赁期限最长不超过 20 年,超过部分无效。须注意无效仅指超出 20 年部分的约定无效,并非租赁合同无效。具体的法律依据为《民法典》第 705 条:"【租赁最长期限】租赁期限不得超过二十年。超过二十年的,超过部分无效。租赁期限届满,当事人可以续订租赁合同;但是,约定的租赁期限自续订之日起不得超过二十年。"但对于需要租赁期限较长,如承租人进行了较大规模的装修投入需要长期使用超过 20 年的处理方式,一是约定到期后续签 20 年,同等条件下承租人具有优先承租权;二是可以根据双方的商业目的,是否能够变更成为业务合作或者是否涉及地役权等,突破租赁期限的限制。

3. 承租人的优先购买权和优先续租权

根据《民法典》第 726 条的规定:"【房屋承租人优先购买权】出租人出卖租赁房屋的,应当在出卖之前的合理期限内通知承租人,承租人享有以同等条件优先购买的权利;但是,房屋按份共有人行使优先购买权或者出租人将房屋出卖给近亲属的除外。出租人履行通知义务后,承租人在十五日内未明确表示购买的,视为承租人放弃优先购买权。"及第 727 条规定:"【委托拍卖情况下房屋承租人优先购买权】出租人委托拍卖人拍卖租赁房屋的,应当在拍卖五日前通知承租人。承租人未参加拍卖的,视为放弃优先购买权。"可知,房屋承租人具有优先购买权,且出租人出售房屋的应当出卖之前通知承租人,否则承租人可以要求出租人承担赔偿责任。

承租人对租赁物在租赁期限届满后,一是在同等条件下享有优先承租权;二是承租人继续使用租赁物而出租人也没有提异议的情况下,原租赁合同继续有效,仅是期限为不定期租赁,出租人和承租人均可随时解除租赁关系。法律依据为《民法典》第734条:"【租赁期限届满承租人继续使用租赁物及房屋承租人的优先承租权】租赁期限届满,承租人继续使用租赁物,出租人没有提出异议的,原租赁合同继续有效,但是租赁期限为不定期。租赁期限届满,房屋承租人享有以同等条件优先承租的权利。"

4. 抵押权或质押权人的出租权

抵押权并不移转抵押物的使用权,抵押人对未占有之物,无法对外进行出租,但对因抵押物产生的孳息可以在实现抵押权时,自人民法院扣押之日起,可向抵押人主张收取孳息,同时向承租人进行通知。依据为《民法典》第412条:"【抵押权对抵押财产孳息的效力】债务人不履行到期债务或者发生当事人约定的实现抵押权的情形,致使抵押财产被人民法院依法扣押的,自扣押之日起,抵押权人有权收取该抵押财产的天然孳息或者法定孳息,但是抵押权人未通知应当清偿法定孳息义务人的除外。"

质押人占有质押之物,并不能随意对质押之物进行处置,对外租赁属于处置的一种,但自质押人占有质押之物起,若经质押所有人或其他具有处置权利的人(债务人)同意后,即可对外出租该质押物,因此,产生的租金属于质押物所产生的孳息,可以由质权人收取,用于清偿债务。未经同意的,造成出质人损害的,质权人承担赔偿责任。依据为《民法典》第430条:"【质权人孳息收取权及孳息首要清偿用途】质权人有权收取质押财产的孳息,但是合同另有约定的除外。前款规定的孳息应当先充抵收取孳息的费用。"第431条:"【质权人擅自使用、处分质押财产的责任】质权人在质权存续期间,未经出质人同意,擅自使用、处分质押财产,造成出质人损害的,应当承担赔偿责任。"

从债权人的角度出发,债权人是抵押权人或质押权人时,实现抵押权时且被法院扣押之日起或进行质押行为之日收取孳息,能够用来清偿债务,但需要核实出租该物收取租金是否公允。实务中存在恶意将租赁物以极低价格出租影响债权人回收债务的周期和金额的情况,应对措施为加强贷后管理并在抵押合同中约定不能对外出租,或出租应当经债权人同意,以控制业务风险。

5. 不可抗力能否导致租赁合同免除责任解除

不可抗力为无法预见、无法避免、不能克服的客观情况,如疫情。但涉及不可抗力并不属于租赁合同解除的条件,法定解除应当依据双方签订的主观意愿、合同履行情况、合同目的实现情况等综合判断。能够解除的条件除法律规定合同解除外,对于非承租人构成根本性违约即可解除的,法律依据为《民法典》第724条:"【非承租人构成根本性违约承租人可以解除合同】有下列情形之一,非因承租人原因致使租赁物无法使用的,承租人可以解除合同:(一)租赁物被司法机关或者行政机关依法查封、扣押;(二)租赁物权属有争议;(三)租赁物具有违反法律、行政法规关于使用条件的强制性规定情形。"

6. 承租人减少租金的情形

承租人应当按照租赁合同的约定及时足额支付租金,但因承租人对租赁物使用、收益因第三人主张权利而受限制的除外,如第三人向承租人主张租赁物返还,并证明该租赁物并非出租人有权出租等。法律依据为《民法典》第723条:"【出租人权利瑕疵担保责任】因第三人主张权利,致使承租人不能对租赁物使用、收益的,承租人可以请求减少租金或者不支付租金。"

7. 推定转租及次承租人的代位求偿权

对于承租人转租的应当经过出租人的同意,未经出租人同意转租的,出租人可以解除合同,同时可以推定出租人同意转租的情形为其知道或应当知道转租情形,但在6个月内未提出异议的。依据为《民法典》第718条:"【推定出租人同意转租】出租人知道或者应当知道承租人转租,但是在六个月内未提出异议的,视为出租人同意转租。"

在转租合同对出租人有约束力的情形下,次承租人为了保护自己的利益继续承租租赁物,在承租人怠于向出租人支付租金时,次承租人可以代承租人交付租金,以及承担相关的违约责任。依据为《民法典》第719条:"【次承租人代位求偿权】承租人拖欠租金的,次承租人可以代承租人支付其欠付的租金和违约金,但是转租合同对出租人不具有法律约束力的除外。次承租人代为支付的租金和违约金,可以充抵次承租人应当向承租人支付的租金;超出其应付的租金数额的,可以向承租人追偿。"

二 操作方式

(一) 由债务人或抵押人(具有出租物处置权人)将租赁物对外出租

无论租赁物处于抵押或质押或其他权利受限制的情形下,抵押人或质押人并不享有对外进行租赁处置的权利,对外租赁抵、质押物应当经过租赁物所有权人或其他具有处置权的人同意,故对外进行租赁处置的主体通常为租赁物的所有权人或其他具有处置权利的人。

(二) 将租赁费用于支付归还债权人之债权

债权人对于租赁费用的控制,主要通过协议的方式或者设立监管账户将债务人(出租人)收取的租赁费进行协议约定或实际控制,将该租赁费用指定用于债务清偿。

(三) 其他

债权人也可以同债务人(出租人)及承租人对签订三方主体的租赁合同,债权人具有受托收取租金的权利即可。

另外,可以对于债务人具有完全所有权之物,对第三方主体以融资租赁的方式将租赁物出租给第三方,以获取更多的债务清偿资金。

第六节

资产证券化

资产证券化业务,是指以基础资产所产生的现金流为偿付支持,通过结构化等方式进行信用增级,在此基础上发行资产支持证券的业务活动。

一 内容

(一)概述

我国资产证券化产品可分为信贷资产证券化(由人民银行和国家金融监督管理总局监管,基础资产以银行等金融机构的信贷资产为主,一般单笔金额小而贷款笔数多,标准化较高)、企业资产证券化(由证监会监管,基础资产相对多元化,包括应收账款、融资租赁、收费权等,审批方式为备案制,发行流程相对简便)、资产支持票据(由交易商协会监管,可以通过公募和私募两种方式发行,基础资产包括票据收益资产、应收债权类资产、租赁债权资产等,对资产资质要求较高)和保险资产支持计划(由保险资产管理公司等机构作为受托人设立的,面向保险机构等投资者发行的收益凭证,基础资产包括融资租赁类资产、不良资产重组类资产、小额贷款类资产等,并不局限于保险相关资产)。

结合类金融机构业务发展需要,本书主要讨论的为企业资产证券化,即由债务企业以其具有稳定收益的基础资产(包括但不限于应收账款、收费权等),通过信用增级等金融手段,发行能够为债务企业带来现金流的证券的金融商业行为。

从类金融机构的角度出发,可以根据债务企业的资产证券化后的回笼资金情况,解决债务企业流动性问题,从而清偿债务。缺点为进行资产证券化的条件比其他债权融资方式较严格。

(二)依据法律、法规、部门规章

1.《中华人民共和国证券法》(2019年12月28日公布)

2.《中华人民共和国证券投资基金法》(2015年4月24日公布)

3.《中国证券监督管理委员会公告〔2014〕49号——证券公司及基金管理公司子公司资产证券化业务管理规定、证券公司及基金管理公司子公司资产证券化业务信息披露指引、证券公司及基金管理公司子公司资产证券化业务尽职调查工作指引》(2014年11月19日公布)

4.《私募投资基金监督管理暂行办法》(2014年8月21日公布)

(三)资产证券化的条件

1. 合法且权属清晰,能够产生稳定且可预测的现金流的财产或财产权利。

2. 基础资产(指符合法律法规规定,权属明确,可以产生独立、可预测的现金流且可特定化的财产权利或者财产)须满足:(1)可以产生独立、可预测的现金流且可特定化的财产权利或者财产;(2)可以是单项财产权利或者财产,也可以是多项财产权利或者财产构成的资产组合;(3)财产权利或者财产,其交易基础应当真实,交易对价应当公允,现金流应当持续、稳定;(4)可以是企业应收款、租赁债权、信贷资产、信托受益权等财产权利,基础设施、商业物业等不动产财产或不动产收益权,以及中国证监会认可的其他财产或财产权利。

3. 具有标准化、高质量的担保,可以是其他第三方提供的担保(包括但不限于信用增级机构)。

4. 其他中国证监会对于企业进行资产证券化的要求。

(四)涉及的主体

资产证券化的交易结构中涉及的主体主要包括以下几方:发起人、特定目的机构或特定目的受托人(SPV)、资金和资产存管机构、信用增级机构、信用评级机构、承销人、证券化产品投资者。

1. 发起人。发起人也称"原始权益人",是证券化基础资产的原始所有者,本书所指为持有满足资产证券化条件的大型工商企业。同时业务经营对专项计划以及资产支持证券投资者的利益产生重大影响的原始权人必须满足相关条件,依据为《证券公司及基金管理公司子公司资产证券化业务管理规定》第11条:"业务经营可能对专项计划以及资产支持证券投资者的利益产生重大影响的原始权人(以下简称特定原始权益人)还应当符合下列条件:(一)生产经营符合法律、行政法规、特定原始权益人公司章程或者企业、事业单位内部规章文件的规定;(二)内部控制制度健全;(三)具有持续经营能力,无重大经营风险、财务风险和法律风险;(四)最近三年未发生重大违约、虚假信息披露或者其他重大违法违规行为;(五)法律、行政法规和中国证监会规定的其他条件。上述特定原始权益人,在专项计划存续期间,应当维持正常的生产经营活动或者提供合理的支持,为基础资产产生预期现金流提供必要的保障。发生重大事项可能损害资产支持证券投资者利益的,应当及时书面告知管理人。"

2. 特定目的机构或特定目的受托人(SPV)。这是指接受发起人转让的资产,或受发起人委托持有资产,并以该资产为基础发行证券化产品的机构。特殊目的载体(指证券公司、基金管理公司子公司为开展资产证券化业务专门设立的资产支持专项计划或者中国证监会认可的其他特殊目的载体)由管理人进行管理。管理人是为资产支持证券持有人之利益,对专项计划进行管理及履行其他法定及约定职责的证券公司、基金管理公司子公司。

3. 资金和资产存管机构。为保证资金和基础资产的安全,特定目的机构通常聘请信誉良好的金融机构进行资金和资产的托管。托管人是指为资产支持证券持有人之利益,按照规定或约定对专项计划相关资产进行保管,并监督专项计划运作的商业银行或其他机构。

4. 信用增级机构。此类机构负责提升证券化产品的信用等级,为此要向特定目的机构收取相应费用,并在证券违约时承担赔偿责任。可以通过各类增信手段进行信用增级设计,因此资产支持证券的信用评级往往高于原始权益人的主体信用评级。

5. 信用评级机构。如果发行的证券化产品属于债券,发行前必须经过评级机构进行信用评级。对资产支持证券进行评级的,应当由取得中国证监会核准的证券市场资信评级业务资格的资信评级机构进行初始评级和跟踪评级。

6. 承销人。承销人是指负责证券设计和发行承销的投资银行。如果证券化交易涉及金额较大,可能会组成承销团。

7. 证券化产品投资者,即证券化产品发行后的持有人。

(五)交易的架构

资产证券化的流程具体包括选取基础资产、组建资产池、设立特殊目的载体(SPV)、资产转让和资产分层、信用增级和评级、销售交易、资金回收和分配等步骤。

基础资产:对于基础资产进行筛选,确保符合可转让、稳定等基础条件。

组建资产池:对基础资产进行单独或整体的组合,以能够形成稳定现金流的资产池。

设立特殊目的载体(SPV):由证券公司设立 SPV 开展专项计划,并确定管理人等各方参与主体。

资产转让:将基础资产根据具体情况,选择合适的资产转让方式转让给特殊目的载体(SPV),实现资产转让和资产分层。

销售交易:通过交易场所向合格投资者进行销售。

资金回收和分配:通过回收基础资产取得的现金流偿付投资的资金并分配。

(六)发起人与基础资产权利关系隔离

资产证券化将基础资产的现金流重新打包切割风险和收益,通过特定目的机构或特定目的受托人(SPV)进行资产重组,使得发起人与基础资产权利关系分离,从而达到了风险隔离和流动性增强的目的。

发起人与基础资产权利关系隔离也是资产证券化交易模式的重要部分,通过剥离发起人对基础资产的控制,降低了基础资产对发起人经营的依赖,但发起人仍然要维持正常的生产经营活动或者提供合理的支持,为基础资产产生预期现金流提供必要的保障。

(七)基础资产的限制与负面清单

对于基础的限制除必须满足发行必备条件外,不得附带抵、质押,另中国证券投资基金业协会定期发布负面清单,对于不得作为基础资产进行限定,具体以当前发布的为准。《证券公司及基金管理公司子公司资产证券化业务管理规定》第 24 条规定:"基础资产不得附带抵押、质押等担保负担或者其他权利限制,但通过专项计划相关安排,在原始权益人向专项计划转移基础资产时能够解除相关担保负担和其他权利限制的除外。"及第37条规定:"中国基金业协会根据基础资产风险状况对可证券化的基础资产范围实施负面清单管理,并可以根据市场变化情况和实践情况,适时调整负面清单。"

(八)特殊目的载体(SPV)的模式与受让基础资产的方式

特殊目的载体(SPV)的模式通常有单SPV和双SPV。其中,单SPV是以现金流量资产形式发行证券的特殊资产计划,而双SPV是企业资产的持有人(发起人)将企业的资产交由相应的信托公司进行管理,在取得信托公司收益权后,将该收益权作为基础资产进行证券化的模式。目前市面上采用的主要为证券公司发起的设立特殊目的载体(SPV)的模式类信托模式。

对于特殊目的载体(SPV)受让基础资产最常见的有两种:一是债权转让,即发起人将其与原始债务人之间的债权资产,直接转让给SPV,并向债务人履行通知义务;二是债务变更,即约定发起人与原始债务人的债权债务终止,由SPV与原始债务人重新签订债权债务相关协议。

(九)信用增级方式

信用增级的方式包括内部或者外部信用增级方式,以提升资产支持证券信用等级。

内部的信用增级方式通常包括但不限于:现金储备账户(由发行人设置一个特别的现金储备账户,当基础资产产生的现金流入不足时,使用该账户内的资金弥补投资者的损失)、差额补足(以发起人担保的方式,承诺对基础资产收益与投资者预期收益的差额承担不可撤销、无条件的补足义务)、超额覆盖(基础资产总额超额覆盖资产支持证券票面金额)。

外部的信用增级方式通常包括但不限于:保险(由保险机构提供保险,从而提高基础资产的整体信用)、流动性支持(在专项计划存续期内,存在基础资产产生的现金流与本息支付时间无法一致时,由第三方提供流动性支持)、第三方担保(由第三方对专项计划发生的资产支持证券进行担保)。

(十) 监管部门、审核方式、交易场所

企业资产证券化业务的监管部门为中国证监会。《证券公司及基金管理公司子公司资产证券化业务管理规定》第46条规定:"中国证监会及其派出机构依法对资产证券化业务实行监督管理,并根据监管需要对资产证券化业务开展情况进行检查……"。

审核方式为备案制,备案单位为中基协。《证券公司及基金管理公司子公司资产证券化业务管理规定》第36条规定:"管理人应当自专项计划成立日起5个工作日内将设立情况报中国基金业协会备案,同时抄送对管理人有辖区监管权的中国证监会派出机构。中国基金业协会应当制定备案规则,对备案实施自律管理……"。

交易场所特定化。《证券公司及基金管理公司子公司资产证券化业务管理规定》第38条规定:"资产支持证券可以按照规定在证券交易所、全国中小企业股份转让系统、机构间私募产品报价与服务系统、证券公司柜台市场以及中国证监会认可的其他证券交易场所进行挂牌、转让……"。

(十一) 投资者要求

投资者须为合格投资人。《证券公司及基金管理公司子公司资产证券化业务管理规定》第29条规定:"……合格投资者应当符合《私募投资基金监督管理暂行办法》规定的条件,依法设立并受国务院金融监督管理机构监管,并由相关金融机构实施主动管理的投资计划不再穿透核查最终投资者是否为合格投资者和合并计算投资者人数。"另《私募投资基金监督管理暂行办法》第12条规定:"私募基金的合格投资者是指具备相应风险识别能力和风险承担能力,投资于单只私募基金的金额不低于100万元且符合

下列相关标准的单位和个人:(一)净资产不低于1000万元的单位;(二)金融资产不低于300万元或者最近三年个人年均收入不低于50万元的个人……"及第13条:"下列投资者视为合格投资者:(一)社会保障基金、企业年金等养老基金,慈善基金等社会公益基金;(二)依法设立并在基金业协会备案的投资计划;(三)投资于所管理私募基金的私募基金管理人及其从业人员;(四)中国证监会规定的其他投资者……"对于合格投资者的标准进行了明确。

对于投资者的限制为仅可以就资产证券化的基础为限进行追索,不及于资产证券化各参与者的其他资产。

(十二)信息披露要求

管理人及其他信息披露义务人履行信息披露和报送义务。管理人、托管人须向资产支持证券合格投资者披露上年度资产管理报告、年度托管报告。每次收益分配前,管理人应当及时向资产支持证券合格投资者披露专项计划收益分配报告。

对于重大事项的披露及披露场所,按照《证券公司及基金管理公司子公司资产证券化业务管理规定》第44条的规定:"发生可能对资产支持证券投资价值或价格有实质性影响的重大事件,管理人应当及时将有关该重大事件的情况向资产支持证券合格投资者披露,说明事件的起因、目前的状态和可能产生的法律后果,并向证券交易场所、中国基金业协会报告,同时抄送对管理人有辖区监管权的中国证监会派出机构。"以及第45条:"管理人及其他信息披露义务人应当按照相关规定在证券交易场所或中国基金业协会指定的网站向合格投资者披露信息"进行。

(十三)破产隔离

证券化的基础资产通过设立特殊目的载体(SPV),实现发起人、受托人或专项计划管理人等主体的破产隔离,参与计划的所有其他相关主体包括但不限于发起人、资金和资产存管机构、信用增级机构、信用评级机构、承销人、证券化产品投资者,若发生破产相关事宜,均不影响设立特殊目的载体(SPV)的正常运营,依据《证券公司及基金管理公司子公司资产证券化业务管理规定》第5条:"……专项计划资产独立于原始权益人、管理人、托管人及其他业务参与人的固有财产。原始权益人、管理人、托管人及其他业务参与人因依法解散、被依法撤销或者宣告破产等原因进行清算的,专项计划资产不属于其清算财产。"

(十四)项目终止退出

项目终止退出的,一是要进行专项计划清算;二是要托管人、资产支持证券投资者出具清算报告;三是要向中基协报告,并抄送证监会派出机构,四是要对清算报告进行审计。依据为《证券公司及基金管理公司子公司资产证券化业务管理规定》第19条:"专项计划终止的,管理人应当按照计划说明书的约定成立清算组,负责专项计划资产的保管、清理、估价、变现和分配。管理人应当自专项计划清算完毕之日起10个工作日内,向托管人、资产支持证券投资者出具清算报告,并将清算结果向中国证券投资基金业协会(以下简称中国基金业协会)报告,同时抄送对管理人有辖区监管权的中国证监会派出机构。管理人应当聘请具有证券期货相关业务资格的会计师事务所对清算报告出具审计意见。"

二、类金融机构的企业资产证券化

1. 从类金融机构自身经营的角度出发,类金融机构可以作为发起人,对其持有的债权资产作为基础资产进行证券化,能够使类金融机构获得更多的流动性资金,同时对于对外的业务资金也起到了杠杆作用,收益增大,还可以扩大客户服务范围,提升业务规模。而对于发起人的条件,在满足《证券公司及基金管理公司子公司资产证券化业务管理规定》第11条规定的基本条件后,实务中,各证券公司的立项标准均有明确要求。以西安某证券公司的要求为例,小额贷款公司资产证券化立项标准如下:一是国有参股股东背景;二是基础资产规模1.5亿元以上;三是增信措施为股东或关联企业的差额补足义务和无限连带责任保证。

2. 对基础资产的选择,小额贷款公司可以其信贷资产,典当行可以其质押贷款,保理公司可以其持有的应收账款,融资租赁公司可以其租金收益作为基础,对于资产池可以根据业务情况进行组合,其可以是单项财产权利或者财产,也可以是多项财产权利或者财产构成的资产组合。

类金融机构所有的债权资产具有非常明显的债券化条件,类金融机构须按照地方金融管理局要求办理相关业务,基础资产的业务均单笔成立,债权资产权属明确且独立,同时债权资产的现金流根据签订的相关合同可以预测,能够满足资产证券化的要求。

3. 增信措施的选择上,可以选择由类金融机构的股东或关联企业的差额补足义务和无限连带责任保证,也可同其他企业资产证券化的外部增信,由其他第三方提供增信条件,具体的增信措施,须根据基础资产综合判断。

4. 对于类金融机构,除满足基础的条件外,实务中,成功的案例很多,简单举例为,小额贷款公司类:瀚华小贷资产收益权凭证等。保理类:摩山保理一、二、三、四期,尚隽保理一、二期等。融资租赁类:远东租赁一、二期,广汇租赁一期等。但对于类金融机构产生的大面积不良资产作为基础资产的,尚无法确认,结合已落地实施的相关专项计划,均是以类金融机构的债权资产作为基础资产,对于基础资产的组合和剥离,需要根据专项计划发展的规模、期限等综合进行判断和处理,从理论角度出发,只要能满足基础资产的条件,均可以作为基础资产组合的一部分,对外进行资产证券化活动。

三 操作方式及业务流程

1. 确认基础资产

了解基础资产情况满足资产证券化的条件,结合该条件设计交易结构,并对证券发行的期限、增信措施等进行初步沟通。

2. 尽职调查

对于基础资产进行符合证券发行的前期尽职调查,并由资产评估机构、评级机构等进行前期的沟通协调。

3. 确定交易模式

在尽职调查的基础上,对于基础资产的剥离和交易结构进行最终确认,并由管理人、受托人、发行人等签署相关合同,各机构按照各自要求进行项目推进。

4. 设立特殊目的载体(SPV)

由证券公司发起设立一个专项管理计划的特殊目的载体,根据交易结构选择 SPV 模式(单 SPV 或者双 SPV),模式选择的不同在基础资产转移时会有差异。

5. 专项计划募集资金

专项资产管理计划通过合法的交易场所,向合格的投资者发行符合条件的专项计划收益凭证,并将募集资金存放于指定的资金托管机构,专项用于专项计划实施。

6. 计划实施与按期偿付

专项计划所募集资金专项用于购买发起人所拥有的特定基础资产,交易完成后,基础资产所产生的现金流入收益凭证的持有人(合格投资者)。

7. 到期后退出

根据专项计划设定的周期和金额,按照约定的内容向合格投资人支付债券收益本息后,专项计划按照约定清算后退出并向相关部门报告,完成整体项目到期退出事宜。

04
CHAPTER

第四章 不同担保措施的处置方式

第一节

概 述

对于不良资产的处置,从另一个角度出发,可以以担保措施为基础,以不同的担保措施方式,分门别类地采取不同的处置方式、不同的应对措施,从而能够保证债权的高效实现。

根据担保措施的担保基础,可以将担保措施分为四大类,分别为信用类、不动产类、权益类、其他措施类,如图4-1所示:

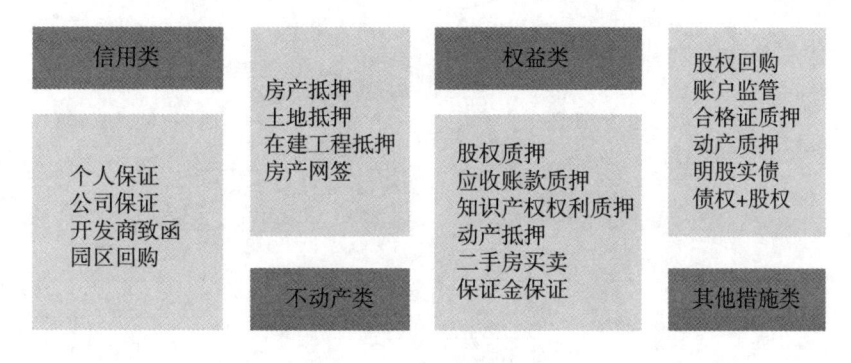

信用类	不动产类	权益类	其他措施类
个人保证 公司保证 开发商致函 园区回购	房产抵押 土地抵押 在建工程抵押 房产网签	股权质押 应收账款质押 知识产权权利质押 动产抵押 二手房买卖 保证金保证	股权回购 账户监管 合格证质押 动产质押 明股实债 债权+股权

图4-1 担保措施分类

信用类:主要是指以信用担保为基础的纯信用类担保措施,开发商致函和园区回购从法律层面可以视为一种附条件的合同,开发商或园区承担合同责任的前提是融资或担保主体未及时履行相关责任。

不动产类：主要是指以土地、房产、在建工程等不动产作为担保基础的一类担保措施，在实务中是应用占比较重的担保措施类型，主要在于不动产类财产的高保值性和价值稳定性。

权益类：主要是指以股权、应收账款、知识产权等作为担保基础的一类担保措施，股权的权益基础是一种分红和收益权，应收账款是一种债权，知识产权是一种特许经营权。

其他措施类：主要是以控制措施手段为基础的一类担保措施，虽尚无法律法规对其进行明确定义，但在实务中较为常见，主要是通过采取控制、跟进、管理等措施降低风险的一种担保措施。

第二节

信用类担保措施

信用类：主要指以信用担保为基础的纯信用类担保措施，该部分措施主要包括个人保证、公司保证、开发商致函、园区回购四类。

针对不同的担保措施，后期在处置中差别较大，信用类的共同的可执行范围和措施，详述如下。

一 自然人可执行财产范围和执行措施

(一) 银行账户、储蓄单、第三方支付系统资金

银行账户的冻结通常是执行法院采取的第一时间措施，执行法院通过查控系统，依据相关执行裁定文书即可对被执行人名下银行账户进行查控，对于账户中的资金，可以冻结、划扣。

对于储蓄单的执行，根据《执行工作若干规定》第28条规定："作为被执行人的自然人，其收入转为储蓄存款的，应当责令其交出存单。拒不交出的，人民法院应当作出提取其存款的

裁定,向金融机构发出协助执行通知书,由金融机构提取被执行人的存款交人民法院或存入人民法院指定的账户。"可知,对于储蓄单的执行,因其资金保存形式为存单,执行法院应当责令作为被执行人的保证人交出,拒不交付的,以提取裁定的形式向金融机构发送协助执行通知,进行提取。

对于资金存放于第三方支付系统的资金,包括但不限于微信钱包、财付通等的执行。目前,实务中大部分法院的操作为向第三方支付系统公司发送执行裁定和协助执行的通知,由第三方支付系统公司进行协助控制,但不同于账户冻结,第三方系统的冻结无法以额度冻结的方式执行,只能按照账户余额,采取执行划扣,每一次冻结执行须出具相关文书和送达协助执行通知,该执行方式可持续关注全国法院系统与第三方支付系统的合作和方式,随着执行方式的不断优化,终将会更便捷、更快速。

(二) 股票账户、股权分红、股息

对于股票账户的执行,根据《执行工作若干规定》第 37 条规定:"对被执行人在其他股份有限公司中持有的股份凭证(股票),人民法院可以扣押,并强制被执行人按照公司法的有关规定转让,也可以直接采取拍卖、变卖的方式进行处分,或直接将股票抵偿给债权人,用于清偿被执行人的债务。"可知,在执行中可以有三种处理方式:一是扣押,强制按照公司法的规定转让;二是直接拍卖、变卖;三是直接抵偿给债权人。实务中,对于股票的处置,必要时在对被执行人股票账户进行控制的同时,还应对其相应的登记结算机构账户及时进行控制,从而保证有效执行。

对于股权分红及股息,根据是否到期分为"已到期的股息或红利等收益"和"预期从有关企业中应得的股息或红利等收益"两种,实务中有不同的处置措施,具体依据为《执行工作若干规定》第 36 条:"对被执行人从有关企业中应得的已到期的股息或红利等收益,人民法院有权裁定禁止被执行人提取和有关企业向被执行人支付,并要求有关企业直接向申请执行人

支付。对被执行人预期从有关企业中应得的股息或红利等收益,人民法院可以采取冻结措施,禁止到期后被执行人提取和有关企业向被执行人支付。到期后人民法院可从有关企业中提取,并出具提取收据。"

(三) 工资收入

自然人作为劳动主体所取得的工资收入,在实务中可以采取两种方式:一是对于有关单位已经发放的工资,可以采取冻结、提取银行账户、储蓄单、第三方支付系统资金的方式执行到位;对于尚未支付的工资部分,根据《执行工作若干规定》第29条规定:"被执行人在有关单位的收入尚未支取的,人民法院应当作出裁定,向该单位发出协助执行通知书,由其协助扣留或提取。"可知,对于该部分可以通过裁定以协助执行的方式要求工资支付主体的相关单位直接协助扣留、提取该部分工资。

(四) 公积金账户、社保账户

个人住房公积金部分属于个人财产部分,根据《住房公积金管理条例》第3条规定:"职工个人缴存的住房公积金和职工所在单位为职工缴存的住房公积金,属于职工个人所有。"其该部分财产满足一定条件(购买、建造、翻建、大修自住住房的;离休、退休的;完全丧失劳动能力,并与单位终止劳动关系的;出境定居的;偿还购房贷款本息的;房租超出家庭工资收入的规定比例的)可以被提取,可以被提取即明确该部分可以作为被执行的财产。

同时,根据《最高人民法院关于符合条件的住房公积金可强制执行的答复》[(2013)执他字第14号]之内容"被执行人吴某某已经符合国务院《住房公积金管理条例》第二十四条规定的提取职工住房公积金账户内的存储余额的条件,在保障被执行人依法享有的基本生活及居住条件的情况下,执行法院可以对被执行人住房公积金账户内的存储余额强制执行"可知,个人住房公积金可以作为被执行标的财产,满足上述条件即可被执行。

(五)房产

房产属于不动产,对于不动产的执行通常采取查封、拍卖的执行措施。对于房产的执行,无论该房产是否办理抵押、是否被其他法院查封,执行法院均可采取查封措施,依据是否登记在被执行人名下,可分为以下两种情形:

1. 登记在被执行人名下的房产

实务中对于房产在被执行人名下,无论该房产是否属于被执行人单独所有的财产,夫妻共同财产,或是属于代持他人房产或其他不享有所有权的情形,执行法院均可以对该房产采取查封措施。

对于执行房产属于被执行人单独所有的财产的,该部分财产执行无障碍,执行法院可以对该房产采取查封、拍卖等执行措施,通过执行拍卖的方式进行处置。

对于属于被执行人所有的房产,但其他第三人享有抵押权的房产,根据《执行工作若干规定》第31条规定:"人民法院对被执行人所有的其他人享有抵押权、质押权或留置权的财产,可以采取查封、扣押措施。财产拍卖、变卖后所得价款,应当在抵押权人、质押权人或留置权人优先受偿后,其余额部分用于清偿申请执行人的债权。"可知,执行法院可以正常采取查封、拍卖等措施,在拍卖、变卖所得价款中,对于抵押权部分予以优先受偿后,其余部分可以用来清偿已申请执行的债权。

对于夫妻共同财产,但登记在被执行人名下的房产,执行法院可以依法查封、拍卖、变卖,因涉及该房产属于夫妻共同财产,对于该财产的处置涉及未被列入被执行人的其他人(被执行人之配偶),对于夫妻共同财产中被执行人所享有的财产份额具有处置权,另外未涉及部分,又因为不动产具有不可分割性,而在实务中一起处置,拍卖、变卖后对于被执行人配偶的部分予以退还。

执行人作为代持房产的或其他无所有权的情形,执行过程中执行法院可以采取查封、拍卖、变卖的执行措施,房产的实际所有权人可以通过执行异议的方式保障自己的权利,申请执行人根据不动产以登记为准的公示效力,可以申请执行法院采取查封、拍卖、变卖等措施。

2. 登记在被执行人配偶名下,但属于夫妻共同财产的房产

对于房产登记在被执行人配偶名下,但属于夫妻共同财产的房产,根据《查封、扣押、冻结财产规定》第12条第1款规定:"对被执行人与其他人共有的财产,人民法院可以查封、扣押、冻结,并及时通知共有人。"可知,对于未登记在被执行人名下,但属于夫妻共同财产的房产,被执行人对于执行财产享有共有份额的,执行法院可以采取查封、拍卖、变卖等执行措施。

(六)车辆

车辆属于动产,实务中对于车辆的执行主要通过两方面相结合进行执行:一方面是对车辆手续的查控,另一方面是对车辆本身的控制和处置。

对于车辆手续的查控,主要是执行法院出具查封裁定,通过车辆登记机关对该车辆产权进行查封,使车辆在查封期间无法变更过户从而无法进行正常的交易,以达到控制的目的。

对于车辆本身的控制,依据《查封、扣押、冻结财产规定》第6条规定:"查封、扣押动产的,人民法院可以直接控制该项财产。人民法院将查封、扣押的动产交付其他人控制的,应当在该动产上加贴封条或者采取其他足以公示查封、扣押的适当方式。"可知,车辆作为动产,为了保障后期的正常拍卖、变卖,需要对该被执行车辆予以直接控制,进行加贴封条或其他足以公示查封、扣押等适当方式,达到实际控制的效果。

二、法人/非法人组织可执行财产范围和执行措施

法人/非法人组织名下的财产范围包括但不限于银行账户、储蓄单、第三方支付系统资金、股票账户、股权分红、股息,该部分可执行范围与自然人相同。

除以上与自然人相同的执行范围部分外,法人/非法人组织名下可执行的范围和措施还包括以下方面。

(一)应收账款

公司运营过程中产生的对第三方的债权,可以作为应收账款进行执行。具体为对第三人的到期债权和对第三人的未到期债权。

在具体的执行过程中,对于到期债权,可以根据《执行工作若干规定(试行)》第45条规定:"被执行人不能清偿债务,但对本案以外的第三人享有到期债权的,人民法院可以依申请执行人或被执行人的申请,向第三人发出履行到期债务的通知(以下简称履行通知)。履行通知必须直接送达第三人。履行通知应当包含下列内容:(1)第三人直接向申请执行人履行其对被执行人所负的债务,不得向被执行人清偿;(2)第三人应当在收到履行通知后的十五日内向申请执行人履行债务;(3)第三人对履行到期债权有异议的,应当在收到履行通知后的十五日内向执行法院提出;(4)第三人违背上述义务的法律后果。"向第三人发送履行通知,要求第三人直接向申请人履行债务。

但对于该到期债权的异议,法院采取形式审查,即只要第三人提出书面异议,则对于对第三人的到期债权不再执行,由申请人按照执行异议之诉的方式向法院提起诉讼,其行权方式类似于申请人代位权诉讼。法院对第三

人的形式审查法律依据为《执行工作若干规定(试行)》第 47 条:"第三人在履行通知指定的期间内提出异议的,人民法院不得对第三人强制执行,对提出的异议不进行审查。"

对于未到期债权的执行,法律没有明确的规定,但实务中主流操作方式为可以对未到期债权予以冻结。其中参考依据为《最高人民法院关于依法制裁规避执行行为的若干意见》第 13 条:"依法保全被执行人的未到期债权。对被执行人的未到期债权,执行法院可以依法冻结,待债权到期后参照到期债权予以执行。第三人仅以该债务未到期为由提出异议的,不影响对该债权的保全。"另外,《人民法院办理执行案件规范》一书中:"633.【未到期债权的执行】对被执行人的未到期债权,执行法院可以依法冻结,待债权到期后参照到期债权予以执行。次债务人仅以该债务未到期为由提出异议的,不影响对该债权的冻结。"也有相关指导性表述,虽然该书内容非法律法规,因该书作者为最高人民法院执行局,具有实务指导意义。

(二)法人/非法人组织名下的房产

法人/非法人组织名下房产的执行,与自然人名下房产的执行的相同之处是,该房产在执行阶段可以被处置,同样需要其他对房产共同所有人在可执行的主体范围内,若执行房产上有其他权利人的存在,比如房产与第三人共有,而第三人非本案的执行主体范围,实务操作中通常为房产在法人/非法人组织主体名下,且不动产登记簿上未体现第三人权属的,可以执行,第三人的权利通过执行异议实现。而不动产登记于法人/非法人组织主体和第三人共同名下,因涉及第三人权益,根据《查封、扣押、冻结财产规定》第 12 条规定:"对被执行人与其他人共有的财产,人民法院可以查封、扣押、冻结,并及时通知共有人……"仍然可以执行,但实务中,有些法院则需要析产,对房产权利进行分割后执行。

法人/非法人组织名下房产的执行,与自然人名下房产的执行的异同之处是对法人/非法人组织名下房产的执行,需要关注涉税的问题,其中税的问题又因为涉及法人/非法人组织主体的具体组织形式而不同。

信用类措施中,不同的可执行范围和措施,详述如下。

三 个人保证

个人保证即保证人属于自然人,保证人与债权人约定当债务人不履行债务时,保证人按照约定履行债务或者承担责任的行为。保证人以其个人的合法财产对债务提供保证。

(一)保证人承担保证责任的时间节点和范围

保证人承担担保责任的时间节点为保证人作为被执行人时的现有财产,不包括保证人在承担履行义务以前,在合理范围内使用和处置的财产,保证人恶意转移或者处置财产的除外。

保证人承担保证责任的范围,对于双方有约定的从其约定,没有约定的按照法定。根据《民法典》第691条规定:"【保证范围】保证的范围包括主债权及其利息、违约金、损害赔偿金和实现债权的费用。当事人另有约定的,按照其约定。"该内容部分属于法定保证人应当承担的范围,通常情况下,双方会对该部分进行更详细的约定,比如,具体包括但不限于本金、利息、违约金、损害赔偿金、实现债权的费用(包括但不限于催收费用、诉讼费或仲裁费、保全费、公告费、执行费、律师费、差旅费),以及其他所有主合同债务人的应付费用。

(二)债权人的撤销权

执行实务中,存在发现债务人以放弃其债权、放弃债权担保、无偿转让财产等方式无偿处分财产权益,或者恶意延长其到期债权的履行期限的情形,导致在执行过程中债权人实现债权的行为落空,此时可以考虑另行诉讼的方式,追回债务人的财产。根据《民法典》第538条规定:"【无偿处分时的债权人撤销权行使】债务人以放弃其债权、放弃债权担保、无偿转让财产等方式无偿处分财产权益,或者恶意延长其到期债权的履行期限,影响债权人的债权实现的,债权人可以请求人民法院撤销债务人的行为。"以及第539条规定:"【不合理价格交易时的债权人撤销权行使】债务人以明显不合理的低价转让财产、以明显不合理的高价受让他人财产或者为他人的债务提供担保,影响债权人的债权实现,债务人的相对人知道或者应当知道该情形的,债权人可以请求人民法院撤销债务人的行为。"可知,无偿处分财产权益或者恶意延长其到期债权的履行期限,或以明显不合理的低价转让财产,以明显不合理的高价受让他人财产或者为他人的债务提供担保,债权人均可以提起撤销权,从而在执行阶段达到有效执行的目的。

其中对于不合理的低价或高价,可根据《全国法院贯彻实施民法典工作会议纪要》第9条规定"对于民法典第五百三十九条规定的明显不合理的低价或者高价,人民法院应当以交易当地一般经营者的判断,并参考交易当时交易地的物价部门指导价或者市场交易价,结合其他相关因素综合考虑予以认定。转让价格达不到交易时交易地的指导价或者市场交易价百分之七十的,一般可以视为明显不合理的低价;对转让价格高于当地指导价或者市场交易价百分之三十的,一般可以视为明显不合理的高价。当事人对于其所主张的交易时交易地的指导价或者市场交易价承担举证责任"进行理解和适用。

同时该行为具有除斥时间限制,须在1年内进行撤销,除斥期间不中止、中断、延长。依据为《民法典》第541条:"【债权人撤销权除斥期间】撤销权自债权人知道或者应当知道撤销事由之日起一年内行使。自债务人的行为发生之日起五年内没有行使撤销权的,该撤销权消灭。"

四 法人/非法人组织保证

法人/非法人组织保证即保证人属于具有清偿债务能力的法人或非法人组织的,保证人与债权人约定当债务人不履行债务时,保证人按照约定履行债务或者承担责任的行为。

(一) 执行过程中债务人被受理破产

执行是个持续的过程,在此期间债务人会因为其资产负债的变化而发生经营变化,最极端的变化为债务人破产,可以是破产重组,也可以是破产清算。无论发生破产重组还是破产清算,自该债务人破产受理之日,则执行应当中止。自该债务人破产被裁定宣告破产之日,对于已采取的措施,包括但不限于冻结账户、查封动产或不动产等执行措施均应当予以解除,作为债权人的申请人,可以依据破产重组或破产清算程序向破产管理人以申报债权的方式实现债权。依据为《执行工作若干规定》第61条:"在执行中,被执行人被人民法院裁定宣告破产的,执行法院应当依照民事诉讼法第二百五十七条第六项的规定,裁定终结执行。"

(二) 法人/非法人组织作为债务人,其自身的股权无法被执行

法人/非法人组织作为债务人时,其可被执行的财产范围包括但不限于公司名下的账户、动产、不动产、权益性资产等,甚至包括法人/非法人组织对外投资的公司的股权,但上述资产范围内不包括法人/非法人组织作为债务人时其自身的股权,此时该股权属于法人/非法人组织的股东的财产范围,但该股权并非属于法人/非法人组织的财产范围,该范围属于股东的权益,不作为可供执行的财产。

另外,若存在股东未实缴到位,且已到应实缴期限的情况,申请人可以主张追加股东在其出资额的范围内承担补充责任。同样若存在股东抽逃出资的情形,执行阶段申请人可以追加抽逃股东在其抽逃出资范围内承担补充责任。依据为《民事执行中变更、追加当事人规定》第17条:"作为被执行人的营利法人,财产不足以清偿生效法律文书确定的债务,申请执行人申请变更、追加未缴纳或未足额缴纳出资的股东、出资人或依公司法规定对该出资承担连带责任的发起人为被执行人,在尚未缴纳出资的范围内依法承担责任的,人民法院应予支持。"以及第18条:"作为被执行人的营利法人,财产不足以清偿生效法律文书确定的债务,申请执行人申请变更、追加抽逃出资的股东、出资人为被执行人,在抽逃出资的范围内承担责任的,人民法院应予支持。"

补充说明,若股东没有履行出资义务即转让公司股权,则具有出资义务的公司发起人、原股东仍然具有补充责任,依据为《民事执行中变更、追加当事人规定》第19条:"作为被执行人的公司,财产不足以清偿生效法律文书确定的债务,其股东未依法履行出资义务即转让股权,申请执行人申请变更、追加该原股东或依公司法规定对该出资承担连带责任的发起人为被执行人,在未依法出资的范围内承担责任的,人民法院应予支持。"

(三) 法人/非法人代为持有第三人的股权,或让与担保持有第三人的股权的情形

股权代持在商务活动中较为常见,在执行程序中,需要重点关注实际股权的权利人能否排除法院对名义权利人的执行。各地法院对股权代持之间的法律关系认定不同,有的认定为委托关系,有的认定为非委托关系,对于代持协议的效力各地也不一致,而执行程序无法解决实体审理的问题,故对于公司存在股权代持的情形时,执行中,通常法院通过正常执行名义股东,对于实际股东则通过执行异议之诉的方式解决异议问题,通过诉讼而又结合各地法院对代持协议的认定不同,会出现异议成立从而排除执行,或异议不成立继续执行两种完全不同的结果。

以让与担保的形式持有第三人的股权被执行,此种情形虽不常见,但存在。关于对让与担保的名义股东的执行,根据《担保制度的解释》第69条规定:"股东以将其股权转移至债权人名下的方式为债务履行提供担保,公司或者公司的债权人以股东未履行或者未全面履行出资义务、抽逃出资等为由,请求作为名义股东的债权人与股东承担连带责任的,人民法院不予支持。"可知,让与担保的名义股东不承担责任,实际责任的承担者为实际股东,实际股东应当以其出资额为限承担补充责任。但对于由实际股东承担责任,笔者认为,应当通过异议之诉的方式予以确认,不能由申请人在执行程序中直接追加实际股东为被执行人,不能以执行代替诉讼,实体权利还应当以诉讼方式确认相关权利。

五 开发商致函

开发商致函,适用于提供担保的主体有房产且实际占有,购房款已全额付清,但房产证因其他原因暂时未办下来,但主要以该房产作为实物担保,且房产开发商同意提供这种承诺的担保措施。

(一)未出内部决议对执行的影响

业务中,通常开发商致函的业务要求为开发商盖章确认,并不要求开发商出具内部决议,在执行过程中则会面临的主要问题为开发商对外签署的相关函件无内部决议内容。

实务中对于将开发商作为被执行主体,需要通过诉讼予以判决确认,对于未出内部决议的效力问题,需要实体审理。实体审理中,对于无内部决议对外提供的担保行为,根据《民法典》第504条规定:"法人的法定代表人或者非法人组织的负责人超越权限订立的合同,除相对人知道或者应当知道其超越权限外,该代表行为有效,订立的合同对法人或者非法人组织发生效力。"可知,对于超越权限订立的合同,即签订的致函的确认,需要综合判断债权人是否为善意,若为善意,则该协议有效;若非善意,即知道或应当知道超越权限,则该协议无效。

(二)对开发商执行的范围和措施

若在审判程序中,确定开发商需要根据致函的内容承担担保责任,则在后续的执行中,开发商作为被执行的主体,可执行的范围包括但不限于账户、动产、不动产、到期债权等,可参照其他一般的保证人执行范围进行执行。

(三)超额查封、冻结的问题

对于开发商致函中确认开发商承担保证责任的情形下,债权人作为申请人存在要么选择开发商承担保证责任,要么选择签订开发商致函时对应的房产作为可执行的财产,但无论选择哪一种,需要考虑的重点为不能超额查封、冻结。依据为《查封、扣押、冻结财产规定》第19条:"查封、扣押、冻结被执行人的财产,以其价额足以清偿法律文书确定的债权额及执行费用为限,不得明显超标的额查封、扣押、冻结。发现超标的额查封、扣押、冻结的,人民法院应当根据被执行人的申请或者依职权,及时解除对超标的额部分财产的查封、扣押、冻结,但该财产为不可分物且被执行人无其他可供执行的财产或者其他财产不足以清偿债务的除外。"

当然,其他被执行人主体被执行时也可能存在超额查封的问题,只是开发商致函此种担保措施在此处更明显,故列示,予以明示。

六 园区回购

园区回购,其常见适用的情形是企业在某工业园区进行项目投资或者生产经营需要,以该园区内该企业出让所得的土地为主要的实物主体为类金融机构作保证,而园区为了促进企业进行项目融资或者发展需要,愿意为融资企业进行土地融资服务的融资方式。

(一) 实现债权可以通过要求工业园区履行签订的承诺或协议的方式

园区回购协议的签订,是以协议的方式约定在债务人未及时足额清偿时,债权人可以主张要求园区对出让所得土地进行回购,将债务人已交纳的相关土地的费用由园区直接退回给债权人,从而获得债务清偿。债务人未及时足额清偿债务,债权人作为与园区签订合同的一方,必然可以根据合同的约定要求合同的相对方园区按照合同内容履行双方的约定。

实务中,园区按照协议将已收债务人的相关款项直接退还给债权人,对于该款项的定性,应当属于债务人的其他应收款,只是执行的方式是通过第三方园区的配合取得,更为合理。

(二) 实现债权可以通过要求债务人承担责任的方式

债权人和园区签订回购协议,并不影响债权人与债务人或其他担保人双方签订的协议,从法律关系上讲,债权人与园区达成了协议,双方按照约定的内容履行,属于该双方之间的约定。而债权人与债务人或其他担保人签订的协议同样有效且可以作为履行的内容。有些情况下,也存在债权人、债务人和园区三个主体间签订三方协议,按照协议约定内容执行即可。

无论是各自之间签订两方协议还是三方协议,债权人均可以依据与债务人签订的合同主张其债权。

(三) 工业园区承担违约责任支付的金额,不能视为代为还款的款项

债权人依据与工业园区签订的回购协议,要求园区承担回购义务时,可能存在工业园区拒绝按照回购协议内容履行的情形,那么债权人可以主张园区除按协议履行外,还可以要求承担违约责任,若法院按照协议支持了债权人对园区违约责任的主张,对于园区承担的违约支付款项,不应当认定为是对债务人欠款款项的归还。理由是,该违约行为是园区未履行回购协议产生的,其承担的违约责任属于园区自身应当承担的责任,其与债务人的还款责任不同,故不能视为该部分款项的还款为代债务人归还。两个责任,一个为园区的违约责任,另一个为债务人的还款责任,法律关系不同。

第三节

不动产类担保措施

不动产类：主要指以土地、房产、在建工程等不动产作为担保基础的一类担保措施，该部分措施主要包括房产抵押、土地抵押、在建工程抵押、房产网签。

不动产类的共同的可执行范围和措施，详述如下。

一 优先债权执行法院和首封法院冲突的问题

在不动产的处理过程中，常见的是优先债权执行法院并非首封法院而存在冲突的问题，通常情况下存在两种情形：

情形一：首封法院超过60日不处理，优先债权执行法院可以商请移送。

根据《最高人民法院关于首先查封法院与优先债权执行法院处分查封财产有关问题的批复》规定："一、执行过程中，应当由首先查封、扣押、冻结（以下简称查封）法院负责处分查封财产。但已进入其他法院执行程序的债权对查封财产有顺位在先的担保物权、优先权（该债权以下简称优先债权），自首先查封之日起已超过 60 日,且首先查封法院就该查封财产尚未发布拍卖公告或者进入变卖程序的,优先债权执行法院可以要求将该查封财产移送执行。"以及"二、优先债权执行法院要求首先查封法院将查封财产移送执行的,应当出具商请移送执行函,并附确认优先债权的生效法律文书及案件情况说明。"可知,一是执行应当由首封法院负责处分查封财产;二是优先债权法院对于首封法院自查封之日起超过 60 日内未发布拍卖公告或进入变卖程序的,可以要求移送;三是首封法院可以移送条件是未发布"拍卖公告"或未进入"变卖程序";四是"可以"要求将该查封财产移送而非"应当";五是移送"查封财产"而非移送案件;六是优先债权法院送交文书包括《商请移送执行函》、确认优先债权的生效法律文书、案件情况说明。

另外,对于首封法院拒绝移送或其他移送事宜,首封法院和优先债权法院产生纠纷的,根据《最高人民法院关于首先查封法院与优先债权执行法院处分查封财产有关问题的批复》规定:"四、首先查封法院与优先债权执行法院就移送查封财产发生争议的,可以逐级报请双方共同的上级法院指定该财产的执行法院。共同的上级法院根据首先查封债权所处的诉讼阶段、查封财产的种类及所在地、各债权数额与查封财产价值之间的关系等案件具体情况,认为由首先查封法院执行更为妥当的,也可以决定由首先查封法院继续执行,但应当督促其在指定期限内处分查封财产。"由首封法院和优先债权执行法院逐级报请双方共同的上级法院执行该财产的执行法院,由共同上级法院结合案件和查封财产的情况,最终确定执行法院。

情形二:首封法院处理查封财产,优先债权执行法院或债权人参与分配。

依据《民法典》第 394 条规定:"为担保债务的履行,债务人或者第三人不转移财产的占有,将该财产抵押给债权人的,债务人不履行到期债务或者发生当事人约定的实现抵押权的情形,债权人有权就该财产优先受偿。"抵押权具有优先受偿权。

优先债权法院或债权人在遇到首封法院直接处理查封财产的,可以依据《民法典》第 394 条直接以债权人名义向首封法院申请参与分配,且能够优先受偿,也可以债权通过优先债权执行法院向首封法院发函,要求将处置查封财产所获得的价款优先受偿。两者的区别为前者首封法院直接将分配款项分配给债权人,后者首封法院将分配款项分配给优先债权法院后,再扣除优先债权执行法院的执行款项后,由债权人领取分配款项。两者的共同点为均能按照法律规定优先获得清偿。

二 "小金额拍卖大标的"的问题

实务中,申请执行的债权标的金额较小,而被执行人名下不动产价值金额较大,能否申请评估拍卖是客观存在的执行难题。

结合相关法律和执行规定,并没有执行标的额较小而禁止对标的额较大进行拍卖处置的相关规定,从法律层面对于该执行方式并没有否定。

但实务中执行法院大部分都对此种情形采取不支持进行拍卖,主要理由为执行标的较小,不宜拍卖房产,或以口头告知后,将案件中对不动产的执行暂缓拍卖执行,不推进执行进度也较常见。

也存在个别法院对执行标的较小,不动产金额较大的进行处置,但属于个例,不带有普遍性,实务中仍以该种情形暂缓处理或不予处理为主流,具体需要和案件执行法院进行确定。

三 不动产涉及的租金、应收账款等的执行

对于不动产涉及的租金处理,实务中抵押权执行法院可以在执行中直

接向租户发送协助执行通知书,要求收到通知书之日起7日内将租金直接支付至法院,发送的对象是被执行房地产的租户,执行的依据是《民法典》第412条:"【抵押权对抵押财产孳息的效力】债务人不履行到期债务或者发生当事人约定的实现抵押权的情形,致使抵押财产被人民法院依法扣押的,自扣押之日起,抵押权人有权收取该抵押财产的天然孳息或者法定孳息,但是抵押权人未通知应当清偿法定孳息义务人的除外。前款规定的孳息应当先充抵收取孳息的费用。"自案涉房地产查封之日,抵押权人有权收取相关法定孳息,即租金,承租人有义务将租金交付给执行法院处理。

对于不动产涉及的应收账款处理,因应收账款已经事实客观形成,执行法院可以直接向付款义务一方发送履行到期通知书,承租人应当在收到履行通知后的15日内向申请执行人履行债务,承租人对履行到期债权有异议的,应当在收到履行通知后的15日内向执行法院提出,否则应当按照通知内容向申请执行人履行。

四 查封、轮候查封、预查封的问题

查封是指司法行政机关或法院对执行标的物采取的一种限制对查封资产进行处置的司法行为,是一种强制措施。查封的标的物包括但不限于不动产、机器设备等。查封的法律后果为被采取查封措施的被执行人不得随意处置查封资产,以保障债权人的相关权益。

轮候查封是指被执行人存在多个债权人的情形下,被执行标的物被其他司法机关或法院首先查封后,而由执行法院再次对执行标的物进行查封措施的司法行为。轮候查封并不属于正式查封,不实质产生查封的法律后果,当前述查封解除后,轮候查封才自动生效成为正式查封。依据为《查封、扣押、冻结财产规定》第26条:"对已被人民法院查封、扣押、冻结的财产,其他人民法院可以进行轮候查封、扣押、冻结。查封、扣押、冻结解除的,登记在先的轮候查封、扣押、冻结即自动生效。"

轮候查封非正式查封,故轮候查封的标的物价值不应计入已查封标的额。

预查封是指法院采取的对于被执行人购买的尚未登记至被执行人名下的房产进行的限制房产权属变更和转移的司法行为。区别于正式查封的主要标志为该查封的房产尚登记在开发商名下。实务中较常见的可以预查封的标的物为开发商取得预售登记证后与被执行人签订了买卖合同,并将房产预售登记备案至被执行人名下,但房屋登记簿所有权人显示为开发商所有的房产。依据为《规范国土部门协助执行若干通知》第15条:"下列房屋虽未进行房屋所有权登记,人民法院也可以进行预查封:(一)作为被执行人的房地产开发企业,已办理了商品房预售许可证且尚未出售的房屋;(二)被执行人购买的已由房地产开发企业办理了房屋权属初始登记的房屋;(三)被执行人购买的办理了商品房预售合同登记备案手续或者商品房预告登记的房屋。"

预查封的效力等同于正式查封,但预查封期限只有当预查封转为正式查封后,方可对查封标的物进行处置。依据为《规范国土部门协助执行若干通知》第16条:"……土地、房屋权属在预查封期间登记在被执行人名下的,预查封登记自动转为查封登记,预查封转为正式查封后,查封期限从预查封之日起开始计算。"

五 超标的查封、扣押、冻结的认定问题

超标的查封主要是指人民法院在对被执行人采取查封、扣押、冻结措施时,被查封的标的物明显超过债权人的申请执行金额。法律依据为《查封、

扣押、冻结财产规定》第 19 条第 1 款："查封、扣押、冻结被执行人的财产,以其价额足以清偿法律文书确定的债权额及执行费用为限,不得明显超标的额查封、扣押、冻结……"。

具体的认定标准：

一是核查申请执行人的申请执行金额,主要指生效法律文书确定的金额,以类金融机构作为申请人为例,主要包括本金、利息、逾期利息、违约金以及实现债权的费用等,同时还包括被执行人未及时足额履行生效法律文书的延迟履行金。

二是核查查封、扣押、冻结标的物的价值。主要参考依据为法院采取查封、扣押、冻结措施时的标的物评估价格,或者同类型执行标的物的参考价格,同时结合市场波动变形成本、执行费用等因素综合判断,最终确定相对公允的价格。

三是确定申请执行金额与查封、扣押、冻结的标的物的价值之间的差异,其中因执行金额可能涉及延迟履行金,而查封的标的物涉及市场行情变化等原因,两者处于变化状态,此处是否涉及超标的,以法官的自由心证结合客观事实,存在"明显"情形,进行最终判断。

对于超标的查封、扣押、冻结的法律后果为,人民法院应当依职权或者依据被执行人的申请解除超额查封、扣押、冻结部分,但以下情形除外：一是不可分物且被执行人无其他可供执行的财产；二是其他财产不足以清偿债务的。法律依据为《查封、扣押、冻结财产规定》第 19 条第 2 款："发现超标的额查封、扣押、冻结的,人民法院应当根据被执行人的申请或者依职权,及时解除对超标的额部分财产的查封、扣押、冻结,但该财产为不可分物且被执行人无其他可供执行的财产或者其他财产不足以清偿债务的除外。"

六 议价、询价、评估的问题

在执行阶段,对于财产进行处置时的价格确定,按照相关规定,主要为议价、询价、评估。依据为《确定财产处置参考价的规定》第 2 条:"人民法院确定财产处置参考价,可以采取当事人议价、定向询价、网络询价、委托评估等方式。"

议价,主要指由当事人双方对于处置财产价值以协议约定的方式确定参考价格。双方议价的标准为双方协商一致,但不得损害其他人的合法权益。

询价,分为定向询价和网络询价两种,对于定向询价,当事人双方议价不成的,可以按照双方当事人一致要求直接进行定向询价,根据《确定财产处置参考价的规定》第 6 条第 1 款之规定:"采取定向询价方式确定参考价的,人民法院应当向有关机构出具询价函,询价函应当载明询价要求、完成期限等内容"。

网络询价,通常通过最高人民法院建立的全国性司法网络询价平台名单库里选取网络询价平台,实务中通常选取包括淘宝、京东等在内的三家平台进行网络询价,对三家的网络询价结果进行加权平均后,取得最终的参考价格。依据为《确定财产处置参考价的规定》第 13 条:"全部司法网络询价平台均在期限内出具询价结果或者补正结果的,人民法院应当以全部司法网络询价平台出具结果的平均值为参考价……"。

评估,是指由第三方评估机构对于财产根据其估价方法确定价格的方式。采取评估方式通常为以下情形:一是双方当事人要求委托评估;二是网络询价不能或不成的;三是法律、行政法规规定必须委托评估的。依据为《确定财产处置参考价的规定》第 14 条:"法律、行政法规规定必须委托评估、双方当事人要求委托评估或者网络询价不能或不成的,人民法院应当委托评估机构进行评估。"

对于议价、询价、评估确定的参考价格,具有不超过1年的有效期,具体依据为《确定财产处置参考价的规定》第27条第1款、第2款:"司法网络询价平台、评估机构应当确定网络询价或者委托评估结果的有效期,有效期最长不得超过一年。当事人议价的,可以自行协商确定议价结果的有效期,但不得超过前款规定的期限;定向询价结果的有效期,参照前款规定确定。"

七 诉前保全错误的认定和赔偿范围问题

诉前保全错误属于侵权的一种,归类为申请诉前财产保全损害责任纠纷案件。需要满足侵权的构成要件,即行为、过错、损害事实和因果关系。

其中行为部分,无论是原告多次的保全查封标的的变化,还是保全查封后被申请人提出复议后解除查封资产,均须有客观的保全查封行为的存在。

过错部分,以过错原则为归责原则,核心判断申请人进行保全时是否存在故意或重大过失,裁判结果作为考查过错的参考因素之一,但非唯一因素。在人民法院没有对案件争议作出最终判断之前,当事人基于自己对案件事实的理解,提出具有合理事实基础的诉讼请求,属于正当行使诉讼权利的行为。同时,对"过错"的判断应当严格限定在"保全申请"的范围和时段,基础合同项下是否存在违约行为与保全申请是否存在过错是两个不同的问题,不应将合同履行阶段的过错与保全申请阶段的过错相互混淆。

损害事实部分,对于损害的范围和认定,保全期间仅被限制了相关的处分权利,因被申请人可以申请变更保全方式或者以提供担保的方式申请解除保全措施。被申请人需要证明被保全房屋开始销售时间以及因保全导致房屋无法销售或延迟销售的具体情形。

因果关系部分,需要结合事实判断损失是否因保全行为产生,损失与保全行为之间是否具有因果关系,主张损害赔偿的当事方须证明保全行为与产生的损害结果,包括但不限于相关融资利息损失之间存在因果关系。

对于赔偿范围,申请保全错误的,损害赔偿的范围以实际损失为限。主张损失赔偿的当事人应当提供证据证明其因为保全而产生的实际损失,该损失以必要性为限,案例中因保全房产导致房产无法出售而对外借融资产生的利息,以及关联案例中对外借取高利息进行经营活动,结合损失产生的必要性和适当性进行裁判可支持的范围和程度。

八 抵押权的行使期间的问题

(一) 抵押权的行使期间

根据《民法典》第419条规定:"抵押权人应当在主债权诉讼时效期间行使抵押权;未行使的,人民法院不予保护。"可知,抵押权的行使应当根据主债权的诉讼时效进行确定,即在主债权的诉讼时效内可以行使抵押权,但抵押权本身不受诉讼时效的限制。

1. 主债权形成时的诉讼时效

主债权形成时的诉讼时效,为债权诉讼时效,法律规定为3年。诉讼时效是法定的,不能由当事人进行约定延长或变更,同时诉讼时效是固定不变的,但满足条件下,可以中止、中断和延长。法律依据为《民法典》第188条:"向人民法院请求保护民事权利的诉讼时效期间为三年。法律另有规定的,依照其规定。"

2. 申请强制执行的期间

执行阶段主债权申请执行的期限为2年。即在当事人取得生效法律文书后的2年内须向法院申请执行,申请执行阶段的期间为主债权须在法律规定的期限内向法院申请执行的期间,超过该期间未向法院申请执行的,债权人仍可以向法院申请强制执行,法院应当受理,但被执行人如果对申请执行的时效期间提出异议,法院可以裁定不予执行。法律依据为《民事诉讼法》第 250 条:"申请执行的期间为二年。申请执行时效的中止、中断,适用法律有关诉讼时效中止、中断的规定。"《民事诉讼法解释》第 481 条:"申请执行人超过申请执行时效期间向人民法院申请强制执行的,人民法院应予受理。被执行人对申请执行时效期间提出异议,人民法院经审查异议成立的,裁定不予执行。"

3. 破产时的债权申报期间

在债务人破产的情况下,主债权受到法律保护的期间就是法律规定的申报债权期间。申报债权的期间是人民法院发布破产受理之后对外公告要求债权人向管理人申报的期间,该期间为 30 日至 3 个月,具体根据案件的复杂情况对外公告确定的期间。超过该期间未申报债权的,可以在破产财产最后分配前时补充申报,但是之前已经分配的,不再对其补充分配。法律依据为《破产法》第 45 条:"人民法院受理破产申请后,应当确定债权人申报债权的期限。债权申报期限自人民法院发布受理破产申请公告之日起计算,最短不得少于三十日,最长不得超过三个月。"

(二) 抵押权的行使期间是否为除斥期间

实务中,对于抵押权的行使期间是属于除斥期间还是属于诉讼时效期间有不同的观点,笔者认为很难将其归类,抵押权行使期间应当属于一个变动期间,不属于除斥期间是因为抵押权的行使期间和主债权的诉讼时效期间相关联,诉讼时效可以中止、中断和延长,进而间接会影响抵押权的行使期间,必然会随着主债权的诉讼时效变化而变化。不属于诉讼时效期间是因为抵押权本身属于物权的一种,债权适用诉讼时效,而物权不适用。

(三) 超过抵押行使期间的后果

实务中,对此因抵押权的行使期间是否为除斥期间的观点不同,导致对于该后果的承担也不同,基于抵押权行使期间为除斥期间的观点认为,超过抵押行使期间的因超过了除斥期间,那么必然导致抵押权消灭。基于抵押权行使期间为诉讼时效期间的观点认为,超过了该期间并不必然导致抵押权消灭,仅是胜诉权的消灭,虽然笔者认为抵押权属于可变期间,即非除斥期间也非适用诉讼时效,但对于超过抵押权行使期间的后果,笔者更倾向于抵押权并未消灭,仅是胜诉权的消灭。

不动产类措施中,不同的可执行范围和措施,详述如下。

九 房产抵押

房产抵押,是指抵押人以其合法的房产以不转移占有的方式向抵押权人提供债务履行担保的行为。债务人不履行债务或发生约定的实现抵押权的情形时,债权人有权依法以抵押的房产拍卖所得的价款优先受偿。

(一) 法拍房受到房产所在地限购政策的影响的问题

根据《司法拍卖房产竞买人资格规定》第 5 条规定:"司法拍卖房产出现流拍等无法正常处置情形,不具备购房资格的申请执行人等当事人请求以该房抵债的,人民法院不予支持。"使得法拍房将受到房产所在地限购政策的影响。限购区域内房产经过第二次拍卖后流拍,又进行变卖后未成交法院如何处置?能否以物抵债成为一个实务重点问题。

结合实务,不能以物抵债的法拍房处置方式,分为以下三种情形:

情形一:解除拍卖房产的查封,但解除查封并非执行终结或拍卖的房产具有不可执行性。

结合司法实务判例,《青海东湖旅业有限责任公司与青海银行股份有限公司其他执行申请复议执行裁定书》[(2014)执复字第19号]中:"本院认为,执行法院依据本院《关于人民法院民事执行中拍卖、变卖财产的规定》第二十八条第二款规定,将案涉标的物解封后退还给被执行人,并不意味着被执行人可以不再履行生效法律文书确定的义务,亦不意味着该标的物因此具有了不可执行性。该标的物作为债务人的责任财产,仍可用于清偿债务。只要申请执行人的债权未得全部受偿,人民法院可依法对被执行人的包括已解封、退还财产在内的可执行财产采取执行措施。本案中,案涉标的物在前次拍卖程序中未能变现,被执行人也未以其他财产清偿全部债务,只有对案涉标的物重新评估、拍卖才能实现债权人之债权,故东湖公司的此项答辩理由不能成立。"

可知,对于流拍后的不动产,且申请执行人不同意以物抵债的,应当解除查封、冻结,将该财产退还被执行人,但对该财产可以采取其他执行措施的除外。对于其他措施的理解在下文中第二种方式中详述。

情形二:继续查封,可以重新启动评估、拍卖程序。

结合司法实务判例,在(2019)最高法执复37号广西联壮科技股份有限公司、包宗检股权转让纠纷执行审查类执行裁定书中:"《最高人民法院关于人民法院民事执行中拍卖、变卖财产的规定》第二十八条第二款规定,人民法院处置财产,变卖不成且申请执行人、其他执行债权人仍不表示接受该财产抵债的,应当解除查封、冻结,将该财产退还被执行人,但对该财产可以采取其他执行措施的除外。该规定中的其他执行措施,包括执行法院可以根据市场的具体情况,在不存在过分拖延程序,损害被执行人合法权益的前提下,及时重新启动评估、拍卖程序。因此,贵州高院在案涉股权经两次网络司法拍卖均流拍、经变卖仍未成交,且申请执行人拒绝接受抵债的情形下,根据市场价格变化,重新启动评估、拍卖程序,以实现案涉股权的公平变价,并未违反相关司法解释的禁止性规定。广西联壮公司要求必须退还案涉股权而不得重新予以评估、拍卖的主张,欠缺法律和事实依据,本院不予支持。"

可知,申请人不同意以物抵债的,对于有其他执行措施的,即在不损害被执行人合法权益的前提下,可以重新启动评估、拍卖程序,对于再一次评估、拍卖的资产价格可根据市场变化情况进行确定。

情形三:采取其他执行措施,待满足以物抵债条件时进行处置。

根据《司法拍卖房产竞买人资格规定》第1条规定:"人民法院组织的司法拍卖房产活动,受房产所在地限购政策约束的竞买人申请参与竞拍的,人民法院不予准许。"可知,对于限购后的法拍房,需要及时关注限购的相关政策,而政策又与地域密切相关,以西安地区为例,房屋购买的政策经过多次变化,对于企事业单位和其他组织的申请执行人,根据《西安市人民政府办公厅关于进一步规范商品住房交易秩序有关问题的通知》第1条第4项"在住房限购范围内,暂停向企事业单位及其他机构销售住房(含商品住房和二手住房)"之规定,企业因不具备购房资格,而无法申请以物抵债,可参考上文中第一种或第二种方式处理。对于作为自然人的申请执行人,可根据限购政策,符合条件且愿意以物抵债的,可以选择以物抵债,对于不具备购房资格的自然人,参照上文中第一种或第二种处置方式处理。

(二)房屋拍卖成交的范围

房屋拍卖成交的范围实务中通常根据房屋查封的范围、评估报告确定的房屋权属范围以及房屋本身客观包含的范围,包括含有附加物、添加物(含装修)的现状进行确定。不包括房屋内的家具、家电等不属于房屋本身的可以移动和拆除(不影响房屋使用或价值减损)的动产。

实务中,房屋拍卖成交的范围具体以法院对外公布的拍卖公告为准。

拍卖公告应当包括拍卖财产、价格、保证金、竞买人条件、拍卖财产已知瑕疵、相关权利义务、法律责任、拍卖时间、网络平台和拍卖法院等信息,依据为《网络司法拍卖规定》第12条第2款。

以西安地区为例,各法院发布的拍卖公告包括但不限于以下内容:拍卖标的的位置、不动产证号、建筑面积、房屋用途、标的物现状(取得方式、是否已腾空、租赁情况、钥匙情况、经营情况、过户情况)、标的物估值、起拍价、保证金、增加幅度、咨询、展示看样方式、拍卖方式、税费承担的方式、不负责户籍迁入迁出事宜(特别声明)、产生的费用须自行核实声明(特别声明)、拍卖成交的交款等信息。特别是标的物现状部分的公告内容,对于未腾空的房产、房屋内的家具家电通常不属于拍卖成交房屋的范围。

(三)租赁合同的真实性的审查问题

涉及"买卖不破租赁"的重要性,房产拍卖前的公告中对于房屋租赁的现状进行披露是否存在租赁情况,对于租赁的状态的确认,实践中通常是法院在拟拍卖房产处书面张贴《腾房公告》。对于以租赁状态实际占有房屋的人会因无法或不愿意腾房,而向法院提交书面的《租赁合同》,而对于租赁合同的审查,执行法院由于不具有"审判性",实务中,通常采取形式审查的方式进行。

对于"先抵押后租赁"的情形或"先租赁后抵押"但抵押权人知悉的情形,并未损害申请执行人的权益,执行法院的形式审查并不能导致申请执行人的权利受到损害。

而对于作为债权人的类金融机构,在签订合同时债务人明确该房产未进行出租,但进行拍卖时提交《租赁合同》,且租赁期限早于抵押期限的情形,若执行法院进行形式审查,则会影响债权人作为申请执行人的权益。

申请执行人权利的救济途径,主要考虑向执行法院提交签订合同时,抵押人出具的《未出租的承诺》,以证明办理抵押时该抵押房产处于未出租状态,且抵押人出具了承诺,明确未出租,以直接证明抵押人提交的《租赁合同》存在不真实的情形,请求执行法院对该事实不予以确认。

另外,考虑的另一个因素为拍卖房产的租赁状态对实际成交的影响存在不确定性,特别是商业地产类,租赁状态的拍卖反而更有利于成交。

对于抵押人恶意提交倒签日期的租赁合同,债权人可以另行诉请确认该《租赁合同》无效或不成立,但实操中举证有一定的难度。因为债权人并非《租赁合同》相对方中的一方,通常上述情形中提交的《租赁合同》形式上是符合合同有效性条件的,虽然依据《民法典》第154条规定:"行为人与相对人恶意串通,损害他人合法权益的民事法律行为无效",债权人可以以损害合法权益为由提起诉讼,但由于拍卖时点的效率性要求和举证难度的客观存在,通常申请执行人以执行法院认定的是否租赁状态进行。

债权人无法提起撤销权之诉,因上述此种情形抵押人仅是对抵押房屋对外进行出租,并未对外转让,即使存在明显的低价出租,或者一次性收取10年或者更长房租,因不符合债权人撤销权提起条件,无法另行提起诉讼,要求法院对该《租赁合同》予以撤销。债权人撤销权提起条件,依据为《民法典》第539条:"债务人以明显不合理的低价转让财产、以明显不合理的高价受让他人财产或者为他人的债务提供担保,影响债权人的债权实现,债务人的相对人知道或者应当知道该情形的,债权人可以请求人民法院撤销债务人的行为。"

(四)拍卖标的物为房屋时的腾房问题

拍卖标的物是否腾空,属于法院拍卖公告的重要内容之一,也是对拍卖标的物能否成交和竞拍价格具有重要影响的因素之一。实务中,对于上拍前未腾空房产主要有以下三种腾空方式:

一是公告腾房,即法院出具书面的公告,张贴于拍卖房屋上,用于告知房屋的现有占有人积极配合法院腾房或者主张自己的合法权利,在要求腾房期间,未腾空也未主张权利的,法院可以强制腾房。以西安地区为例,常见的公告内容为:"……申请执行人已向本院申请对上述房屋予以评估、拍卖。现通知你方在本公告张贴之日起十日内将房屋内物品腾空搬离,如对本院拍卖房屋有异议的,在本公告张贴之日起十日内向本院书面提出,逾期未腾空房屋,也未向本院主张权利的,本院将强制开锁腾空,如发生损失,由你方自行承担。"

二是协商腾房,即由申请执行人与房屋的实际占有人进行协商,以双方达成一致的方式,由房屋的实际占有人自行腾空房屋内的物品。实务中协商的方式通常是申请执行人给予实际占有人一定的货币补偿等。

三是强制腾房,公告腾房后,房屋实际占有人未主张权利也未腾空房屋,或者申请执行人与房屋实际占有人无法达成腾房的一致意见且房屋实际占有人无权继续或者可以排除其占有该房屋的,法院可以强制腾空该房屋。实务中强制腾房时需要法院派出经办法官、现场法警,以及委托公证处对现场进行证据保全公证进行开锁后腾房。

另外,实务中对于部分地区的实务案例中,法院在公告中明确该拍卖标的物未腾空且法院不负责腾房,则由竞拍人拍得房屋后,以协商或诉讼的方式排除实际占有人继续占有该房屋。

(五)拍卖后税款的承担问题

实务中,各地对于税费的承担有一定的争议,且相关司法判例也不一,笔者结合西安地区实务中的操作,认同税费承担主体由买卖双方按照各自应承担,而不应由买受人承担的观点。依据《网络司法拍卖规定》第30条规定:"因网络司法拍卖本身形成的税费,应当依照相关法律、行政法规的规定,由相应主体承担;没有规定或者规定不明的,人民法院可以根据法律原则和案件实际情况确定税费承担的相关主体、数额。"

以西安地区为例,明确了税费按照法律、行政法规及当地政策由双方各自承担,具体为:"标的物转让登记手续由买受人自行办理,办理过程中所涉及的双方所需承担的一切税、费和所需补交的相关税、费依照现有法律、行政法规及当地政策由双方各自承担;若被执行人下落不明无法联系,应由被执行人承担的税、费由买受人先行垫付。买受人垫付的费用,应于拍卖成交之日起 30 日内凭发票向本院报支,超过期限主张的,责任自负。"

(六)拍卖成交后悔拍时,保证金的处理

对于拍卖成交后又悔拍的,竞拍人不得要求退还已经交纳的保证金,法院对于悔拍后的保证金的处理依次为费用损失、差价损失、冲抵债务,依据为《网络司法拍卖规定》第 24 条:"拍卖成交后买受人悔拍的,交纳的保证金不予退还,依次用于支付拍卖产生的费用损失、弥补重新拍卖价款低于原拍卖价款的差价、冲抵本案被执行人的债务以及与拍卖财产相关的被执行人的债务。"实务中,因竞拍人悔拍导致该房产未最终实际成交,申请执行人可以与执行法院沟通扣除相关费用后,将剩余款项作为执行款项领取。

另外,竞拍人悔拍后,可能产生三个后果:

一是悔拍后重新拍卖的,原竞买人不得参加竞买。

二是竞买人悔拍后则视为本次拍卖流拍,申请执行人可在相关规定的上一次拍卖价格基础上 20% 的降价幅度内,申请二次拍卖或者申请转入变卖程序。

三是对于恶意悔拍,严重影响和阻碍司法工作人员执行职务的,可以予以罚款、拘留。

(七)拍卖房产被刑事查封的问题

刑民交叉的案件在实务中较常见,在实务中抵押房产被刑事查封确实是申请执行人会遇到的情形之一,在侦查阶段,公安机关根据侦查犯罪的需要,可以对涉及案件房产进行查封,依据主要为《刑事诉讼法》第 141 条:

"在侦查活动中发现的可用以证明犯罪嫌疑人有罪或者无罪的各种财物、文件,应当查封、扣押;与案件无关的财物、文件,不得查封、扣押。"以及《公安机关办理刑事案件适用查封、冻结措施有关规定》第5条:"根据侦查犯罪的需要,公安机关可以依法查封涉案的土地、房屋等不动产,以及涉案的车辆、船舶、航空器和大型机器、设备等特定动产……"。

在民事案件处于执行阶段,而刑事案件尚未有生效的法院判决时,无论刑事案件查封属于首先查封或者轮候查封的,实务中常见的做法为"先刑后民",因为执行法院需要确定涉及刑事案件的拟拍卖房屋是否为该刑事案件的赃物或者购买房产的房款来源为犯罪所得等,故需要根据刑事案件的结果确定是否进一步对拍卖房产进行处置。

根据刑事案件的判决结果,对于拍卖房产采取不同的处理方式:

一是拍卖房产不涉及刑事案件的结果,与该刑事案件有关联,但并不属于刑事案件中可返还给被害人或者购买的款项为犯罪所得等原因,对于该种情形,公安机关应当对该查封房产予以解查封,由民事案件执行法院继续处置。

二是拍卖房产属于刑事案件的处置标的物,则该拍卖房产根据刑事案件的判决结果予以处置,民事案件的申请执行人无权对拍卖房产进行进一步的处理,从而影响申请执行人的权益。

(八)抵押预告登记享有优先受偿权的认定问题

实务中,预告登记的办理情形主要为债务人按揭购买开发商房屋,签订了买卖合同并进行了网签备案登记,因债务人购买的房产尚未取得房产证向银行贷款时,购买房产作为抵押物抵押给银行,而在不动产登记部门办理的抵押预告登记,以保障债务人未及时足额还款,银行作为贷款可以在满足条件下行使优先受偿权。预告登记的权利人通常为贷款银行。

根据《担保制度的解释》第52条规定:"当事人办理抵押预告登记后,

预告登记权利人请求就抵押财产优先受偿,经审查存在尚未办理建筑物所有权首次登记、预告登记的财产与办理建筑物所有权首次登记时的财产不一致、抵押预告登记已经失效等情形,导致不具备办理抵押登记条件的,人民法院不予支持;经审查已经办理建筑物所有权首次登记,且不存在预告登记失效等情形的,人民法院应予支持,并应当认定抵押权自预告登记之日起设立。"可知,对于预告登记权利人享有优先受偿权,须同时满足以下条件:

一是建筑物所有权已首次登记。

二是预告登记的财产与办理建筑物所有权首次登记时的财产一致。

三是抵押预告登记不存在已经失效等情形。

十 土地抵押

土地抵押指土地使用权抵押,是指土地使用权人以其合法取得的土地使用权以不转移占有的方式作为抵押财产向债权人(抵押权人)履行债务作出的担保行为,债务人不履行到期债务或发生当事人约定的实现抵押权的情形,债权人(抵押权人)有权就该土地使用权优先受偿。

土地拍卖相较于房产复杂一些,但土地和房产均属于不动产的一种,类金融机构作为申请执行人在执行阶段实现抵押权时,需要重点关注税费,已存在地上建筑物、腾退、闲置等问题。

(一) 土地拍卖的税费问题

土地拍卖与房产一样,在拍卖前需要由法院出具公告,公告内容包含税费承担的问题,需要特别注意,以土地拍卖参照土地交易过户进行税费计算为例,出卖人需要缴纳的税费包括土地增值税、营业税及附加、企业/个人所得税(如有),而出卖人和购买人都需要缴纳的税费包括印花税、契税。特别是土地增值税部门涉及税费部分占比较大,依据为《中华人民共和国土地增值税暂行条例》(2011年修订)第2条:"转让国有土地使用权、地上的建筑物及其附着物(以下简称转让房地产)并取得收入的单位和个人,为土地增值税的纳税义务人(以下简称纳税人),应当依照本条例缴纳土地增值税。"

实务中,在土地使用权人联系不到或不配合的情况下,竞买人需要在土地过户时缴纳本次交易中全部税费,然后区分哪一部分属于土地使用权人该缴纳的,该部分可以申请法院退回。而作为申请执行人一方,法院扣除相关税费(税费作为本次拍卖中产生的必要费用)后,取得剩余拍卖款项。

另外,对于历史存在的欠税情况,税收优先权与抵押权冲突时,是否优先保障税收,实务操作中各地不一致,存在争议。依据《税收征收管理法》第45条第1款规定:"税务机关征收税款,税收优先于无担保债权,法律另有规定的除外;纳税人欠缴的税款发生在纳税人以其财产设定抵押、质押或者纳税人的财产被留置之前的,税收应当先于抵押权、质权、留置权执行。"需要区分抵押权和欠税发生时间节点的先后,因《税收征收管理法》属于行政法律规定,不属于民事法律规定,调整的主体、范围均不能匹配,故实务中各地操作有差异。

(二)已存在的地上建筑物问题

土地拍卖中,若地上已经存在建筑物,特别是未批先建的地上建筑物(如因特殊时间段已经建盖的厂房),在拍卖启动时,可以考虑将土地与地上建筑物分开进行评估,根据"房随地走,地随房走"原则,可以一同进行拍卖。

一是地上建筑物无审批手续,后期须办理审批手续的情形。

此种情形下,从竞拍人的角度出发,若后期审批手续无法继续办理,竞得该土地后,因地上建筑物严格意义上属于违法建筑,可能涉及拆除、罚款的风险,同时还需要考虑拆除成本的问题。若后期审批手续可以继续办理,竞拍人需考虑办理相关手续的资金成本和时间成本,同时也有基于现状存在未批先建被罚款的风险,从申请执行人角度出发,地上建筑物手续上存在瑕疵,估值会低于市场成交价,但并不妨碍申请执行人实现权利。

二是地上建筑物无审批手续,抵押权人对地上建筑物享有优先受偿权。

从申请执行人角度出发,若抵押时办理的抵押范围为土地,虽然地上建筑物无相关审批手续,基于"房随地走,地随房走"原则及相关司法解释,可以主张对土地及地上建筑物均享有优先受偿权,依据为《担保制度的解释》第51条第1款:"当事人仅以建设用地使用权抵押,债权人主张抵押权的效力及于土地上已有的建筑物以及正在建造的建筑物已完成部分的,人民法院应予支持。债权人主张抵押权的效力及于正在建造的建筑物的续建部分以及新增建筑物的,人民法院不予支持。"

(三)腾退和补缴出让金等问题

与房产的腾房重要性一样,土地的腾退问题非常重要,涉及竞买人是否能够实际占有竞拍土地的问题,腾退的方式可以是公告腾退、协商腾退、强制腾退,同于房产部分,此处不再赘述。

土地拍卖若存在抵押人未缴足土地出让金,在土地进行拍卖完成后,可能涉及需要补交土地出让金,依据为《城市房地产管理法》第16条:"土地使用者必须按照出让合同约定,支付土地使用权出让金;未按照出让合同约定支付土地使用权出让金的,土地管理部门有权解除合同,并可以请求违约赔偿。"

(四)土地闲置可能被收回的问题

对于闲置的土地,未动工开发满1年的,需要按照土地出让或者划拨价款的20%征缴土地闲置费,未动工开发满两年的,可无偿收回国有建设用地使用权,同时抄送相关土地抵押权人。但因不可抗力或政府行为或动工开发必需的前期工作造成迟延的除外。

依据为《闲置土地处置办法》第14条:"除本办法第八条规定情形外,闲置土地按照下列方式处理:(一)未动工开发满一年的,由市、县国土资源主管部门报经本级人民政府批准后,向国有建设用地使用权人下达《征缴土地闲置费决定书》,按照土地出让或者划拨价款的百分之二十征缴土地闲置费。土地闲置费不得列入生产成本;(二)未动工开发满两年的,由市、县国土资源主管部门按照《中华人民共和国土地管理法》第三十七条和《中华人民共和国城市房地产管理法》第二十六条的规定,报经有批准权的人民政府批准后,向国有建设用地使用权人下达《收回国有建设用地使用权决定书》,无偿收回国有建设用地使用权。闲置土地设有抵押权的,同时抄送相关土地抵押权人。"

《城市房地产管理法》第26条规定:"以出让方式取得土地使用权进行房地产开发的,必须按照土地使用权出让合同约定的土地用途、动工开发期限开发土地。超过出让合同约定的动工开发日期满一年未动工开发的,可以征收相当于土地使用权出让金百分之二十以下的土地闲置费;满二年未动工开发的,可以无偿收回土地使用权;但是,因不可抗力或者政府、政府有关部门的行为或者动工开发必需的前期工作造成动工开发迟延的除外。"

(五)涉及土地交易的其他处理方式

土地拍卖是以处置资产的方式实现债权的一种。涉及土地交易还可以考虑以下三种方式:

一是资产转让。通过以土地作为标的物转让给第三人的方式进行交易,将转让所得款项用于归还债务,该种交易的模式为资产买卖方式交易转让,涉及交易环节的相关税费较高,但优点是买方受让的标的物为资产,不涉及持有该资产公司的其他债权债务,资产权利及实物进行交割后,即实际享有使用权。

二是股权转让。因资产转让的方式涉及税费的问题,通常土地之间的转让以股权转让的方式进行,即买卖双方通过转让持有土地使用权的公司的股权进行土地交易,优点是税费相较于资产转让低。缺点是股权受让后,对于公司相关联的股东应当承担的义务一并进行了受让,无法做到与原公司主体债务风险隔离。

三是破产重组。通过在破产重组程序中,拟进行土地受让的主体以重整投资人的身份对破产企业进行重整,按照重整相关需要提交重整计划并最终经债权人大会通过且实施后,以对破产企业进行实际控制的方式最终实际持有土地使用权的方式进行土地交易。优点是既可以实际取得土地使用权,又能对债务企业的其他债务进行化解和风险隔离。缺点是该种通过重整取得土地的方式需要满足债务企业其他债权人的需求且通过债权人大会,不确定因素较多。

十一 在建工程抵押

在建工程抵押,即融资主体将正在建造的建筑物及其合法取得的土地使用权,以不移转占有的方式向抵押权人担保,若债务到期未及时足额清偿时,以该在建工程评估拍卖、变卖后优先受偿。

(一) 证件变更的问题

对于在建工程的拍卖成交后,特别是以查封土地的方式进行地上建筑物的拍卖时,因涉及的除土地证外,还包括其他各部门办理的证件。实务中常见的为土地证的变更由法院负责出具裁定进行变更,对于其他证件包括但不限于规划许可证、施工许可证等需要竞拍人自行前往各部门了解并进行变更,法院不负责出具变更裁定。

依据为《网络司法拍卖规定》第6条:"实施网络司法拍卖的,人民法院应当履行下列职责:……(六)制作拍卖成交裁定;(七)办理财产交付和出具财产权证照转移协助执行通知书……"。

(二)在建工程已被预售的问题

对于在建工程拍卖时已经包含了购房人已经购买的部分的情形,通常的处理方式为对在建工程进行司法拍卖后所得的价款,按照法律法规规定的优先性顺序进行清偿。

从申请执行人的角度出发,拍卖所得款项消费者具有优先受偿权。依据为《最高人民法院关于商品房消费者权利保护问题的批复》第2条第1款:"二、商品房消费者以居住为目的购买房屋并已支付全部价款,主张其房屋交付请求权优先于建设工程价款优先受偿权、抵押权以及其他债权的,人民法院应当予以支持。"

另外,除消费者具有优先受偿权外,排在在建工程抵押权前面的为工程价款的优先权,而工程款的优先权则优先于办理抵押前所欠的税款,办理抵押前所欠的税款则优先于在建工程抵押权人,在建工程抵押权人优先于在建工程抵押办理之后的税款,在建工程所欠税款则优先于其他普通债权人。

从竞买人的角度出发,若在建工程包含了购房人已经购买的部分,由于竞买人取得在建工程后将继续开发,那么对已购房部分具有继续开发的义务。实务操作中也有公告明确不包含购房人已经购买部分,竞买人则无该部分在建工程的义务承接问题。

(三)在建工程的拍卖范围

在建工程为拍卖时已经建成的在建工程部分,对于新增部分不属于在建工程的抵押范围,实现权利时应当剔除查封后新增部分的在建工程,以及公告中明确已经预售的商品房不属于在建工程拍卖范围内的房产。同样对于在建工程的续建部分、新增建筑物以及规划中尚未建造的建筑物均应予以排除。依据为《担保制度的解释》第51条第2款："当事人以正在建造的建筑物抵押，抵押权的效力范围限于已办理抵押登记的部分。当事人按照担保合同的约定，主张抵押权的效力及于续建部分、新增建筑物以及规划中尚未建造的建筑物的，人民法院不予支持。"

(四)在建工程的查封

实务中，对于在建工程的查封，可以通过两种方式进行：

一是通过对在建工程所占用范围内的土地进行查封，因适用"房随地走，地随房走"的原则，继而间接对在建工程部分进行了查封，依据为《担保制度的解释》第51条第1款："当事人仅以建设用地使用权抵押，债权人主张抵押权的效力及于土地上已有的建筑物以及正在建造的建筑物已完成部分的，人民法院应予支持……"。

二是对土地和地上建筑物分别进行查封，对于地上在建工程的查封，未完工的在建工程以及已完工但尚未进行权属登记的，适用《查封、扣押、冻结财产规定》第8条："查封尚未进行权属登记的建筑物时，人民法院应当通知其管理人或者该建筑物的实际占有人，并在显著位置张贴公告。"对于已经完工且已经进行权属登记的，如果地上在建工程属于被执行范围，可以通过办理权属登记的相关部门办理查封。

(五)在建工程的清场和交接

在建工程的清场较为复杂，如果在建工程已经完工的，主体涉及作为被执行人的发包人、涉及工程价款优先的承包人实际施工人、已付完全款的消费购房者、未付完全款的消费购房者，内容涉及包括但不限于承包人的工程价款优先权、消费购房者的权利主张、已建成部分是否按照规划进行了施工、后续的相关消防、验收等手续办理是否合规。

对于在建工程未完工的,除需考虑上述完工部分外,还需要考虑续建部分、新增建筑物以及规划中尚未建造的建筑物的后续处理,已经完工部分与未完工部分工程量的核算与衔接,若变更后续施工人,已建设工程和后续建设工程资料、内容、场地等的衔接。

对于在建工程的清场和交接可以在执行法院的主导下进行,但作为申请执行人或竞拍人均应格外注意执行法院拍卖公告中的内容,实务中各地区操作不一致,从实操层面出发,应当以公告内容为准。

十二 房产网签

适用条件是融资方为开发商或者能够协调开发商愿意将未出售的房产以网签的方式向主合同提供担保的行为,是一种让与担保。

房产的让与担保在实务中是一种重要的融资担保措施,是一种非典型性担保。

(一) 可以请求确认债权人对提供让与担保的房产享有优先受偿权

让与担保的交易模式为将特定财产转移至债权人名下,且完成了财产权利变动的公示,包括但不限于动产的转让交易完成,不动产的所有权转移登记,以及本部分的网签备案登记(实务中有一定争议,详述见本部分后文),双方约定债务人未及时足额清偿债务,债权人可以对该让与担保的财产进行优先受偿的约定。依据为《担保制度的解释》第68条第1款:"债务人或者第三人与债权人约定将财产形式上转移至债权人名下,债务人不履行到期债务,债权人有权对财产折价或者以拍卖、变卖该财产所得价款偿还债务的,人民法院应当认定该约定有效。当事人已经完成财产权利变动的公示,债务人不履行到期债务,债权人请求参照民法典关于担保物权的有关规定就该财产优先受偿的,人民法院应予支持。"

对于房产网签是否属于"当事人已经完成财产权利变动的公示",各地实务中有一定的争议,笔者认为,网签公示排除了其他权利人将该房产再次进行登记的可能性,同时结合西安地区实务,当事人可以通过房地局相关网络备案系统根据债权人身份信息和房产信息查询确定,该网签房产备案至债权人名下,且享有唯一的网签备案号,故应当视为完成了财产权利变动的公示,符合房产让与担保的相关司法解释规定。

实务中,网签房产的让与担保处置有其特殊性,常见的有以下两种:

一是进行司法确认,即债权人向人民法院主张权利,在诉讼请求中明确,要求确认对已经进行让与担保的相关房产享有优先受偿权。相关实务案例中的判项如:"确认原告××公司对实际产权人为被告××公司的××房产拆迁所得款项在被告上述债务范围内享有优先受偿权。"常见于司法文书。

二是债权人与房产网签方在不损害其他债权人利益的前提下,可以在网签房产的价格、折价、拍卖、变卖的方式上进行约定。此处对于网签房产的处置不单一寻求通过司法途径,债权人与债务人可以通过协议的方式,将网签房产以双方约定的方式,包括但不限于折价、拍卖、变卖的方式或其他可以转让给第三方的方式进行处置。

另外,对于当事人双方协商一致将网签房产转让给第三人时,实务操作中双方通常以解除房屋买卖合同的方式解除房产的让与担保,通过房屋所有人与第三人签订新的买卖合同的方式实现债权。需要注意的风险点为:

一是双方解除买卖合同需要公示,其他债权人在此期间可以查封该房产;

二是房产网签解除后重新与第三人签订买卖合同,房产所有权人的配合程度;

三是房产网签给第三人时,第三人将房产处置款项直接支付给债权人的资金控制问题(可以通过三方协议和账户监管的方式处理)。

(二)可以协商将让与担保的房产以物抵债给申请执行人

网签房产在发生债务人不能履行到期债务时,已经实际网签备案给了债权人,或者以其他方式已经完成财产权利变动的公示,在此处置时期,网签房产处于债权人名下。

债权人与债务人双方可以协商将该让与担保的房产以物抵债给债权人,需要在债务履行期限届满后,双方真实意思表示同意以该网签房产进行以物抵债。实务中常见的双方另行达成《以物抵债协议》,对抵债的房产套数、面积、价格、债权金额的确认,抵债时间节点等进行明确约定。

对于债务履行期限届满前,双方达成的债务人不履行到期债务,网签房产即归债权人所有,因发生"流质"情形而无效。依据为《担保制度的解释》第68条第2款:"债务人或者第三人与债权人约定将财产形式上转移至债权人名下,债务人不履行到期债务,财产归债权人所有的,人民法院应当认定该约定无效,但是不影响当事人有关提供担保的意思表示的效力。当事人已经完成财产权利变动的公示,债务人不履行到期债务,债权人请求对该财产享有所有权的,人民法院不予支持。"

(三)实现让与担保优先权与其他担保债权发生冲突时的处理

房产网签的方式通常提供网签房产的主体为开发商,实务中经常涉及让与担保的优先权与其他担保债权发生冲突。

一是建设工程的价款优先权与让与担保的优先权发生冲突。

建设工程的价款优先权优先。依据为《最高人民法院关于审理建设工程施工合同纠纷案件适用法律问题的解释(一)》第36条:"承包人根据民法典第八百零七条规定享有的建设工程价款优先受偿权优于抵押权和其他债权。"

二是消费性购房优先性与建设工程的价款优先权、让与担保的优先权发生冲突。

消费性购房优先于建设工程的价款优先权及让与担保的优先权。依据为《最高人民法院关于商品房消费者权利保护问题的批复》第2条:"商品房消费者以居住为目的购买房屋并已支付全部价款,主张其房屋交付请求权优先于建设工程价款优先受偿权、抵押权以及其他债权的,人民法院应当予以支持。"

三是在建工程抵押权与让与担保的优先权发生冲突。

需要根据各自办理的先后顺序,已登记的,按登记顺序,已登记的优先未登记的,均未登记的,按照比例清偿。依据为《民法典》第414条:"同一财产向两个以上债权人抵押的,拍卖、变卖抵押财产所得的价款依照下列规定清偿:(一)抵押权已经登记的,按照登记的时间先后确定清偿顺序;(二)抵押权已经登记的先于未登记的受偿;(三)抵押权未登记的,按照债权比例清偿。其他可以登记的担保物权,清偿顺序参照适用前款规定。"

(四)房产网签的其他相关问题

一是房产网签属于从合同,主合同无效从合同当然无效。以类金融机构业务类型为例,网签让与担保作为一种担保措施,其具有从合同的从属性,并非独立于主合同而存在,其合同效力根据主合同效力的无效而无效。并非网签让与担保签订的合同为《商品房买卖合同》而独立于主合同,当发生主合同无效时,房屋所有权人可以向法院主张网签让与担保的合同无效。

二是房产网签的处置路径不同,税务处理不同。

一种是以拍卖、变卖、折价的方式处置,申请执行人享有优先受偿权,作为申请执行人无相关具体税费,作为竞买人按照不动产拍卖中应缴纳的税费进行缴纳。

另一种是以以物抵债的方式进行处置,申请执行人与网签房产所有人分别按照买卖法律关系,即申请执行人为卖方,网签房产的所有人为买方,分别缴纳相关税费。

三是房产网签的优先权及于孳息,即房租。在实现债权时,对于网签让与担保项下的孳息,申请执行人可以主张收取该网签房产的孳息,但需要通知孳息义务人,实务中,通常以《协助执行通知》的方式收取孳息,或者按照到期债权的方式处理孳息部分。依据为《民法典》第412条:"债务人不履行到期债务或者发生当事人约定的实现抵押权的情形,致使抵押财产被人民法院依法扣押的,自扣押之日起,抵押权人有权收取该抵押财产的天然孳息或者法定孳息,但是抵押权人未通知应当清偿法定孳息义务人的除外。前款规定的孳息应当先充抵收取孳息的费用。"

第四节

权益类担保措施

权益类：主要指以股权、应收账款、知识产权等作为担保基础的一类担保措施，该部分措施主要包括股权质押、应收账款质押、知识产权权利质押、动产抵押、二手房买卖、保证金保证。

权益类的共同的可执行范围和措施，详述如下。

一 协助执行通知和到期债权履行通知的不同适用

在执行阶段，对于向第三人可以通过法院执行的款项，主要为收入和到期债权，针对这两种不同的可执行款项，在实务中采取的执行措施有所差别。

对于协助执行通知的适用，主要适用于执行被执行人的收入。其中收入的范围限于作为自然人的被执行人在单位的工资、奖金、劳务报酬、稿费、咨询费、利息、股利（股息或红利）、房屋租金等，对于收入的执行由执行法院作出裁定，并发出协助执行通知书，可以对收入采取扣留、提取。

依据为《民事诉讼法》第254条："被执行人未按执行通知

履行法律文书确定的义务,人民法院有权扣留、提取被执行人应当履行义务部分的收入。但应当保留被执行人及其所扶养家属的生活必需费用。人民法院扣留、提取收入时,应当作出裁定,并发出协助执行通知书,被执行人所在单位、银行、信用合作社和其他有储蓄业务的单位必须办理。"

对于到期债权履行通知的适用,为被执行人对案外第三人享有到期债权,可以由执行法院发出到期债务履行通知书,通知书内容一般会列明案外第三人对履行到期债权有异议的,应当在收到履行通知后的15日内向执行法院提出,案外第三人在异议期15日内未提出异议而又不履行的,执行法院有权裁定对其强制执行,案外第三人在异议期提出异议的,执行法院对该异议不进行审查,不得对于案外第三人进行强制执行。此时作为申请执行人的权利救济可以通过执行异议之诉对被执行人与案外人第三人之间的债权债务主张相关权利,也可以通过债权人代位权诉讼的方式另行提起诉讼,向被执行人的债务人主张相关权利。

依据为《执行工作若干规定》第45条:"被执行人不能清偿债务,但对本案以外的第三人享有到期债权的,人民法院可以依申请执行人或被执行人的申请,向第三人发出履行到期债务的通知(以下简称履行通知)。履行通知必须直接送达第三人。"第47条:"第三人在履行通知指定的期间内提出异议的,人民法院不得对第三人强制执行,对提出的异议不进行审查。"以及第49条:"第三人在履行通知指定的期限内没有提出异议,而又不履行的,执行法院有权裁定对其强制执行。此裁定同时送达第三人和被执行人。"

二 权益类担保措施的估值确定性及处置的局限性问题

权益类担保措施在执行阶段,对措施针对的标的物存在的普遍性问题为标的物价格的核定与不动产相比具有极大的不确定性,如股权的价格核定与被执行企业的经营状况有密切的联系,应收账款的执行回收与被执行人的债务人的经营状况、配合程度有密切关系,知识产权的价格核定一方面与享有该知识产权的企业的经营状况、行业性质相关,另一方面与同类型知识产权的整体市场认可度有密切关系。

关于处置的局限性问题,权益类担保措施处置时,对于受让方具有一定的局限性,股权的处置在受让股权的同时,对于股权受让之前的债权债务概括性承受,应收账款的信息获取方式局限于申请执行人能够自身搜集和通过执行法院获取债务人对第三人享有到期债权,知识产权的处置局限于知识产权具有特定的行业属性,实务中进行再次处置适用于同类型企业,而处置的对象范围不具有普遍性。

权益类措施中,不同的可执行范围和措施,详述如下。

三 股权质押

股权质押指出质人以股权作为质押标的物,质押给质权人,若债务人到期未及时足额清偿债务,债权人可以将股权进行折价、拍卖、变卖而实现债权,其属于权利质押的一种。

(一)股权冻结的协助机构

针对不同的企业,办理股权质押时通过不同的登记机构进行办理,同理,在执行阶段,针对不同的企业类型,在执行过程中需要向不同的机构执行冻结。

对于有限责任公司,需要向市场监督管理局发送股权冻结的协助执行,对于非上市的股份有限公司,除向市场监督管理局发送协助执行通知外,还应当向股份有限公司发送股权冻结的协助执行。另外对于非上市的股份有限公司股权在第三方进行托管的情形,还应当向股权托管机构发送协助执行通知。而对上市公司的股权冻结,应当向股权所交易的证券交易机构发送冻结协助通知。

(二)股权冻结期间不得支付股息或分红

股权冻结期间,股权不得进行处置,不得进行股权变更登记,股权处于被冻结状态,同时对于在冻结期间股权应当享有的股息或分红,执行法院可以通知执行企业和冻结协助机构不得办理股权变更登记,不得支付股息或分红,不得自行转让,依据为《执行工作若干规定》第 38 条:"对被执行人在有限责任公司、其他法人企业中的投资权益或股权,人民法院可以采取冻结措施。冻结投资权益或股权的,应当通知有关企业不得办理被冻结投资权益或股权的转移手续,不得向被执行人支付股息或红利。被冻结的投资权益或股权,被执行人不得自行转让。"

(三)执行股权时对其他股东的权利保护

执行股权时,根据企业类型情况,若为被执行人开办的独资公司,执行法院可以直接裁定予以转让给其他任何第三人,以转让所得的款项清偿债务,也可以通过拍卖、变卖或以其他方式转让,所得价款用于清偿债务,也可以监督被执行人自行转让股权用于清偿债务。

若被执行人为有限责任公司,因为有限责任公司的人合性及资合性,其他股权对拟转让股权具有优先购买权,执行法院需要征得全体股东过半数同意后,方可予以拍卖、变卖或以其他方式转让。不同意转让的股东,应当购买该转让的投资权益或股权,不购买的,视为同意转让,不影响执行。在排除以上其他股东的优先购买权后,同样执行法院可以通过拍卖、变卖或监督被执行人自行转让股权用于清偿债务。

若被执行人为股份有限公司,因股份有限公司的资合性质,可以参照有限责任公司排除股东优先购买权之后的处置方式进行。

依据为《执行工作若干规定》第39条:"被执行人在其独资开办的法人企业中拥有的投资权益被冻结后,人民法院可以直接裁定予以转让,以转让所得清偿其对申请执行人的债务。对被执行人在有限责任公司中被冻结的投资权益或股权,人民法院可以依据《中华人民共和国公司法》第七十一条、第七十二条、第七十三条的规定,征得全体股东过半数同意后,予以拍卖、变卖或以其他方式转让。不同意转让的股东,应当购买该转让的投资权益或股权,不购买的,视为同意转让,不影响执行。人民法院也可允许并监督被执行人自行转让其投资权益或股权,将转让所得收益用于清偿对申请执行人的债务。"

(四)股权执行中可以另行诉讼董事、高级管理人员的情形

股权执行过程中,可以对公司股权进行冻结,冻结后股权持有者不得对该股权进行转让等处置行为,实务中一旦股权冻结,股权即处于锁定状态,但公司股权不同于公司经营,属于不同的持有主体,冻结股权并不妨碍公司的经营,此时公司董事、高级管理人员在以公司名义进行增资、减资、合并、分立、转让重大资产、对外提供担保等行为时,导致冻结股权价值严重贬损的,申请执行人可以以该董事、高级管理人员作为被告另行起诉。依据为《强制执行股权若干规定》第8条第3款:"股权所在公司或者公司董事、高级管理人员故意通过增资、减资、合并、分立、转让重大资产、对外提供担保等行为导致被冻结股权价值严重贬损,影响申请执行人债权实现的,申请执行人可以依法提起诉讼。"

(五)对股权拍卖时价格的确定问题

进行网络拍卖时,对于股权可以采取议价、询价、评估的方式进行,并最

终确定参考价格,由于股权价格的确定以企业经营为基础,需要参考公司相关资产、负债等,对于确定参考价所需要的材料,一方面可以由执行法院向公司登记机关、税务机关进行调取,另一方面可以责令被执行人、股权所在公司以及控制相关材料的其他主体提供。实务中,通常调取公司自成立至确定价格前的所有工商详细档案以及缴纳税款情况,同时对于企业负债通过财务报表进行核查后最终确定参考价格。

另外,为确定股权处置参考价,经当事人书面申请,人民法院可以委托审计机构对股权所在公司进行审计,但股权处置参考价的确定并非公司净资产,还会考虑公司经营的其他层面。

依据为《强制执行股权若干规定》第11条:"拍卖被执行人的股权,人民法院应当依照《最高人民法院关于人民法院确定财产处置参考价若干问题的规定》规定的程序确定股权处置参考价,并参照参考价确定起拍价。确定参考价需要相关材料的,人民法院可以向公司登记机关、税务机关等部门调取,也可以责令被执行人、股权所在公司以及控制相关材料的其他主体提供;拒不提供的,可以强制提取,并可以依照民事诉讼法第一百一十一条、第一百一十四条的规定处理。为确定股权处置参考价,经当事人书面申请,人民法院可以委托审计机构对股权所在公司进行审计。"

从竞拍人的角度出发,拍卖取得公司股权时,股东之享有的权利义务均概括承受。

四 股权让与担保

以公司股权转让给债权人,并完成财产权利变更公示,由债权人持有公司股权的方式向主债权提供担保,若发生主债权到期未能清偿的情况时,由债权人对该转让之股权折价或者以拍卖、变卖该股权所得价款优先受偿。

(一)让与担保中的债权人不承担股东连带义务

让与担保中的债权人仅是名义股东,实质股东依旧是原来股权的持有者,债权人持有股权是为债务履行提供担保,属于非典型性担保的一种,故名义股东非实质股东,不享受股权权利,不承担股东义务,在发生实质股东未履行或未全面履行,或者股东抽逃出资等股东出资存在瑕疵和抽逃的情形下,名义股东不承担股东连带义务。

依据为《担保制度的解释》第69条:"股东以将其股权转移至债权人名下的方式为债务履行提供担保,公司或者公司的债权人以股东未履行或者未全面履行出资义务、抽逃出资等为由,请求作为名义股东的债权人与股东承担连带责任的,人民法院不予支持。"

(二)让与担保的认定

一是债权人与债务人以协议的方式明确该转让股权,由债权人持有债务人企业股权的行为属于让与担保,双方对让与担保行为的设立、实现债权时债权人对股权经拍卖、变卖后享有优先受偿权、让与担保措施的解除等进行明确的约定,能够根据协议明确双方对于以股权作为让与担保达成了一致。

二是虽然没有明确"让与担保"的文字表述,但双方在签订的相关协议中,满足了让与担保的构成要件,即包括:债权人与债务人形成了基础的债权债务关系,为主合同关系;公司股东将持有的股权转让给债权人是为了向主债权提供担保;当主债权无法实现时债权人可以就让与担保项的股权进行拍卖、变卖并优先受偿;债权人持有公司股权时仅是名义持有人,不实际对公司进行管理,不作为实质股东进行分红,实质上不享有公司股东权利,承担股东义务。

(三)让与担保与明股实债、股权代持的区别

明股实债,从字面上理解为"表面上为股权投资,实质上是债权投资",实务中明股实债,主要是指投资人以股权的形式投资入股融资企业,与融资企业约定固定回报,并约定远期回购投资的股权,从而实质上获得固定收益的交易模式。

让与担保与明股实债的区别:

一是让与担保是一种非典型性担保措施,债权人可以对让与担保的股权进行拍卖、变卖后优先受偿,明股实债的债权人持有股权是一种控制措施,在双方的交易关系上主债权债务关系和股权关系互相嵌套,名义上是股权关系,实质上是债权关系。

二是从交易框架上,让与担保的交易模式中必要存在一个主合同关系,让与担保为主债权的实现提供担保,而明股实债的交易模式中没有独立的主体合同,仅存在一种,如股权转让合同并在相关协议中约定股东回报,以在该协议中确定双方形式为股权,实质为债权的法律关系。

三是实务中,让与担保属于法律概念,有明确的司法解释予以确定(自《担保制度的解释》发布之后),而明股实债多为资本市场交易中的一种商业性术语,不属于法律概念。

股权代持指实际投资人将股权登记在他人名下并由他人代持,代持人成为名义股东,而实际投资人则享有全部投资权益。依据为《最高人民法院关于适用〈中华人民共和国公司法〉若干问题的规定(三)》(2020年修正)第24条第1款:"有限责任公司的实际出资人与名义出资人订立合同,约定由实际出资人出资并享有投资权益,以名义出资人为名义股东,实际出资人与名义股东对该合同效力发生争议的,如无法律规定的无效情形,人民法院应当认定该合同有效。"

让与担保与股权代持的区别:

一是让与担保的交易模式中债权人与公司股东形式上为名义股东和实质股东的关系,但实质的关系是债权担保的关系,而股权代持时代持人与被代持人是代为持有的关系,名义持股人的股东权利和公司决议等受被代持股东指示。

二是股权让与担保的名义股东,持有股权是为了保障主债权的实现,是一种对公司股权的控制,而股权代持的名义股东是受基于实质股东的权利来源,对公司股权仅是名义上的持有。

(四)提供让与担保的形式

由于股权交易模式的多样化和市场化需求,提供让与担保的形式主要为以下几种:

一是股权转让,这是比较常见的交易形式,主要适用于公司已经成立,公司股东以其设立让与担保时所持有的股权为主债权提供担保,而以债权转让的形式将股权转让给债权人,并约定到期实现债权时可以对该股权拍卖、变卖后价款优先受偿。

二是增资扩股,主要适用于公司已经成立且注册资本已经确定,公司股东以拟增资扩股的股权为主债权提供担保,以债权人增资扩股的形式持有公司股权,并约定债权人是为公司实质拟增资股东持有,由拟增资股东进行实缴义务,待债权人实现债权时对所增资扩股时持有的股权拍卖、变卖后优先受偿。

三是认购初始股权资本,主要适用于公司尚未成立,由债权人直接认购初始股权资本并由其他拟认购股权股东进行实缴,待债权人实现债权时对所增资扩股时持有的股权拍卖、变卖后优先受偿。

另外,对于增资扩股和认购初始股权资本之债权人,实务中通常在双方对于债权的实现中,可以约定以持有股权进行拍卖、变卖后优先受偿,还有的约定由其他股东进行回购,并明确股权回购时固定的收益等,此处让与担保和明股实债在实务操作中经常性重复或交叉使用。

五 应收账款质押

应收账款质押指为担保债务的履行,债务人或者第三人将其合法拥有的应收账款出质给债权人,债务人不履行到期债务或者发生当事人约定的实现质权的情形,质权人有权就该应收账款及其收益优先受偿。

(一)可以对应收账款进行裁定不得清偿或冻结、划扣的情形

对于应收账款的执行,在保全阶段,作为申请人可以申请法院对债务人对第三人已到期的应收账款进行保全,措施为裁定不得对债务人清偿,保全阶段的对作为应收账款的到期债权,无法进行直接的冻结、划扣,只是停止向债务人清偿,进而保障债权人实现权利。依据为《民事诉讼法解释》第159条:"债务人的财产不能满足保全请求,但对他人有到期债权的,人民法院可以依债权人的申请裁定该他人不得对本案债务人清偿。该他人要求偿付的,由人民法院提存财物或者价款。"

在执行阶段,执行法院可以向第三人发送协助执行通知书,对债务人对第三人的应收账款进行冻结,并在满足执行条件后(包括但不限于第三人确认存在应收账款、第三人要求偿付)进行划扣。

另外,对于应收账款的冻结,并不需要对债权债务关系进行实体审查。

(二)特定账户中已质押的应收账款的权利实现

对于特定账户的应收账款,债权人可以要求享有优先受偿的必要条件为:一是以基础设施和公用事业项目收益权、提供服务或者劳务产生的债权或其他将有的应收账款进行了出质;二是设立了特定账户用于收取应收账

款；三是出现了法定或约定的实现债权的事由。

依据为《担保制度的解释》第61条第4款："以基础设施和公用事业项目收益权、提供服务或者劳务产生的债权以及其他将有的应收账款出质,当事人为应收账款设立特定账户,发生法定或者约定的质权实现事由时,质权人请求就该特定账户内的款项优先受偿的,人民法院应予支持。"

另外,对于特定账户内的款项不足以清偿债务或者未设立特定账户的,申请执行人(质权人)可以请求折价或者拍卖、变卖项目收益权等将有的应收账款,并优先受偿。依据为《担保制度的解释》第61条第4款："特定账户内的款项不足以清偿债务或者未设立特定账户,质权人请求折价或者拍卖、变卖项目收益权等将有的应收账款,并以所得的价款优先受偿的,人民法院依法予以支持。"

(三) 首先冻结、划扣法院并非质押权人作为申请执行人时的权利救济

实务案例中,存在一种情形,即类金融机构作为申请执行人(质押权人)向法院申请执行过程中,质押给类金融机构的应收账款已被其他执行法院进行了冻结、划扣。类金融机构的权利救济通常采用以下方式：

一是向首先冻结、划扣法院申报优先债权。

申请执行人可以自行向首先冻结、划扣法院主张优先受偿的分配申请,特别是在生效判决中明确有申请执行人对应收账款具有优先受偿权的判项,按照应收账款质押优先的法律规定,直接向首先冻结、划扣法院申请分配。申请执行人也可以通过自身执行案件的执行法院向首先冻结、查封法院以函件的形式,要求首先冻结、划扣法院在取得应收账款款项后优先分配给自身案件执行法院。

二是向首先冻结、划扣法院提起执行异议。

对于首先冻结、划扣法院在对应收账款进行划扣后,拒绝按照申请执行人申报债权或自身案件执行法院公函分配案件款项的情况下,申请执行人

可以以案外人身份,对首先冻结、划扣法院提起执行行为异议,对于划扣的执行行为异议,首先冻结、划扣法院按照法律规定应当在15日内进行审查,异议成立的,首先冻结、划扣法院应当裁定撤销或者改正。依据为《最高人民法院关于人民法院办理执行异议和复议案件若干问题的规定》(2020年修正)第8条:"案外人基于实体权利既对执行标的提出排除执行异议又作为利害关系人提出执行行为异议的,人民法院应当依照民事诉讼法第二百二十七条规定进行审查。"以及《民事诉讼法》第236条:"当事人、利害关系人认为执行行为违反法律规定的,可以向负责执行的人民法院提出书面异议。当事人、利害关系人提出书面异议的,人民法院应当自收到书面异议之日起十五日内审查,理由成立的,裁定撤销或者改正;理由不成立的,裁定驳回……"。

(四)质权人应当对应收账款的真实性负有举证责任

对于第三人未确认债务人的应收账款的情形,类金融机构作为债权人(质权人)可以直接以第三人作为被告,并可以在诉讼请求中请求对该应收账款优先受偿,并对该应收账款的真实性进行举证,否则承担举证不能的法律后果。进行了应收账款的质押登记无法确认应收账款的真实存在。

依据为《担保制度的解释》第61条第2款:"以现有的应收账款出质,应收账款债务人未确认应收账款的真实性,质权人以应收账款债务人为被告,请求就应收账款优先受偿,能够举证证明办理出质登记时应收账款真实存在的,人民法院应予支持;质权人不能举证证明办理出质登记时应收账款真实存在,仅以已经办理出质登记为由,请求就应收账款优先受偿的,人民法院不予支持。"

(五)关于应收账款的其他事项

一是对应收账款可以直接清偿债务,而不需要采取折价或拍卖、变卖的方式的情形。

在执行过程中,对于应收账款的执行完成后,因应收账款执行到位的标的财产类型为货币,质权人可请求法院判令其直接向出质人的债务人收取金钱并对该金钱行使优先受偿权,而无须采取折价或拍卖、变卖之方式。

二是第三人对应收账款的债务人享有抵销权时能否向质权人主张。

质权人向应收账款的债务人(第三人)送达通知,告知对该应收账款设立质权时,存在该第三人对申请执行的债务人主张抵销与债务人之间的债务的情形。若质权人向第三人送达质权设立通知时,第三人的抵销权已经符合了抵销权的相关法律规定,且向质权人及债务人主张抵销,则第三人可以对欠付债务人的应收账款进行抵销,若未符合,则不能进行抵销。

在执行阶段,若存在设立质权时始终未通知应收账款的债务人,则在申请执行人主张向第三人实现质权时,自通知送达第三人时,第三人可以向质权人及债务人主张抵销。

六 知识产权类质押

出质人可以以注册商标专用权、专利权、著作权等知识产权中的财产权出质,为类金融机构与融资主体的主债权作质押担保,若主债权项下债权到期无法及时足额偿还,质权人有权依法以拍卖、变卖质押的知识产权中的财产权所得的价款优先受偿。

(一) 实现债权时,对知识产权的执行措施

在执行阶段,执行法院对于知识产权财产权部分的执行,一方面可以限制知识产权进行转移。具体步骤包括:一是向被执行人发送执行裁定,禁止被执行人转让知识产权;二是对于有登记部门的,应当同时向有关部门发送

协助执行通知,以限制在执行时知识产权的自由流转。

另一方面,对于被执行的知识产权财产部分,可以通过拍卖、变卖的执行措施进行处置。

依据为《执行工作若干规定》第35条:"被执行人不履行生效法律文书确定的义务,人民法院有权裁定禁止被执行人转让其专利权、注册商标专用权、著作权(财产权部分)等知识产权。上述权利有登记主管部门的,应当同时向有关部门发出协助执行通知书,要求其不得办理财产权转移手续,必要时可以责令被执行人将产权或使用权证照交人民法院保存。对前款财产权,可以采取拍卖、变卖等执行措施。"

(二)实现债权时,作为出资的知识产权无效或贬值,出资股东可以不承担补足责任

公司股东可以以知识产权作为出资,客观形式上,对于将知识产权进行评估后,且已经完成合法变更手续至目标公司的,主观上出资人股东不存在故意隐瞒相关情况等主观恶意行为,则视为股东以知识产权作价完成了出资。

由于市场情形的变化,知识产权的估值通常也会发生一定的变化,当出现债权人实现债权,经评估确认此时的知识产权与出资时存在贬值,或者知识产权存在其他原因导致被确认无效的,均不影响出资人作为出资股东已经完成了出资义务,不需要承担股东出资不实的补足责任。

依据《最高人民法院关于适用〈中华人民共和国公司法〉若干问题的规定(三)》(2020年修正)第15条规定:"出资人以符合法定条件的非货币财产出资后,因市场变化或者其他客观因素导致出资财产贬值,公司、其他股东或者公司债权人请求该出资人承担补足出资责任的,人民法院不予支持。但是,当事人另有约定的除外。"

另外,对于知识产权的评估价格,由于实务中并没有专门针对知识产权的评估制度和统一的知识产权评估标准和评估量化标准,评估的差异性较大,属于客观存在的问题,对于知识产权评估价格的不准确性,在实务个案中较依赖审判法官的主观认定。

(三)对知识产权的执行,需要区分原始取得或继受取得,所有权和使用权

原始取得指权利的取得不依赖于取得时权利是否已经属于另一个主体所有的情况,而是根据法律的规定或者原权利人意志之外的原因而取得。

继受取得指取得者的权利除取得行为以外,还须依赖前权利者的权利,即其权利是基于前权利者的权利产生的。

此处两者重大的区别在于,对于原始取得的知识产权,其所有权人享有所有人的相关权益,可以对知识产权进行包括但不限于持有、转让等处分,而对于继受取得的知识产权的来源,需要进一步考察是否对继受取得权利人进行了一定程度的限制,若进行了限制,作为申请执行人在进行处置时,因知识产权自身的权利来源和内容受限,知识产权的受让人和竞买人依然要按照继受取得的范围承接知识产权的权利范围和内容。

所有权指所有权人依法对自己的财产享有占有、使用、收益、处分的权利。

使用权指对原始取得或继受取得的财产权利中进行以使用权能为范围的权利,此处对知识产权的使用权主要指专有财产权控制的使用行为、对无形客体的使用行为与对有形载体的使用行为。

区分两者的意义为知识产权的所有权人享有对知识产权的占有、使用、收益、处分权利,而使用权仅享有对知识产权自身的使用权能,不能对其他主体进行再次授权,也不能进行再次处置,权利范围有一定的限制。

七 动产抵押

动产抵押是指债权人对于债务人或第三人不转移占有而用作债务履行担保的动产，在债务人不履行债务时，由债权人予以折价、拍卖、变价出售并就其价款优先受偿的权利。

（一）执行过程中抵押权人实现抵押权时与第三人所有权保留的冲突处理

动产抵押的抵押权人抵押财产的范围须是抵押人享有所有权的动产，对以所有权保留买卖中的动产，严格意义上不属于抵押人可以用于抵押财产的范围。但实务中因动产以交付为外观公示主义，特别是有些抵押人以能够证明抵押财产的来源的合同或票据丢失等原因，导致抵押权人在核查动产所有权权属时，在一定程度上依据其财务处理入账的方式进行所有权确认。

发生冲突时，当抵押权人实现抵押权时，所有权保留买卖中的真实的所有人主张其享有所有权时，抵押权人不能就所有权保留的标的物实现抵押权，对于执行法院已经对动产进行查封的，所有权人可以提起执行异议，同时所有权人可以在满足《民法典》第642条时取回抵押物或者参照《民事诉讼法》"实现担保物权案件"的有关规定，拍卖、变卖抵押物。

另外，实务中，对于非抵押人的所有权能够办理抵押登记的客观原因，是办理动产抵押登记提供的登记明细自行由抵押人提供，不需要提供财产所有权相关证明，同时动产抵押时可以是现有的或将来有的动产进行抵押，对于所有权保留买卖中的动产，可以视为抵押人将来有的动产进行抵押登记，故在实务中存在抵押人将不属于自己所有的财产作为抵押物进行对外抵押的情形。

依据为《担保制度的解释》第64条:"在所有权保留买卖中,出卖人依法有权取回标的物,但是与买受人协商不成,当事人请求参照民事诉讼法'实现担保物权案件'的有关规定,拍卖、变卖标的物的,人民法院应予准许。出卖人请求取回标的物,符合民法典第六百四十二条规定的,人民法院应予支持;买受人以抗辩或者反诉的方式主张拍卖、变卖标的物,并在扣除买受人未支付的价款以及必要费用后返还剩余款项的,人民法院应当一并处理。"

《民法典》第642条规定:"当事人约定出卖人保留合同标的物的所有权,在标的物所有权转移前,买受人有下列情形之一,造成出卖人损害的,除当事人另有约定外,出卖人有权取回标的物:(一)未按照约定支付价款,经催告后在合理期限内仍未支付;(二)未按照约定完成特定条件;(三)将标的物出卖、出质或者作出其他不当处分。出卖人可以与买受人协商取回标的物;协商不成的,可以参照适用担保物权的实现程序。"

(二)担保财产的买卖价金不属于代位物

对动产办理抵押登记后,抵押期间抵押人可以对外转让抵押财产。依据为《民法典》第406条:"抵押期间,抵押人可以转让抵押财产。当事人另有约定的,按照其约定。抵押财产转让的,抵押权不受影响。抵押人转让抵押财产的,应当及时通知抵押权人。抵押权人能够证明抵押财产转让可能损害抵押权的,可以请求抵押人将转让所得的价款向抵押权人提前清偿债务或者提存。转让的价款超过债权数额的部分归抵押人所有,不足部分由债务人清偿。"

可知,对于抵押财产的转让,抵押权不受影响,但对于转让抵押财产所获得的转让款,不属于代位物,不同于抵押财产损失所获得的保险金、赔偿金等可以代为代位清偿的物,实务判例中,转让价款属于抵押权追及力的一种体现。

(三)执行阶段,浮动抵押的具体实现

根据《民法典》第396条规定:"企业、个体工商户、农业生产经营者可以将现有的以及将有的生产设备、原材料、半成品、产品抵押,债务人不履行到期债务或者发生当事人约定的实现抵押权的情形,债权人有权就抵押财产确定时的动产优先受偿。"可知,动产设定抵押权时,可以是"现有的以及将有的"动产设定抵押,范围可以是"生产设备、原材料、半成品、产品",即办理动产抵押的可以是浮动抵押,动产的范围和内容处于不确定状态。

根据《民法典》第411条规定:"依据本法第三百九十六条规定设定抵押的,抵押财产自下列情形之一发生时确定:(一)债务履行期限届满,债权未实现;(二)抵押人被宣告破产或者解散;(三)当事人约定的实现抵押权的情形;(四)严重影响债权实现的其他情形。"可知,对于浮动抵押满足该四种条件中的任何一种时,抵押权人即对抵押人享有确定的追偿权,浮动抵押的范围由浮动变成了可以明确的固定抵押内容,抵押人的浮动抵押状态转为固定抵押状态,能够依法确定为抵押权人的固定抵押物,即可发生浮动抵押的结晶。

浮动抵押与一般抵押最显著的区别如下:

一是浮动抵押在设定时将抵押人的不特定财产(包括现有的以及将有的生产设备、原材料、半成品、产品抵押)设定抵押,而非在设立之初已具体化的财产,实务中一般抵押通常为具体的某个动产,权属清晰且范围明确。

二是浮动抵押在实现抵押权时才能确定具体抵押范围,从而转化为一般抵押,浮动抵押设立后,对抵押人在日常经营范围使用、处置抵押物不作限制,而一般抵押通常对于抵押物的处分、使用设定限制。但在不违背法律法规的条件下,具体的对抵押物的范围限制,无论是浮动抵押还是一般抵

押,均可由抵押人和抵押权人另行协商确定。

(四)未登记动产抵押权不得对抗的"善意第三人"范围

动产抵押登记采用登记对抗主义,即不登记不得对抗第三人。对于已经登记的抵押权,由于登记外观主义,任何后续进行动产的抵押、质押等处置行为,均已对前述抵押权应当知悉,故能够依法对抗,但排除正常经营活动中已经支付合理价款并取得抵押财产的买受人,依据为《民法典》第403条:"以动产抵押的,抵押权自抵押合同生效时设立;未经登记,不得对抗善意第三人。"以及第404条:"以动产抵押的,不得对抗正常经营活动中已经支付合理价款并取得抵押财产的买受人。"

对于未登记动产抵押,不得对抗的善意第三人主要指善意受让人、善意租赁权人、查封或扣押债权人、破产债权人,而可以对抗其他第三人。主要理由为动产以交付作为权利公示,未经登记的善意第三人的权利可以得到适度保护。依据为《担保制度的解释》第64条:"动产抵押合同订立后未办理抵押登记,动产抵押权的效力按照下列情形分别处理:(一)抵押人转让抵押财产,受让人占有抵押财产后,抵押权人向受让人请求行使抵押权的,人民法院不予支持,但是抵押权人能够举证证明受让人知道或者应当知道已经订立抵押合同的除外;(二)抵押人将抵押财产出租给他人并移转占有,抵押权人行使抵押权的,租赁关系不受影响,但是抵押权人能够举证证明承租人知道或者应当知道已经订立抵押合同的除外;(三)抵押人的其他债权人向人民法院申请保全或者执行抵押财产,人民法院已经作出财产保全裁定或者采取执行措施,抵押权人主张对抵押财产优先受偿的,人民法院不予支持;(四)抵押人破产,抵押权人主张对抵押财产优先受偿的,人民法院不予支持。"

(五)执行中动产范围的识别

办理动产抵押登记时,需要对抵押物进行明确的表述,特别是浮动抵押部分对于包含以生产设备、原材料、半成品、产品为内容,同时实务中,通常各地区办理登记的登记资料不一致,存在只要求有概括性表述的情形,对于此种概括性表述,在执行阶段,怎么确定具体的抵押登记内容,须以抵押财产能够"合理识别"为标准,即概括性的表述或其他表述,能够具体区分抵押财产内容即可。

另外,通常能够达到"合理识别"的载体为抵押合同,而非抵押登记公示信息,以西安地区为例,办理抵押登记时,需要提供抵押合同和抵押明细,但对外公示时只对外公示部分内容,比如"名称、数量"等,对于合理识别的对象宜以抵押登记内容为准,更加有利于执行法院的具体执行。

(六)动产抵押处置时的其他事项

一是通过议论、询价、评估确定参考价格。

对于动产的执行,仍可以通过网络拍卖的方式进行,对于拍卖时的参考价格,可以根据双方的议价、定向询价或网络询价,也可以采用评估的方式确定拍卖参考价格,具体内容同不动产的价格确定基本一致。

二是通过网络拍卖、变卖的方式处置。

通过网络拍卖方式处置动产时,在确定拍卖参考价格后,通过网络拍卖、变卖的方式进行,具体的拍卖流程和操作方式同不动产的基本一致,唯一不同之处为在拟通过网络拍卖方式处置时,对动产需要根据其物品性质由法院进行保管,或法院指定的动产所有人或第三方进行保管。

三是协议转让给第三方、以物抵债。

对于动产的执行也可以考虑通过双方协商的方式,将动产直接转让给第三人,以转让取得的价款用于清偿债务,也可以由双方协商以以物抵债的方式进行债务处理,需要注意的是,无论是转让给第三方还是进行以物抵债都不得损害其他债权人的利益。

(七)车辆抵押

车辆属于特殊的动产,车辆的物权变动除交付之外,还需要在车辆管理所办理变更登记,不登记不对抗第三人,且车辆的抵押在执行阶段存在以下常见问题:

1. 执行阶段,抵押车辆找不到的问题

在执行阶段,对于处置对象车辆,在实务中需要解决的第一个问题是车辆如何找到的问题,车辆抵押在设立时虽在登记部门办理抵押手续,但车辆仍然由车辆所有权人使用。在执行阶段,特别是被执行人不配合的情况下,执行法院通常在登记部门对车辆进行查封,车辆的找寻需要通过法院或者申请人自行寻找处理,查封车辆手续并实际控制车辆后,才能对车辆进行拍卖、变卖等。

实务中车辆找寻通常采取车辆抵押时车辆装载的 GPS、协同公安部门通过大数据系统、其他当地可获得的小程序(如计费停车场等)进行查找。

2. 执行阶段,抵押车辆(办理了抵押登记)被转让给第三人的问题

执行阶段如果抵押车辆(办理了抵押登记)被转让给第三人,因车辆已经抵押给债权人,故此时的情形属于抵押后进行了转让,买受人是否属于善意第三人对抵押权的实现具有重大影响。

实务中,对于已经抵押的车辆再次进行转让时,不应当认定为"善意",因为其在购买车辆时,必要涉及对车辆的所有权状况进行核查,而抵押车辆在登记部门有抵押登记的相关信息,存在抵押的情况且抵押权人不知情的情况下,无法进行变更登记,故作为购买抵押车辆的买受人不享有排除执行抵押车辆的相关措施。

3. 执行阶段,抵押车辆被质押给第三人的问题

以车辆作为标的物进行融资时,可以作为动产进行抵押,也可以作为动产进行质押,实务中常见的业务模式为车辆抵押融资业务(以车辆作为标

的物进行抵押后融资,抵押人继续使用车辆)和车辆质押融资业务(以车辆作为标的物进行质押后融资,质押车辆存放于质押权处或质押人指定的第三方仓库)。

当实现担保物权发生冲突时,抵押权和质押权均属于用益物权,应当按照登记的先后顺序享有优先受偿权,且已经抵押的车辆再次进行质押融资时,质权人必然对前面的抵押登记情形是知悉的,此处车辆抵押权应当优先于车辆质押权。

实务中,主要在于车辆质权人会在抵押权人实际取得车辆占有时,阻碍或转移占有的车辆,以使车辆抵押权人难以实现抵押权。抵押权人的针对性措施可以由法院对存放在质权人仓库的车辆进行查封,由质权人通过提出执行异议的方式解决双方的问题。

4. 执行阶段,抵押车辆被其他刑事案件扣押的问题

在债务人存在多个债权或债务人涉及其他刑事案件时,实务中常见的为执行阶段抵押权实现时与债务人涉及的其他刑事案件发生冲突,其他刑事案件对抵押车辆进行了扣押。

对于该冲突应当结合具体案件,遵循"先刑后民"的原则,抵押权人需要根据刑事案件与抵押车辆的关联程度判断如何实现抵押权,若经刑事审判后该抵押车辆与刑事案件无关,由执行法院与刑事案件执行机关协调,将抵押车辆交由执行法院处置;若该抵押车辆与刑事案件相关,且经刑事案件审判法院判决没收或其他措施等,需要根据该刑事案件的具体判决情况确定抵押权实现的情况。

第五节

其他类担保措施

其他类：主要是以控制措施手段为基础的一类担保措施，虽尚无法律法规对其进行明确定义，但在实务中较为常见，主要是通过采取控制、跟进、管理等措施降低风险的一种担保措施。该部分措施主要包括动产质押、合格证质押、账户共管、股权回购、明股实债、债权+股权。

其他类的共同可执行范围和措施，详述如下。

其他类的担保措施差异性较大，主要是从实际控制的角度实现债权，或者采用与股权相结合的方式实现债权，各措施的实现方式较为不同，且实现的角度存在差异性，无法进行共同性执行措施的归纳，故按照各自执行范围和措施处理。

其他类措施中，不同的可执行范围和措施，详述如下。

一、动产质押

动产质押是为担保债务的履行，债务人或者第三人将其动产出质给债权人占有的，债务人不履行到期债务或者发生当事人约定的实现质权的情形,债权人有权就该动产优先受偿。

(一)对于代位物(保险金、损害赔偿金)享有优先权

动产质押设立后,质押动产由质权人实际控制和占有,实务中存在质押物本身的物理属性可能引起毁损灭失或者其他第三方侵权等原因导致质押物损失的情形。执行过程中,质权人当发生实现债权时,当出质人或质权人已对质押进行财产保险购买的,可以通过对保险金的代位物优先受偿。

对于第三方侵权的损害赔偿金,质权人同样可以因设立了质权而主张对该损害赔偿金进行债权优先权的实现。

(二)动产质押时,质押物交付的标准

动产质押的设立,以质押物进行交付为标准,即质权人须对质押物转移占有。而质押物的交付方式包括简易交付(交易标的物已经为受让人占有,转让人无须进行现实交付的无形交付方式)、指示交付(在交易标的物被第三人占有的场合,出让人与受让人约定,出让人将其对占有人的返还请求权转移给受让人,由受让人向第三人行使,以代替现实交付的动产交付方式)、占有改定(在转让动产物权时,转让人希望继续占有该动产,当事人双方订立合同并约定转让人可以继续占有该动产,而受让人因此取得对标的物的间接占有以代替标的物的实际交付),对于占有改定的交易实务判例中有不同的处置方式,也存在争议。

结合相关实务判例,对于普通物品的交付方式,通常以占有改定方式进行交付的,不宜认定质权设立,因交付标准不明晰,在执行过程中很难确定该质押物已经实际由质权人控制。而对于大宗商品,因其特殊性,通常以占有改定的方式,由质权人对债务人或第三方的仓库进行管控。实务中,即使质押物仍存放于出质人处,但只要质权人对质物享有完全控制权或进行有效监管就可以构成交付,或者对于质权人、出质人、第三人签订了三方协议,

有证据能够证明监管人系受债权人的委托监管并实际控制该货物的,也能够确定质权设立,且设立日期自第三人能够实际控制货物之日起。依据为《担保制度的解释》第55条:"债权人、出质人与监管人订立三方协议,出质人以通过一定数量、品种等概括描述能够确定范围的货物为债务的履行提供担保,当事人有证据证明监管人系受债权人的委托监管并实际控制该货物的,人民法院应当认定质权于监管人实际控制货物之日起设立……"。

(三)对动产的执行,可以考虑多种处置方式

动产的产品类别包括但不限于生产设备、原材料、半成品、产品,对于该类别动产的处置特性,结合动产的物理特性和市场对价格的影响等因素,在执行阶段可以考虑以下两种方式:

一是转让给第三人或以物抵债,通过转让给第三人的方式是处置动产的常见方式之一,在与出质人、第三人能够协商一致的情形下,可以考虑以协商价格或者评估价格将质押物转让给第三人,或者将质押物在出质人与质权人能够协商一致的情形下以物抵债给质权人,从而实现债权,且该以物抵债的合意须在实现债权的条件达成时,避免"流质"情形的出现而导致无效处置。

二是对于鲜活易腐烂的或者价格波动较大的,通常在质押合同中可以明确在满足约定条件时,质权人可以将质押物对外转让,将转让所得价款进行提存或清偿债权,如质押物为甘草原材料,结合市场情况其波动较大,可以约定价格超过某金额或低于某金额时,债权人可以将质押物对外转让,以最大限度地保障双方的利益。或者双方约定质权实现的情形满足后,质权人可以以不低于某价格对外进行转让或者双方指定明确的受让主体(实务中也存在受让主体于质权设立时签订附条件的受让的转让协议),明确受让价格后,由质权人对外直接处置。

对于其他动产,可以结合该动产变现的时效性和效率性,综合考虑后以

采取网络司法拍卖、变卖的方式进行处置。

(四) 执行过程中,对质押车辆的处置

在执行阶段,对于质押车辆的处置,从权利来源上,需要考虑该车辆的所有权是否归出质人所有,有无所有权保留的情形和公示方式,通常上述问题在设立质权时需要重点考虑。从权利优先性考虑,主要是车辆抵押在先、质押在后的处理方式:

一是对于抵押在先,且已经办理了抵押登记的,质权人实现质权时,抵押权优先于质权,对质押物处置之后需要通知抵押权人或者留存抵押权范围内享有的优先债权。

二是对于抵押在先,但未办理抵押登记,质押权实现时,无须考虑抵押权存在情形,质权实现后,质权人享有优先权。

对于执行阶段,质押车辆的其他处置方式,可以参考适用车辆抵押,在取得车辆后的处置思路。

二 合格证质押

合格证质押事实上是一种控制手段。签订《合格证质押合同》仅是为类金融机构实际占有融资企业的合格证提供了合同支持,是合法占有的。实务中,汽车合格证是汽车厂家配发的能够证明汽车整车质量属于合格的法定文件,无财产属性和权利属性,也无变价的可能性。进行合格证质押后,在执行阶段,主要存在以下两种情形。

(一) 有车辆、有合格证的情形

质押权人所质押的物品包含车辆和其对应的汽车合格证,即车辆和合

格证均质押于质权人,在执行阶段,对于车证一致的情形,通常质权人可以直接向法院主张对车辆质押的质权,对于合格证属于能够直接证明车辆整车合格的证明,属于质押车辆的必备资料文件,属于附属文件,对于拟进行拍卖、变卖的质押车辆,可以在合格证同时存在的情况下,进行车辆的所有权初始登记(挂牌登记)。

(二)没有车辆、有合格证的情形

对于仅质押了合格证,而没有对车辆进行质押的债权人,其在执行阶段的处置方式,需要和车辆质押权人或占有车辆的人共同协商进行处置,单独的合格证既没有财产价值,也没有权利价值,无实质异议,合格证的质押仅是一种控制措施,不产生质权设立的法律效果。实务中通常需要对车辆质押的质权人或对车辆进行实际控制和占有的人进行协商处理,共同对车辆进行处置,对处置款项双方进行协商分配。

三 账户共管

账户共管,事实上是一种控制手段。此种担保措施主要操作模式为以融资企业名义开立一个新账户,融资企业和类金融机构或者指定的第三人双方各留一个印鉴在共管账户上,共同对该账户上的资金进行监管,对该账户的收款、查询、转账等进行管理和控制,其中任何单独一方仅凭其手中预留印鉴无法进行账户操作。

为了保障债权人的利益,对于账户共管的处置,主要通过类金融企业作为债权人时,债务到期后融资企业作为债务人无法及时足额清偿债务时,由债权人通过对共管账户进行诉讼前保全(指利害关系人因情况紧急,不立即申请保全将会使其合法权益受到难以弥补的损害的,可以在提起诉讼或者申请仲裁前向被保全财产所在地、被申请人住所地或者对案件有管辖权的人民法院申请采取保全措施）、诉中保全（是指人民法院在受理案件之后、判决生效之前，因一方当事人的行为或其他原因使判决难以执行或造成其他损失的案件，根据当事人申请或者法院依职权，可以采取财产保全措施）、执行前保全（是指法律文书生效后，进入执行程序前，债权人因对方当事人转移财产等紧急情况，可以向执行法院申请采取保全措施）、执行冻结的方式进行实现，共管账户仅能控制账户资金不会被债务人单独转移，具体的债权人实现债权，需要由债权人通过法院保全或执行的方式对账户中的货币资金进行处置，以保障债权人的利益。

四 股权回购

股权回购属于一种控制措施，实务中主要用于融资企业资金不足，但需要购买资产而采取成立新公司，然后由类金融机构为新公司提供融资资金，融资企业根据经营情况逐渐回购新公司股权，将新购置资产放置于新公司由类金融机构间接控制，从而达到风险控制的要求和融资企业融资目的。

从实务出发，股权回购在实现债权时，债权人对于整体融资回款的控制主要在于对股权的控制，融资企业未能回购股权，则债权人继续持有该新公司股权，新公司名下持有资产，可以间接地保障债权人利益。在无法达到股权回购条件时，债权人可以采取的方式包括但不限于将股权转让给其他第三人，从而达到债权实现的目的，或者债权人通过控制股权或新公司以股权质押或者公司名下资产进行抵押的方式进行二次融资，从而对债权的流动性进行补充。同时根据具体的持有资产的状况，也可以考虑进行对股权的长期持有，将一个融资类的债权类项目变换成持有资产的股权类项目。

五 明股实债、债权 + 股权

关于明股实债的定义，从字面上理解为"表面上为股权投资，实质上是债权投资"，实务中明股实债，主要是指投资人以股权的形式投资入股融资企业，与融资企业约定固定回报，并约定远期回购投资的股权，从而实质上获得固定收益的担保措施。

明股实债类方式，对于债权的实现主要是通过股权行权的方式，通常明股实债类协议内容会约定股权回购的固定利率标准、股权回购的条件、股权回购的情形等。

当发生需要实现债权目的时，债权人通常会以债务人触发回购条款为由，主张回购义务人无条件向股权持有人回购股权，并按照约定的回购价格进行回购，通常会发送《回购通知书》，以要求进行股权回购。自该通知书发送之日起则回购义务主体的回购义务固化为债权，需要支付回购款款项，且按照约定的回购价格进行股权回购。

更进一步，当回购义务主体不按照通知书内容支付回购款项并变更股权的，股权持有人可以通过诉讼或仲裁的方式主张相关回购款项相关的债权，从而实现债权的相关利益。

债权 + 股权，顾名思义是股权融资的方式和债权融资的方式相结合，综合进行互相搭建后，形成一种立体的风险控制方法。股权融资通常是企业以让渡其股权的方式，吸引投资人和合作者受让部分企业股权，从而达到企业融资的目的，通常企业以债权债务的方式获得融资。

债权 + 股权类债权的实现方式，需要结合以下两个方面共同进行处置：

一方面是债权，债权人按照其与融资主体签订的相关债权债务合同，主张债权的实现，包括但不限于本金、利息、逾期利息等，并可以要求债务人及其担保人承担实现债权的费用,处置方式可以按照正常的债权处置方式进行,可以通过诉讼或仲裁的方式确定债权债务关系和具体的债权总金额,并通过法院强制执行的方式最终实现债权。

另一方面是股权,股权在该交易模式中起到了对融资企业股权控制的目的,可以间接地配合债权进行处置,同时股权的处置方式可以采取股权质押或者其他可以为融资企业进行二次融资后向债权人还款,综合需要与债权相结合,整体性进行债务的处理。

实务中,对于股权+债权的处理方式,可以将股权和债权相互结合进行处理,也可以将股权和债权分别处理,综合性达到保障债权最终实现的目的即可。

第五章 破产程序中的债权保护

05 CHAPTER

第一节 概 述

债务企业发生资不抵债或明显没有清偿能力之时,通常会考虑进入破产程序,破产程序通常是指破产重组和破产清算,但结合实务,与破产相关的程序预重整和执行转破产程序也非常具有实操价值。

从类金融机构的角度出发,实务中主要会面临债权执行过程中企业资不抵债且明显没有清偿能力情况下的执行转破产,破产重整或清算中的债权申报和程序参与,明确权利实现最大化的方式,以及通过预重整方式使债务企业恢复经营,能够正常清偿债务。

第二节

预重整

对于预重整，没有形成统一的概念，笔者认为，通常预重整指债权人、债务人以及新的投资人达成的债务重组方案，能够通过重整计划草案对债务企业进行债务重组，达到企业解困而进行的一种破产重整前的、破产重整审查过程中的庭内重组制度。

一 内容

（一）概述

预重整因没有具体的法律法规，该程序又有全国各地不同的历史操作情况，现状下预重整主要有四种模式：一是法庭外预重整（由债权人、债务人及股东等利害关系人协商后形成重整方案，由债务人依据该草案向法院申请破产重整，法院批准后按照重整方案执行并终结）；二是破产清算受理后的预重整（法院受理债务人破产清算后，宣告破产之前，由债权人、债务人及股东等利害关系人进行协商后形成重整方案，并提出重整申请,由清算程序转重整程序);三是重整申请后的预立案阶段的预重整(申请人申请破产重整后,经听证对有预重整价值的企业,法院对案件进行预立案,并指定管理人,同时同意管理人组织债权申报、评估审计等,债务人制作并提交重整方案草案,重整草案通过后转入破产重整程序);四是由政府部门受理的预重整,参照法院程序进行的。

陕西地区的预重整模式和第三种类似,一是由法院对预重整程序指导实施;二是受理后,有必要的,可以召开听证会决定是否进行预重整;三是管理人以申请人推荐为主,也可以由法院指定;四是预重整阶段发生在破产申请之后,裁定受理破产重整程序之前。

对于预重整程序启动相关的表述为《陕西破产规程》第156条:"【预重整程序的启动】人民法院以'破申'案号立案后,在作出受理重整申请的裁定前,对于具有重整原因、重整价值和重整可能的债务人,经债务人、债权人或其他相关利害关系人申请,破产审判部门可以决定对债务人进行预重整。"

(二) 依据

最高人民法院于2017年8月7日印发的《关于为改善营商环境提供司法保障的若干意见》提出:"……积极推动构建庭外兼并重组与庭内破产程序的相互衔接机制,加强对预重整制度的探索研究。研究制定关于破产重整制度的司法解释。"

最高人民法院于2018年3月4日印发的《全国法院破产审判工作会议纪要》第22条规定:"探索推行庭外重组与庭内重整制度的衔接。在企业进入重整程序之前,可以先由债权人与债务人、出资人等利害关系人通过庭外商业谈判,拟定重组方案。重整程序启动后,可以重组方案为依据拟定重整计划草案提交人民法院依法审查批准。"

国家发展和改革委员会等13部门于2019年6月22日联合发布的《加

快完善市场主体退出制度改革方案》提出:"研究建立预重整制度,实现庭外重组制度、预重整制度与破产重整制度的有效衔接,强化庭外重组的公信力和约束力,明确预重整的法律地位和制度内容。"

鉴于各地不同的预重整制度,浙江、深圳、北京、南京、苏州等省(市)法院均制定了与预重整相关的裁判规则,且有一定的差异化,列陕西地区预重整相关依据如下:(1)《陕西省人民政府办公厅关于印发2022年深化"放管服"改革优化营商环境工作要点的通知》指出:"20.建立完善企业破产工作协调推进机制。出台破产案件审理规程(试行),优化破产案件审理程序,建立完善破产简易审理、中小企业预重整规则,明确适用范围、程序和效力,畅通中小企业重整快速启动渠道……"。(2)《陕西破产规程》。

(三)预重整立案的标准

各地标准不一,以陕西地区受理预重整的标准为例,《陕西破产规程》第157条规定:"【预重整条件】债务人符合下列情形之一的,可以申请进行预重整:(一)债务人已经和全体债权人或主要债权人,以及相关利害关系人达成重组协议或者重组意向;(二)政府有关职能部门或者企业行业主管部门已经决定并参与了债务人的重组事务;(三)企业尚处于生产经营之中,直接受理重整申请可能对债务人生产经营产生负面影响或者产生重大社会不稳定因素;(四)债权人人数众多,债权债务关系复杂,需安置职工人数众多,或者企业资产规模较大,对地区经济发展和金融环境稳定有重大影响的大型、特大型企业;(五)人民法院基于准确识别重整价值和重整可能,以及降低重整成本、提高重整成功率目的;(六)人民法院认可的其他情形。"

案件受理并决定进入预重整程序的,人民法院会出具相关决定书,内容为:"决定对某公司进行预重整,同时指定某中介机构担任预重整管理人",一是该预重整决定日不等同于重整受理日,二是该文书为决定书而非裁定书(破产重整和破产清算为裁定)。

（四）预重整的程序

1. 提出预重整申请

提出预重整申请的主体：一是债务人，债务人认为其具有重整原因、重整价值和重整可能的可以提出；二是债权人或其他相关利害关系人。但对于这两个主体提出申请的限制为必须征得债务人的书面同意，除外条件为政府职能管理部门、国有资产管理部门、金融监管机构已经对企业实施接管或托管的。

提出预重整的对象为：人民法院。

提出预重整的客观条件为：债务人满足可以预重整的条件。

2. 符合条件的，法院决定受理预重整申请

客观上符合预重整条件，并由申请人向法院推荐或由法院指定临时管理人，经法院审核后，参照重整程序的有关规定作出预重整的决定书并确定临时管理人身份。

法院出具预重整决定书，即意味着债务人进入预重整阶段。

3. 申报债权

从管理人的角度出发，预重整裁定出具后，由临时管理人开展预重整相关工作，一方面是对债务企业的基本情况、涉诉涉执行、资产负债情况进行调查；另一方面是债务企业的债权人情况，此处涉及债务人申报债权相关事宜，由临时管理人通过公告及通知的方式向债权人公告已经进入预重整阶段，并提供《债权申报表》《债权计算清单》《债权申报文件清单》等组织债权人进行债权申报工作。另外是指导和协助债务人引进重整投资人，对外以协商或招募的方式引进重整投资人。

4. 临时管理人对债权进行确认，由评估和审计机构进行评估审计

对于申报的债权，经临时管理人审查后予以确认或不予确认，或者暂缓确认并出具相关文书，最终形成债务人当前债权的确认文书，同时对于债务

人的资产状况和财务状况聘请第三方中介机构进行评估及审计,对于有在建工程类的同时聘请造价鉴定机构进行造假鉴定,以确保债务人相关所有债权债务和资产等价值公允。

5. 拟定预重整方案

预重整方案需要债务人与出资人、债权人、重组投资人协商后作出,预重整方案涉及债务企业能否进行破产重组,涉及债权人的清偿比例和清偿率的问题,出资人的权益是否调整的问题,同时涉及重组投资人的投资方案和投资收益以及其他商业目的是否能够实现等。故预重整方案实质上是各方相关参与人利益的划分和平衡,重整方案是整个预重整阶段的核心,也是关系到能否转入破产程序的关键,其方案的可行性和各方权益的整体平衡,决定着能否在债权人大会表决时依法获得通过。

6. 召开债权人大会,并对预重整方案进行表决

预重整阶段可以参考破产重整程序召开债权人大会,并对债权人、出资人进行分组表决,可以按照同一表决组的债权人过半数同意重整计划草案,其所代表的债权额占该组债权总额的 2/3 以上的,即为该组通过重整计划草案。各表决组均通过重整计划草案时,重整计划即为通过。同时,为了避免预重整转入破产重整程序后进行重复的表决,可以向各债权人释明:正式重整程序中制作的重整计划草案与预重整期间拟定的预重整方案内容基本一致或有关权利人的权益更趋优化的,有关出资人、债权人对预重整方案的同意视为对该重整计划草案表决的同意。

按照分组进行表决程序通过后,即代表预重整方案通过。

7. 预重整方案通过,并满足重整其他条件的,可以由法院裁定破产重整。若未通过,终结预重整程序

根据债务人是否提交预重整方案及预重整方案是否获得债权人通过或者债权人获得通过的,会有不同的法律后果。若债务人于预重整程序完成时也未提交重整方案或未形成重整方案的以及预重整方案未予以通过的,

则预重整程序终结,对于预重整方案通过了债权人表决,并获得投资人同意的,由债务人、临时管理人向法院申请受理破产重整,由法院根据预重整的实际结果,裁定进入破产重整程序。

(五) 其他关联事项

1. 正在进行中的案件处理

依据《破产法》第 19 条规定:"人民法院受理破产申请后,有关债务人财产的保全措施应当解除,执行程序应当中止。"可知,进入破产重整的企业,债务人享受诉讼与中止的待遇。但预重整属于破产重整前的一个庭内重组的程序,并非一项独立程序,虽然可以参考适用《破产法》,但对于对外发生中止其他债权人的保全、诉讼措施或者执行程序,无明确的法律依据,故在实务中正在进行的诉讼或执行并无法中止,由原审判法院继续审理或原执行法院继续执行。

对于正在进行中的案件,包括保全、诉讼及执行,因债务人除不得对外增加负债和提供担保、处置重大资产外,仍然继续自行管理相关企业事务,债务人仍然可作为诉讼主体参与诉讼与执行,必要的时候由受理预重整的法院以函件及其他文书方式进行协调、沟通。

陕西地区对于进行中的案件的处理,依据为《陕西破产规程》第 169 条:"【预重整的程序效力】预重整程序不具有重整程序所具有的中止执行、解除保全、冻结担保债权的行使等法定程序效力。但在预重整期间,受理预重整案件的人民法院可以根据预重整的需要,通过采取和相关执行法院(执行部门)协调、沟通等方式,取得有关执行法院(执行部门)的配合,解除有关保全措施和中止有关执行程序,以便保障预重整程序顺利进行。"

2. 执行中的合同继续履行

依据《破产法》第 18 条规定:"管理人对破产受理前成立而债务人和对方当事人均未履行完毕的合同有权决定解除或继续履行……"可知,进入破产程序后未履行完的合同可由管理人决定是否继续履行。但预重整程序并不属于破产程序的已受理破产程序，进入预重整程序法院依据的文书是决定，尚属于庭内重组中的一个环节。故预重整临时管理人无权决定是否继续履行合同，也无法处理需要继续履行的合同，由债务人继续按照签订的合同履约。

3. 中介机构的选定

预重整程序中，审计机构与评估机构的选定是否公允会影响资产调查、重整投资对价以及偿债方案的公允性。对于中介机构的选定，通常有两种方式：

一是公开招募，即对外以公开的方式进行招募，并进行竞争性选聘。实务中，通常通过公告的形式，将项目情况，评估审计的要求和工作内容等方面进行披露后，通过竞价最终确定。

二是共同推荐，即通过债务人、债权人以及投资人对能够胜任的中介机构进行共同推荐，对最终推荐的中介机构进行评估、审计以及造假鉴定等方面的工作。

三是摇号选定，中介机构的资格通常会在各当地法院有入库或者备案，实务中，也有通过法院的中介机构库以摇号的方式选定中介机构。

实务中，各地相关文件中对于中介机构的费用均没有明确，该费用能否作为破产费用列支也无相关依据，故各地处理上不同，无统一标准。

4. 管理人的决定

各地对临时管理人的确认方式各有不同，方式主要包括随机选任、推荐指定、直接指定。

陕西地区对于临时管理人主要以推荐的方式进行确定，推荐人为预重整申请人，也可以由法院指定临时管理人。依据为《陕西破产规程》第162条："【指定临时管理人】人民法院决定预重整的，可以根据预重整申请人的申请或者根据预重整的需要指定临时管理人，并参照重整程序的有关规定制作决定书,向临时管理人、债权人及债务人送达。预重整程序转为重整程序后,临时管理人可被优先指定为重整管理人。"

5. 投资人的招募

对于预重整企业的投资人,一方面可以通过各类媒体、报纸或者破产信息网等发布项目信息,招募投资人;另一方面可以将项目信息推送至每个债权人并告知债权人推荐合适的投资人。

对于投资人的资格要求,没有明确的法律规定,有投资意向且具有对预重整企业投资能力的均可以(预重整企业行业对出资人有特殊限制的除外),若存在多个投资人的情形下,可以公平择优。

6. 重组方案的拟定和通过

预重整期间,临时管理人通过债权申报程序和中介机构的评估、审计等之后,对于重整企业的资产、负债调查,以及审计与评估结论除告知债权人之外,可以以该信息为基础与债务人、投资人以及债权人进行沟通后形成重整方案。

陕西地区对于重组方案或与部分债权人达成的重组协议,也可以作为重整计划草案的一部分。依据为《陕西破产规程》第170条:"【重组方案的效力】在预重整期间,债务人可以在全面、准确以及合法信息披露的前提下,就制作的重组方案或达成的重组协议征求出资人、债权人、意向投资人等利害关系人的意见。债务人和部分债权人已经达成的有关协议与重整程序中制作的重整计划草案内容一致的,有关债权人对该协议的同意视为对该重整计划草案表决的同意。但重整计划草案对协议内容进行了修改并对有关债权人有不利影响,或者与有关债权人重大利益相关的,受到影响的债权人有权按照企业破产法的规定对重整计划草案重新进行表决。"

7. 预重整期间的不停止计算利息

预重整期间并非正式的重整程序,自法院决定对债务人进行预重整至终结预重整程序的期限,对于债权人产生的利息,仍然继续计息,该利息包括法律文书确定的延迟履行的利息、合同约定的利息等。

8.预重整转入重整程序后是否需要再次申报债权

从程序的角度出发,预重整并非正式的重整阶段,预重整是重整程序前的一个阶段,预重整申报的债权相关工作内容,在重整程序阶段可以继续以其为基础确认最终债权。从节约司法资源的角度出发,同一笔债权进行两次申报存在重复。故实务中均不需要在转入重整程序后进行再一次申报,临时管理人可以在预重整程序中予以说明,即说明已申报债权相关资料若进入破产程序继续以其作为证据进行债权确认。

9.预重整的结果

(1)预重整程序终结,但未进入破产重整程序。

预重整程序除预重整工作完成外,还有其他原因导致预重整终结,以陕西地区为例,《陕西破产规程》第172条规定:"【预重整程序的终结】预重整程序因下列情形而终结:(一)预重整工作完成;(二)预重整期间届满,但债权人、出资人等利害关系人与债务人未能达成重组协议或者重组方案未获得表决通过;(三)债务人不具有或者不再具有重整的价值或者拯救的可能;(四)重组工作事实上无法进行,债务人或者临时管理人申请终结预重整程序;(五)导致预重整程序终结的其他情形。"其中第(二)种至第(四)种情形,均是因债务人自己或其他主体原因导致预重整终结,但无法转入重整程序。但若企业满足破产清算程序,可以告知债务人申请破产清算。

(2)预重整工作完成,裁定进入破产重整程序

对于已经完成预重整工作的,预重整程序终结,终结后根据预重整的实际结果和债务人、临时管理人的申请,决定是否受理重整申请。因为破产重整不同于预重整程序,破产程序有该程序明确的破产重整条件和相关程序。

对于已经进行预重整的企业,是否能够受理破产申请,须满足破产重整的相关条件后由法院裁定,转破产重整的前提条件是在预重整阶段的工作已经完成,对于未进行预重整的企业,根据破产重整的条件和程序确认是否

达到。

10. 预重整与重整破产程序的衔接

预重整能否转为破产重整程序,一方面体现预重整阶段的主要工作成果,也为预重整的实际结果;另一方面代表债务人企业通过转入正式的重整程序走向正式的司法程序。

经债务人、临时管理的申请,法院依据该实际结果进行决定。决定受理重整申请的,按照破产重整程序进行,决定不受理重整申请的,具备破产清算原因的,按照告知债务人按破产清算程序申请。依据为《陕西破产规程》第173条:"【预重整与重整的衔接】人民法院应当根据预重整的实际结果和债务人、临时管理人的申请,决定是否受理重整申请。人民法院决定不受理重整申请,但查明债务人具备破产清算原因的,可以告知债务人依法提出破产清算申请。"

11. 对法院不予转入破产重整程序的救济

在满足《陕西破产规程》第172条所列情况下,预重整阶段工作完成后申请法院转入破产程序,申请的主体为债务人企业,其向法院提交书面的转重整申请,另一个主体为临时管理人,其根据各债权人对于重整意向和重整草案的表决情况、重整投资人与债务企业达成的重整投资意向协议以及该阶段的工作报告等向法院申请破产重整。

人民法院根据《陕西破产规程》第173条之规定决定是否受理重整申请,其不予重整受理的理由可以是第172条规定中"……(二)预重整期间届满,但债权人、出资人等利害关系人与债务人未能达成重组协议或者重组方案未获得表决通过;(三)债务人不具有或者不再具有重整的价值或者拯救的可能;(四)重组工作事实上无法进行,债务人或者临时管理人申请终结预重整程序……"的任何一项或者不满足破产重整的其他条件等。

对于法院不予受理破产重整的救济途径,债务人企业可以自收到裁定之日起10日内向上一级人民法院申请复议,而临时管理人无申请复议的主体资格。

二 操作方式

以陕西地区为例,从债务企业的角度出发,若发生达到可以预重整的条件,且启动该程序对于企业的整体经营会有重大利好,但从债权人的角度出发,进入预重整阶段并不影响债权的执行,须结合企业的经营状况,判断债权回收的方式,另外,预重整阶段并不影响担保债权人的权利实现或者主张别除权等。

进行预重整程序,通常采取以下步骤:

(1)债务人或债权人向法院申请进入预重整程序;

(2)债务人及债权人以推荐或指定的方式确定临时管理人的拟选任机构;

(3)法院决定进入预重整程序,并指定临时管理人;

(4)临时管理人指导、监督、协助债务人共同制定预重整工作方案,就预重整工作作出切实可行的工作安排,由临时管理人对外发布相关包括但不限于债权申报等公告;

(5)临时管理人以对外公告或其他方式通知债权人进行债权申报工作,并对申报债权进行登记、审查,编制债权表;

(6)临时管理人发布招募评估、审计等中介机构公告,并由评估、审计进行独立评估或审计等;

(7)由临时管理人对外公告进行投资人的招募或者由债务人、债权人提供有意向的投资人,并就投资方式和条件等,协商达成一致后签署投资协议(必要时);

(8)拟定重整计划草案,并征求债权人、出资人、意向投资人等利害关

系人的意见,对重整计划草案进行修改和完善;

(9)召开临时债权人会议,参照《破产法》有关重整的相关规定,表决重整计划草案或者以线上的方式对重整草案进行表决;

(10)临时管理人和债务人向法院提交表决通过的预重整草案并提交破产重整的申请及相关资料,临时管理人另行须提交预重整阶段的工作报告;

(11)法院依据预重整阶段的实际结果、投资人的投资意向、债权人对破产重整的表决结果、临时管理人的工作报告以及破产重整的条件等综合进行评定,最终作出终结预重整程序,并裁定是否受理破产重整。

第三节

破产重整

破产重整是指企业法人在不能清偿到期债务,资产不足以清偿全部债务或者明显缺乏清偿能力的或者有明显丧失清偿能力可能的情况下,经债务人、债权人或其他利害关系人的申请,在法院的主持及利害关系人的参与下,依法进行生产经营和债权债务关系或资本结构上等方面通过重整计划进行的调整,以使债务人摆脱破产困境,重获经营能力的法定程序。

一、内容

(一)法律、法规司法解释及其他依据

《中华人民共和国企业破产法》(2006年8月27日公布)

《最高人民法院关于适用〈中华人民共和国企业破产法〉若干问题的规定(三)》(以下简称《破产规定三》)(法释〔2020〕18号)

《最高人民法院关于适用〈中华人民共和国企业破产法〉若干问题的规定(二)》(以下简称《破产规定二》)(法释〔2020〕

18号)

《最高人民法院关于适用〈中华人民共和国企业破产法〉若干问题的规定(一)》(以下简称《破产规定一》)(法释〔2011〕22号)

《最高人民法院关于审理企业破产案件确定管理人报酬的规定》(法释〔2007〕9号)

《最高人民法院关于审理企业破产案件指定管理人的规定》(法释〔2007〕8号)

《最高人民法院关于审理企业破产案件若干问题的规定》(法释〔2002〕23号)

《陕西省高级人民法院关于建立执行移送破产直通机制工作指引(试行)》(陕高法发〔2022〕10号)

《陕西省高级人民法院关于调整强制清算与破产案件管辖的通知》(陕高法发〔2022〕7号)

《陕西省高级人民法院破产案件审理规程(试行)》(2020年12月31日公布)

(二)破产案件的管辖法院

破产案件的地域管辖为债务人住所地。依据为《破产法》第3条:"破产案件由债务人住所地人民法院管辖。"

破产案件的级别管辖,可以由基层人民法院、中级人民法院和高级人民法院管辖,法律层面没有禁止性规定。

以陕西地区为例,区域管辖同上,级别管辖均原则上属于各级中级人民法院,经高级人民法院批准的,可以由基层人民法院审理。依据为《陕西省高级人民法院关于调整强制清算与破产案件管辖的通知》:"一、强制清算与破产案件原则上由中级人民法院集中管辖。二、中级人民法院报经高级人民法院批准,可以将本院审理的适用快速审理方式的简单强制清算与破产案件,交企业住所地基层人民法院审理。"

另外,与破产相关的案件,包括破产前与破产企业发生纠纷的管辖与破产受理后产生的相关衍生案件分不同方式处理:

一是破产前与破产企业发生纠纷,已经开始但尚未终结的,对于该类案件的管辖,仍由原案件审理法院或仲裁委审理,法院受理破产申请后该类案件中止,管理人接管财产后该案件继续进行。依据为《破产法》第20条:"人民法院受理破产申请后,已经开始而尚未终结的有关债务人的民事诉讼或者仲裁应当中止;在管理人接管债务人的财产后,该诉讼或者仲裁继续进行。"

二是破产受理后产生的衍生案件的管辖,由受理破产案件的人民法院集中管辖,依据为《破产规定二》第47条第1款:"人民法院受理破产申请后,当事人提起的有关债务人的民事诉讼案件,应当依据企业破产法第二十一条的规定,由受理破产申请的人民法院管辖。"以下为例外情形。

情形一:上级法院指定管辖。依据为《破产规定二》第47条第3款:"受理破产申请的人民法院,如对有关债务人的海事纠纷、专利纠纷、证券市场因虚假陈述引发的民事赔偿纠纷等案件不能行使管辖权的,可以依据民事诉讼法第三十七条的规定,由上级人民法院指定管辖。"

情形二:按仲裁协议的约定处理纠纷。对于衍生案件的集中审理适用于案件属于人民法院管辖的民事诉讼案件,当事人双方对于涉诉案件有仲裁条款约定,按照该仲裁约定处理案件纠纷。

(三)申请主体

1. 债务人

依据为《破产法》第70条第1款:"债务人或者债权人可以依照本法规定,直接向人民法院申请对债务人进行重整。"

同时,债务人申请须提交破产申请书和有关证据,另外,须依据《破产法》第 8 条第 3 款规定:"债务人提出申请的,还应当向人民法院提交财产状况说明、债务清册、债权清册、有关财务会计报告、职工安置预案以及职工工资的支付和社会保险费用的缴纳情况。"提交相关的证据材料以证明符合破产条件。

2. 债权人

依据为《破产法》第 70 条第 1 款及《破产规定一》第 6 条:"债权人申请债务人破产的,应当提交债务人不能清偿到期债务的有关证据……"。

同时,债权人申请须提交破产申请书和有关证据。

3. 出资额占债务人注册资本 1/10 以上的出资人

依据为《破产法》第 70 条第 2 款:"债权人申请对债务人进行破产清算的,在人民法院受理破产申请后、宣告债务人破产前,债务人或者出资额占债务人注册资本十分之一以上的出资人,可以向人民法院申请重整。"

4. 国务院金融监管机构

依据为《破产法》第 134 条:"商业银行、证券公司、保险公司等金融机构有本法第二条规定情形的,国务院金融监督管理机构可以向人民法院提出对该金融机构进行重整或者破产清算的申请……"。

以陕西地区为例,对于破产重整的申请主体范围,包括债权人、债务人,以及出资额占债务人注册资本 1/10 以上的出资人,国务院金融监督管理机构。对于债权人申请时,更加细化了申请人的主体资格,并且明确了资格条件,更易于操作实施。

其中,对于债权人作为申请人时,更加细化到税收债权人、社保债权人、职工债权人、有关政府机关、金融监管机构。依据为《陕西破产规程》第 18 条:"【债权人的申请人主体资格】债务人不能清偿到期债务,债权人可以向人民法院提出对债务人进行重整或者破产清算的申请。税收债权人、社保债权人有权向人民法院提出债务人破产的申请。职工债权人向人民法院提出破产申请,须经企业职工代表大会或者全体职工三分之二多数同意。有关政府机关、金融监管机构的申请人主体资格依据其债权性质和相关法律规定及相关司法解释执行。"

(四)破产重整的条件

满足破产重整的情形:第一种为不能清偿到期债务,且满足资产不足以清偿全部债务或明显缺乏清偿能力任何一种情形的;第二种为明显丧失清偿能力可能的。依据为《破产法》第2条:"企业法人不能清偿到期债务,并且资产不足以清偿全部债务或者明显缺乏清偿能力的,依照本法规定清理债务。企业法人有前款规定情形,或者有明显丧失清偿能力可能的,可以依照本法规定进行重整。"

其中,对于不能清偿到期债务的认定,依据《破产规定一》第2条规定:"下列情形同时存在的,人民法院应当认定债务人不能清偿到期债务:(一)债权债务关系依法成立;(二)债务履行期限已经届满;(三)债务人未完全清偿债务。"

其中,对于资产不足以清偿全部债务的认定,依据《破产规定一》第3条规定:"债务人的资产负债表,或者审计报告、资产评估报告等显示其全部资产不足以偿付全部负债的,人民法院应当认定债务人资产不足以清偿全部债务,但有相反证据足以证明债务人资产能够偿付全部负债的除外。"

其中,对于债务人明显缺乏清偿能力的认定,依据《破产规定一》第4条规定:"债务人账面资产虽大于负债,但存在下列情形之一的,人民法院应当认定其明显缺乏清偿能力:(一)因资金严重不足或者财产不能变现等原因,无法清偿债务;(二)法定代表人下落不明且无其他人员负责管理财产,无法清偿债务;(三)经人民法院强制执行,无法清偿债务;(四)长期亏损且经营扭亏困难,无法清偿债务;(五)导致债务人丧失清偿能力的其他情形。"

陕西地区对于破产重整条件的规定,同上。

(五) 不予受理破产重整的救济途径

对于人民法院收到破产申请并补充完善了破产重整申请所需的材料后,经人民法院审查不受理破产申请的,由受理法院作出裁定并于5日内送达申请人,申请人不服的,可以向上一级人民法院上诉。

对于人民法院未接受申请人提出的破产申请,或者未按照相关规定收取破产申请材料的,申请人可以向上一级法院提出破产申请,上一级法院可以责令下级法院审查并作出是否受理裁定,下级法院仍不作出裁定的,上级法院可以直接作出裁定,也可以同时指令下级法院受理。

依据为《破产法》第12条:"人民法院裁定不受理破产申请的,应当自裁定作出之日起五日内送达申请人并说明理由。申请人对裁定不服的,可以自裁定送达之日起十日内向上一级人民法院提起上诉。"以及《破产规定一》第9条:"申请人向人民法院提出破产申请,人民法院未接收其申请,或者未按本规定第七条执行的,申请人可以向上一级人民法院提出破产申请。上一级人民法院接到破产申请后,应当责令下级法院依法审查并及时作出是否受理的裁定;下级法院仍不作出是否受理裁定的,上一级人民法院可以径行作出裁定。上一级人民法院裁定受理破产申请的,可以同时指令下级人民法院审理该案件。"

(六) 受理破产后相关程序

1. 管理人的确定

对于管理人确定的方式为指定,确定的时间节点为裁定受理破产申请。(区别预重整,预重整为决定书)依据为《破产法》第13条:"人民法院裁定受理破产申请的,应当同时指定管理人。"

对于管理人的范围的确定,可以是清算组、律师事务所、会计师事务所、破产清算事务所。中介机构的选择应当从管理名册中指定,由高级人民法院确定高级人民法院及所辖中级人民法院名册。依据为《破产法》第 24 条:"管理人可以由有关部门、机构的人员组成的清算组或者依法设立的律师事务所、会计师事务所、破产清算事务所等社会中介机构担任。人民法院根据债务人的实际情况,可以在征询有关社会中介机构的意见后,指定该机构具备相关专业知识并取得执业资格的人员担任管理人。"《最高人民法院关于审理企业破产案件指定管理人的规定》第 1 条:"人民法院审理企业破产案件应当指定管理人。除企业破产法和本规定另有规定外,管理人应当从管理人名册中指定。"以及第 2 条:"高级人民法院应当根据本辖区律师事务所、会计师事务所、破产清算事务所等社会中介机构及专职从业人员数量和企业破产案件数量,确定由本院或者所辖中级人民法院编制管理人名册。"

陕西地区关于管理人的确定,同上。

2. 债权申报公告和债权确认

(1)债权申报的公告及申报期间

由法院出具相关文书,并由管理人对外进行公告,实务中通常在全国企业破产重整案件信息网及当地影响力较大的媒体、报纸等进行公告。

依据为《破产法》第 14 条第 1 款:"人民法院应当自裁定受理破产申请之日起二十五日内通知已知债权人,并予以公告。"

债权人应当在公告中要求的债权期间内进行申报,申报期间具体由管理人根据债务其他的债权人数量及申报的工作量综合考虑后确定一个期间,不少于 30 日但不超过 3 个月。

依据为《破产法》第 45 条:"人民法院受理破产申请后,应当确定债权人申报债权的期限。债权申报期限自人民法院发布受理破产申请公告之日起计算,最短不得少于三十日,最长不得超过三个月。"

实务中,案件由预重整转入重整程序的,因在预重整期间已经基本完成了债权申报,通常申报日期设定为 30 日,具体可以以该案件的债权申报情况在 30 日至 3 个月确定。

(2)逾期申报的法律后果

对于逾期申报的,处理方式为可以补充申报,后文另有陈述。逾期申报的法律后果为:一是不得行使相关权利包括表决等;二是重整计划期间不得行使权利,在重整计划完成后按照重整计划规定的同类债权的清偿条件行使权利。

依据为《破产法》第56条:"在人民法院确定的债权申报期限内,债权人未申报债权的,可以在破产财产最后分配前补充申报;但是,此前已进行的分配,不再对其补充分配。为审查和确认补充申报债权的费用,由补充申报人承担。债权人未依照本法规定申报债权的,不得依照本法规定的程序行使权利。"以及《破产法》第92条第2款:"债权人未依照本法规定申报债权的,在重整计划执行期间不得行使权利;在重整计划执行完毕后,可以按照重整计划规定的同类债权的清偿条件行使权利。"

(3)债权确认

对于申报的债权由管理人进行开展是否确认的工作,债权确认的处理结果分为确认债权、待确认债权、不予确认债权。

对于确认的债权,可以按照确认的金额,以债权人的身份行使正常的债权人权利,包括但不限于参加债权人大会、选举或被选举为债权委员会成员、主席、参与重整事项表决等。

对于待确认的债权,属于债权不能确定或者尚未确定,仍须补充相关材料;或者正在进行的诉讼、仲裁中需要进一步确定的债权,由管理人向人民法院提出书面意见,由人民法院确定是否给予其临时表决权,享有临时表决权的,可以正常参加破产程序,根据后续债权最终确定的结果进行二次调整。

对于不予确认的债权,属于经管理人审核认为与破产案件无关或者无相关资料能够证明其关联或者其他原因导致无法进行债权确认的情形;对于不予确认的债权,债权人应当书面告知申报人未确认债权的事实和理由。

(4)不予确认债权的救济

申报人对自己债权确认事项有异议的,应当向管理人提交书面异议书,债权经管理人审核,或经债权人会议审查及经人民法院确定后仍不予确认的,申报人将债务人列为被告,管理人为债务人的诉讼代表人,向破产案件受理法院提起确认债权之诉,有仲裁协议的由选定的仲裁机构确认债权债务关系。

依据为《破产规定三》第8条:"债务人、债权人对债权表记载的债权有异议的,应当说明理由和法律依据。经管理人解释或调整后,异议人仍然不服的,或者管理人不予解释或调整的,异议人应当在债权人会议核查结束后十五日内向人民法院提起债权确认的诉讼。当事人之间在破产申请受理前订立有仲裁条款或仲裁协议的,应当向选定的仲裁机构申请确认债权债务关系。"

(5)对于债权人确认的其他债权人不认可的救济

债权人对其他债权人的债权确认事项有异议的,也可以向管理人提出书面异议,管理人根据该异议进行书面回复,异议人对书面异议回复不认可的,可以将被异议债权人列为被告,向破产案件受理法院提起债权确认之诉。

另外,对于生效文书的确认,管理人应当确认,但有例外。

已经生效法律文书确定的债权,管理人应当予以确认。管理人认为债权人据以申报债权的生效法律文书确定的债权错误,或者有证据证明债权人与债务人恶意通过诉讼、仲裁或者公证机关赋予强制执行力公证文书的形式虚构债权债务的,应当依法通过审判监督程序向作出该判决、裁定、调解书的人民法院或者上一级人民法院申请撤销生效法律文书,或者向受理破产申请的人民法院申请撤销或者不予执行仲裁裁决、不予执行公证债权文书后,重新确定债权。(《破产规定三》第7条)

3. 对企业管理资料和具体经营管理权的移交

破产受理后,债务人应当向管理人移交财产和营业事务,实务中的财产包括但不限于财务相关资料、企业资产凭证和所有相关实物资产、无形资产资料以及营业相关业务资料,营业事务包括但不限于破产企业的经营管理权。

破产受理后次债务人以及持有破产企业财产的人,均应当向管理人清偿债务或交付其持有的破产企业资产。依据为《破产法》第 17 条:"人民法院受理破产申请后,债务人的债务人或者财产持有人应当向管理人清偿债务或者交付财产。债务人的债务人或者财产持有人故意违反前款规定向债务人清偿债务或者交付财产,使债权人受到损失的,不免除其清偿债务或者交付财产的义务。"

债务人不进行财产和营业事务移交的情形:一是必须是债务人申请;二是须经人民法院批准;三是在管理人的监督下进行。

依据为《破产法》第 73 条:"在重整期间,经债务人申请,人民法院批准,债务人可以在管理人的监督下自行管理财产和营业事务。有前款规定情形的,依照本法规定已接管债务人财产和营业事务的管理人应当向债务人移交财产和营业事务,本法规定的管理人的职权由债务人行使。"

以陕西地区为例,对于移交的时间和内容有更明确的规定,一是裁定送达 15 日内移交财产,二是移交的内容包括印章和账簿以及财产状况说明、债务清册、债权清册、有关财务会计报告以及职工工资的支付和社会保险费用的缴纳情况。依据为《陕西破产规程》第 46 条第 1 款:"【破产受理对债务人的效力】人民法院受理破产申请后,债务人应当在人民法院规定的期限内向人民法院指定的管理人移交企业的财产、印章和账簿、文书等资料。"以及第 48 条第 1 款:"【破产受理后债务人应承担的提交义务】人民法院受理债权人提出申请的,应当通知债务人自裁定送达之日起十五日内,向人民法院提交财产状况说明、债务清册、债权清册、有关财务会计报告以及职工工资的支付和社会保险费用的缴纳情况。"

4.确定债务人的财产范围

债务人财产范围的清单有正面清单和负面清单,正面清单包括债务人的货币、实物,可以用货币估价并可以依法转让的债权、股权、知识产权、用益物权等财产和财产权益、设定担保物权的担保财产、其他应当认定为债务企业财产的范围的资产。对于未列入清单范围和其他范围的,可以依据清单要求予以确认是否属于债务人财产。

其中,(1)对于债务人财产的正面清单,依据为《破产规定二》第1条:"除债务人所有的货币、实物外,债务人依法享有的可以用货币估价并可以依法转让的债权、股权、知识产权、用益物权等财产和财产权益,人民法院均应认定为债务人财产。"第3条:"债务人已依法设定担保物权的特定财产,人民法院应当认定为债务人财产。"以及第4条第1款:"债务人对按份享有所有权的共有财产的相关份额,或者共同享有所有权的共有财产的相应财产权利,以及依法分割共有财产所得部分,人民法院均应认定为债务人财产。"

以陕西地区为例,对于债务人的财产范围,细化得更具体,依据为《陕西破产规程》第109条:"【管理人追回的债务人财产】破产申请受理后,管理人依法追回的下列财产属于债务人财产:(一)依据企业破产法第三十一条、第三十二条或者第三十三条的规定而取得的财产。(二)人民法院受理破产申请后,债务人的出资人尚未完全履行的出资或抽逃的出资。(三)债务人的董事、监事和高级管理人员利用职权从企业获取的非正常收入和侵占的企业财产。债务人有企业破产法第二条第一款规定的情形时,债务人的董事、监事和高级管理人员利用职权获取的以下收入,人民法院应认定为企业破产法第三十六条规定的非正常收入:绩效奖金;普遍拖欠职工工资情况下获取的工资性收入;其他非正常收入。(四)他人基于仓储、保管、承揽、代销、借用、寄存、租赁、质押、留置等合同或者其他法律关系占有、使用的债务人财产。(五)管理人依法追回的债务人的其他财产。"第110条:"【执行中的债务人财产】人民法院裁定受理破产申请时已经扣划到执行法院账户但尚未支付给申请执行人的款项,属于债务人财产。执行法院应当及时将款项划至管理人账户。执行法院在中止执行后七日内应当将执行破产企业财产处置情况及分配清单、剩余未处置及未分配的银行存款、实际扣押的动产、有价证券等债务人财产移交给受理破产案件的法院或者管理人。"第111条:"【对融资租赁物的处理】债务人承租的融资租赁物不属于债务人财产,但为保证债务人财产的完整性和最大限度发挥财产的价值,管理人可以根据最有利于债务人财产的原则,经出租人同意后,将租赁物与债务人财产一并处理。融资租赁物的变现价值超过剩余租金的,管理人可以选择继续履行合同,支付租金后的剩余部分价值列入债务人财产;租赁物的变现价值低于剩余租金的,出租人就该部分财产价值受偿后不足部分申报债权。"第112条:"【划拨土地的权属认定】破产企业以划拨方式取得的国有土地使用权不属于债务人财产,但经政府有关部门批准,该土地使用权已作为出资并经企业注册资本登记的,属于债务人财产。以划拨方式取得的国有土地使用权及其地上建筑物设定抵押的,就该抵押物拍卖的价款,应当先缴纳国家收取的土地使用权出让金。"第113条:"【设定担保的债务人特定财产】债务人为自己或者他人的债务依法设定担保物权的特定财产,人民法院应认定为债务人财产。"第114条:"【共有财产分割所得】债务人与他人共有的物、债权、知识产权等财产或者财产权益,应当在破产中予以分割,债务人分割所得属于债务人财产;共有财产难以分割或者因分割会减损价值的,应当对折价或拍卖、变卖取得的价款予以分割。人民法院宣告债务人破产清算,属于共有财产分割的法定事由。人民法院裁定债务人重整或者和解的,共有财产的分割应当依据民法典第三百零三条的规定进行;基于重整或者和解的需要必须分割共有财产,管理人请求分割的,人民法院应予准许。"第115条:"【债务人的对外投资及收益】债务人的对外投资及其收益属于债务人财产。管理人在清理债务人对外投资时,不得以该投资价值为负或者为零而不予清理。"

(2)对于债务人财产的负面清单,依据为《破产规定二》第2条:"下列财产不应认定为债务人财产:(一)债务人基于仓储、保管、承揽、代销、借用、寄存、租赁等合同或者其他法律关系占有、使用的他人财产;(二)债务人在所有权保留买卖中尚未取得所有权的财产;(三)所有权专属于国家且不得转让的财产;(四)其他依照法律、行政法规不属于债务人的财产。"

以陕西地区为例,除上述范围外,还更加细化。依据为《陕西破产规程》第117条:"【不属于债务人财产的其他财产】破产企业的职工住房,或者已经签订合同和交付房款,并通过房改将相关权益转给个人的,不属于破产财产。破产企业的幼儿园、学校、医院等公益福利性设施,不属于破产财产。"

(七)受理破产的相关事项及处理

1. 破产受理产生法律上中止效果

破产受理后,正在进行中的法律程序会产生的中止的法律效果:

一是执行程序的执行中止效果。依据为《破产法》第19条:"人民法院受理破产申请后,有关债务人财产的保全措施应当解除,执行程序应当中止。"以及《破产规定二》第22条:"破产申请受理前,债权人就债务人财产向人民法院提起本规定第二十一条第一款所列诉讼,人民法院已经作出生效民事判决书或者调解书但尚未执行完毕的,破产申请受理后,相关执行行为应当依据企业破产法第十九条的规定中止,债权人应当依法向管理人申报相关债权。"

二是部分未审结案件的诉讼程序中止效果。依据为《破产规定二》第21条第1款:"破产申请受理前,债权人就债务人财产提起下列诉讼,破产申请受理时案件尚未审结的,人民法院应当中止审理:(一)主张次债务人代替债务人直接向其偿还债务的;(二)主张债务人的出资人、发起人和负有监督股东履行出资义务的董事、高级管理人员,或者协助抽逃出资的其他股东、董事、高级管理人员、实际控制人等直接向其承担出资不实或者抽逃出资责任的;(三)以债务人的股东与债务人法人人格严重混同为由,主张债务人的股东直接向其偿还债务人对其所负债务的;(四)其他就债务人财产提起的个别清偿诉讼。"

该部分案件中止后,相关债权人按照债权申报的方式确认其债权。

三是其他诉讼程序和仲裁程序的中止效果。依据为《破产法》第20条:"人民法院受理破产申请后,已经开始而尚未终结的有关债务人的民事诉讼或者仲裁应当中止;在管理人接管债务人的财产后,该诉讼或者仲裁继续进行。"

该其他诉讼程序或仲裁程序中止后,待管理人接管财产后,诉讼和仲裁继续。

以陕西地区为例,对于破产受理后拒不解除保全措施和拒不中止执行程序的有明确的处理方式,包括相关法院拒不执行的处理,执行错误或分配产生的执行回转,以及其他强制执行权力机关的沟通协调处理方式,其他部分同上,依据为《陕西破产规程》第52条:"【破产受理后对拒不解除保全措施和拒不中止执行程序的处理】人民法院受理破产申请后,相关人民法院拒不解除保全措施或者拒不中止执行的,破产案件受理法院可以请求该法院的上级人民法院依法予以纠正。对债务人财产采取保全措施或者执行措施的人民法院未依法及时解除保全措施、移交处置权,或者中止执行程序并移交有关财产的,上级人民法院应当依法予以纠正。执行法院因错误执行和错误分配的财产应当执行回转,在执行回转后列入债务人财产。人民法院审理企业破产案件时,有关债务人财产被其他具有强制执行权力的国家行政机关,包括税务机关、公安机关、海关等采取保全措施或者执行程序的,人民法院应当积极与上述机关进行协调和沟通,取得有关机关的配合。"

2.别除权的处理

对于有优先受偿权的债权人别除权(指债权人由于具有对债务人特定财产享有担保物权具有优先受偿权,当债务人处于破产程序中时,可以优先受偿该特定财产的权利)受到限制,在重整期间暂定担保债权的执行,以保证重整程序能够进行,以及增加重整成功的可能性,除非有担保物损坏或减少的情形。依据为《破产法》第 75 条第 1 款:"在重整期间,对债务人的特定财产享有的担保权暂停行使。但是,担保物有损坏或者价值明显减少的可能,足以危害担保权人权利的,担保权人可以向人民法院请求恢复行使担保权。"

破产受理后,对于债务人财产已经进行保全的措施,包括诉前保全、诉中保全或执行阶段采取的保全措施,均应当予以解除。实务中破产法院以通知的方式告知各已采取保全或执行措施的法院,予以解除。依据为《破产法》第 19 条:"人民法院受理破产申请后,有关债务人财产的保全措施应当解除,执行程序应当中止。"以及《破产规定二》第 7 条:"对债务人财产已采取保全措施的相关单位,在知悉人民法院已裁定受理有关债务人的破产申请后,应当依照企业破产法第十九条的规定及时解除对债务人财产的保全措施。"

以陕西地区为例,细化至对于重整程序中已设定的担保物权的债务人财产由管理人或自行管理的债务人确定,若属于必要,暂停执行,若无必要的,可以对担保物拍卖、变卖,即非必要之已设定担保之物的别除权不受影响,依据为《陕西破产规程》第 144 条第 1 款:"【重整中担保物权的恢复行使】重整申请受理后,管理人或者自行管理的债务人应当及时确定设定有担保物权的债务人财产是否为重整所必需。如果认为担保物不是重整所必需,管理人或者自行管理的债务人应当及时对担保物进行拍卖或者变卖,拍卖或者变卖担保物所得价款在支付拍卖、变卖费用后优先清偿担保物权人的债权。"

3. 对合同的履行,管理人有权决定是否继续

管理人有选择继续或解除的权利。破产受理后,对于已成立但未履行完毕的合同,管理人有选择继续履行或者解除合同的权利。该解除合同的权利属于法定解除权,可以采取明示的方式直接通知相对方,表示继续或解除合同,对于管理人 2 个月未通知或者经相对方催告 30 日内未答复的,视

为解除合同。

合同相对方无选择权,对于继续履行合同的,有要求提供担保的权利,无合同解除权。破产受理后,对于合同相对方的选择权为,若管理人解除合同,则合同解除,若管理人要求继续履行,相对方可以要求提供担保,不提供的即视为解除合同。

依据为《破产法》第18条:"人民法院受理破产申请后,管理人对破产申请受理前成立而债务人和对方当事人均未履行完毕的合同有权决定解除或者继续履行,并通知对方当事人。管理人自破产申请受理之日起二个月内未通知对方当事人,或者自收到对方当事人催告之日起三十日内未答复的,视为解除合同。管理人决定继续履行合同的,对方当事人应当履行;但是,对方当事人有权要求管理人提供担保。管理人不提供担保的,视为解除合同。"

陕西地区对合同的履行,管理人有权决定是否继续的,同上。

对于合同是否已经履行完毕,由管理人确定,对于是否履行完毕合同产生的争议,可以另行诉讼。

对于管理人或债务人依照《破产法》相关规定解除合同的,对于当事人以因合同解除所产生的损害赔偿可以进行债权申报,但是以实际损失为计算原则。违约金不作为破产债权,定金不再适用定金罚则。

依据为《破产法》第53条:"管理人或者债务人依照本法规定解除合同的,对方当事人以因合同解除所产生的损害赔偿请求权申报债权。"以及《关于审理企业破产案件若干问题的规定》第55条:"下列债权属于破产债权:……(五)清算组解除合同,对方当事人依法或者依照合同约定产生的对债务人可以用货币计算的债权……以上第(五)项债权以实际损失为计算原则。违约金不作为破产债权,定金不再适用定金罚则。"

4. 管理人的撤销权

(1)受理破产前1年内,管理人可以撤销的5种行为。依据为《破产法》第31条:"人民法院受理破产申请前一年内,涉及债务人财产的下列行为,管理人有权请求人民法院予以撤销:(一)无偿转让财产的;(二)以明显不合理的价格进行交易的;(三)对没有财产担保的债务提供财产担保的;(四)对未到期的债务提前清偿的;(五)放弃债权的。"

管理人怠于行使撤销权时,债权人可以依据相关法律规定向破产受理的法院申请撤销。依据为《破产规定二》第13条:"破产申请受理后,管理人未依据企业破产法第三十一条的规定请求撤销债务人无偿转让财产、以明显不合理价格交易、放弃债权行为的,债权人依据民法典第五百三十八条、第五百三十九条等规定提起诉讼,请求撤销债务人上述行为并将因此追回的财产归入债务人财产的,人民法院应予受理。"

(2)破产前6个月的个别清偿行为可以撤销。使债务人财产收益除外。依据为《破产法》第32条:"人民法院受理破产申请前六个月内,债务人有本法第二条第一款规定的情形,仍对个别债权人进行清偿的,管理人有权请求人民法院予以撤销。但是,个别清偿使债务人财产受益的除外。"以及《破产规定二》第12条:"破产申请受理前一年内债务人提前清偿的未到期债务,在破产申请受理前已经到期,管理人请求撤销该清偿行为的,人民法院不予支持。但是,该清偿行为发生在破产申请受理前六个月内且债务人有企业破产法第二条第一款规定情形的除外。"

以陕西地区为例,明确了行使的主体、诉讼时的主体地位,管辖法院以及管理人不提起时向债权人会议或委员会的报告说明义务。依据为《陕西破产规程》第118条:"【撤销权的行使】管理人发现债务人存在企业破产法第三十一条或第三十二条规定的行为之一的,应当以管理人的名义,以受益人为被告,向受理破产案件的人民法院提起破产撤销诉讼。管理人决定不提起破产撤销诉讼的,应当向债权人会议或债权人委员会报告并说明理由。"

5.个别清偿和隐匿转移财产或虚构债务的无效

(1)关于个别清偿的

原则上个别清偿无效,但是对自有财产设定担保物权清偿的(担保价值低于债权额除外),经诉讼、仲裁、执行程序清偿的(恶意串通除外),维持基本生产需要的水电费、支付劳动报酬和人身损害赔偿金,以及使债务人财产受益的有效。依据为《破产法》第 16 条:"人民法院受理破产申请后,债务人对个别债权人的债务清偿无效。"以及《破产规定二》第 14 条:"债务人对以自有财产设定担保物权的债权进行的个别清偿,管理人依据企业破产法第三十二条的规定请求撤销的,人民法院不予支持。但是,债务清偿时担保财产的价值低于债权额的除外。"第 15 条:"债务人经诉讼、仲裁、执行程序对债权人进行的个别清偿,管理人依据企业破产法第三十二条的规定请求撤销的,人民法院不予支持。但是,债务人与债权人恶意串通损害其他债权人利益的除外。"第 16 条:"债务人对债权人进行的以下个别清偿,管理人依据企业破产法第三十二条的规定请求撤销的,人民法院不予支持:(一)债务人为维系基本生产需要而支付水费、电费等的;(二)债务人支付劳动报酬、人身损害赔偿金的;(三)使债务人财产受益的其他个别清偿。"

(2)关于隐匿、转移财产或虚构债务的

目的是逃避债务,行为方式是隐匿、转移财产的行为和虚构债务或承认不真实债务的行为均无效,且管理人可以要求无效且返还。依据为《破产法》第 33 条:"涉及债务人财产的下列行为无效:(一)为逃避债务而隐匿、转移财产的;(二)虚构债务或者承认不真实的债务的。"以及《破产规定二》第 17 条:"管理人依据企业破产法第三十三条的规定提起诉讼,主张被隐匿、转移财产的实际占有人返还债务人财产,或者主张债务人虚构债务或者承认不真实债务的行为无效并返还债务人财产的,人民法院应予支持。"

以陕西地区为例,列明了管理人可以依据《破产法》第 33 条进行无效确认权的行使,另外管理人具有不提起时向债权人会议或委员会的报告说明义务。依据为《陕西破产规程》第 119 条第 2 款:"管理人决定不提起确认无效诉讼的,应当向债权人会议或债权人委员会报告并说明理由。"

6. 对出资人追缴和对高级管理人员的非正常收入处理

（1）对于出资人追缴出资或抽逃出资的

管理人对于未完全出资的出资人,应当要求出资。无论出资人以下列哪种理由抗辩:理由一出资人未到章程约定的缴纳期限的;理由二出资人违反出资义务已经超出诉讼时效;理由三出资人抽逃出资的。且不受出资期限的限制,即出资人此处无期限利益,企业破产受理后,应当履行完其出资义务。依据为《破产法》第 35 条:"人民法院受理破产申请后,债务人的出资人尚未完全履行出资义务的,管理人应当要求该出资人缴纳所认缴的出资,而不受出资期限的限制。"以及《破产规定二》第 20 条第 1 款:"管理人代表债务人提起诉讼,主张出资人向债务人依法缴付未履行的出资或者返还抽逃的出资本息,出资人以认缴出资尚未届至公司章程规定的缴纳期限或者违反出资义务已经超过诉讼时效为由抗辩的,人民法院不予支持。"

（2）对高级管理人员的非正常收入处理和限制

对于高级管理人员依职权获取的非正常收入和侵占的财产可以追回。依据为《破产法》第 36 条:"债务人的董事、监事和高级管理人员利用职权从企业获取的非正常收入和侵占的企业财产,管理人应当追回。"

对于高级管理人员取得的非正常收入确认。依据为《破产规定二》第 24 条第 1 款:"债务人有企业破产法第二条第一款规定的情形时,债务人的董事、监事和高级管理人员利用职权获取的以下收入,人民法院应当认定为企业破产法第三十六条规定的非正常收入:(一)绩效奖金;(二)普遍拖欠职工工资情况下获取的工资性收入;(三)其他非正常收入。"

（3）重整期间对出资人和高级管理人员的特别限制

重整期间,除法院同意外,出资人不得要求投资收益分配,高级管理人员不得转让持有债务人的股权。依据为《破产法》第 77 条:"在重整期间,债务人的出资人不得请求投资收益分配。在重整期间,债务人的董事、监事、高级管理人员不得向第三人转让其持有的债务人的股权。但是,经人民法院同意的除外。"

以陕西地区为例,明确了管理人可以起诉要求高级管理人员返还或赔偿损失,依据为《陕西破产规程》第122条:"……债务人董事、监事和高级管理人员拒绝返还财产或赔偿损失的,管理人可以向人民法院提起诉讼。"其他部分同上。

7.权利人的取回权

破产受理后,权利人可以取回不属于债务人但属于权利人的财产。须满足以下条件:

(1)提出取回的主体是财产之权利人,提出的对象是管理人,提出的时间是破产财产变价方案或者和解协议、重整计划草案提交债权人会议表决前。例外情形是管理人不同意取回的,权利人可以债务人为被告取得生效的法律文书后取回。

依据为《破产法》第38条:"人民法院受理破产申请后,债务人占有的不属于债务人的财产,该财产的权利人可以通过管理人取回。但是,本法另有规定的除外。"以及《破产规定二》第26条:"权利人依据企业破产法第三十八条的规定行使取回权,应当在破产财产变价方案或者和解协议、重整计划草案提交债权人会议表决前向管理人提出。权利人在上述期限后主张取回相关财产的,应当承担延迟行使取回权增加的相关费用。"第27条:"权利人依据企业破产法第三十八条的规定向管理人主张取回相关财产,管理人不予认可,权利人以债务人为被告向人民法院提起诉讼请求行使取回权的,人民法院应予受理。权利人依据人民法院或者仲裁机关的相关生效法律文书向管理人主张取回所涉争议财产,管理人以生效法律文书错误为由拒绝其行使取回权的,人民法院不予支持"。

(2)破产重整期间权利人取回,须满足事先约定,否则不能取回,除非管理人或自行管理的债务人违约,且可能导致取回物毁损灭失,价值明显减少的。依据为《破产法》第76条:"债务人合法占有的他人财产,该财产的权利人在重整期间要求取回的,应当符合事先约定的条件。"以及《破产规定二》第 40 条:"债务人重整期间,权利人要求取回债务人合法占有的权利人的财产,不符合双方事先约定条件的,人民法院不予支持。但是,因管理人或者自行管理的债务人违反约定,可能导致取回物被转让、毁损、灭失或者价值明显减少的除外"。

(3)以陕西地区为例,有具体细化,也有明确说明部分。

一是对于取回权的行使明确了管理人认为取回或认为不应该取回的告知义务,以及向债权人会议或债权人委员会的报告义务。依据为《陕西破产规程》第 124 条:"……管理人认为可以取回的,应当通知申请人取回。管理人认为不应该取回的,应当告知申请人可以债务人为被告向人民法院提起诉讼。管理人同意取回的,应当向债权人会议或债权人委员会报告并说明理由。"取回时间及对象等,同上。

二是对于涉及第三人善意取得或不构成善意取得的处理,进行了明确,依据为《陕西破产规程》第 127 条:"【第三人善意取得】债务人占有的他人财产被违法转让给第三人,第三人构成善意取得,原权利人无法取回该财产的,若转让行为发生在破产申请受理前,原权利人因财产损失形成的债权,作为普通破产债权清偿;若转让行为发生在破产申请受理后,因管理人或者相关人员执行职务导致原权利人损害产生的债务,作为共益债务清偿。第三人不构成善意取得,但已向债务人支付转让价款的,原权利人可依法追回转让财产。对因第三人已支付对价而产生的债务,若转让行为发生在破产申请受理前,作为普通破产债权清偿;若转让行为发生在破产申请受理后,作为共益债务清偿。"

8.共益债务和对外借款

共益债务和破产费用因可以从债务人财产中随时清偿,故对于公益债务需要清晰且明确。共益债务包括受理后发生的 6 种,以及管理人或相关人员在职务中发生的共益债务。

其中,(1)破产受理后发生的下列6种为共益债务,可以随时进行清偿。依据为《破产法》第42条:"人民法院受理破产申请后发生的下列债务,为共益债务:(一)因管理人或者债务人请求对方当事人履行双方均未履行完毕的合同所产生的债务;(二)债务人财产受无因管理所产生的债务;(三)因债务人不当得利所产生的债务;(四)为债务人继续营业而应支付的劳动报酬和社会保险费用以及由此产生的其他债务;(五)管理人或者相关人员执行职务致人损害所产生的债务;(六)债务人财产致人损害所产生的债务。"

(2)管理人或相关人员在执行职务中产生的共益债务。依据为《破产规定二》第33条第1款:"管理人或者相关人员在执行职务过程中,因故意或者重大过失不当转让他人财产或者造成他人财产毁损、灭失,导致他人损害产生的债务作为共益债务,由债务人财产随时清偿不足弥补损失,权利人向管理人或者相关人员主张承担补充赔偿责任的,人民法院应予支持。"

(3)以陕西地区为例,对于可以视为共益债务的债务及可参照共益债务执行的债务借款进行了明确,具体处理方式如下。

①关于视为公益债务的债务。依据为《陕西破产规程》第103条:"【视为共益债务的债务】在破产程序开始后产生的下列债务也应当视为共益债务:(一)因分割共有财产导致其他共有人受到损害而产生的债务。(二)以明显不合理的价格进行的债务人财产交易被撤销后,债务人应返还受让人已支付价款所产生的债务。(三)债务人占有的他人财产被违法转让给第三人,第三人已向债务人支付了转让价款,但依据民法典第三百一十一条的规定未取得财产所有权,原权利人依法追回转让财产的,如果转让行为发生在破产申请受理后,债务人对因第三人已支付对价而产生的债务。(四)债务人占有的他人财产毁损、灭失,保险金、赔偿金已经交付给债务人;或者代偿物已经交付给债务人且不能与债务人其他财产相区分的,如果财产毁损、灭失发生在破产申请受理后,因管理人或者相关人员执行职务导致权利人

损害产生的债务。(五)管理人或者相关人员在执行职务过程中,因故意或者重大过失不当转让他人财产或者造成他人财产毁损、灭失,导致他人损害产生的债务。(六)出卖人破产,其管理人决定解除所有权保留买卖合同,并依据企业破产法第十七条的规定要求买受人向其交付买卖标的物。买受人依法履行合同义务并将买卖标的物交付出卖人管理人后,买受人因已支付价款所受的损失。(七)依据其他有关法律规定应当认定为共益债务的债务。"

②关于可参照共益债务执行的债务人借款,依据为《破产法》第75条第2款:"在重整期间,债务人或者管理人为继续营业而借款的,可以为该借款设定担保。"以及《陕西破产规程》第104条:"【可参照共益债务执行的债务人借款】破产申请受理后,经债权人会议决议通过,或者第一次债权人会议召开前经人民法院许可,管理人或者自行管理的债务人可以为债务人继续营业而借款。提供的借款可参照企业破产法第四十二条第四项的规定优先于普通破产债权清偿。基于债务人继续营业而发生的借款,如果该项借款可以使担保物获得添附或者使担保物的财产价值获得增长,则管理人或者自行管理的债务人在事先征得担保物权人的同意后,亦可将所借款项优先于该担保物权进行清偿。"

9. 未到期、附条件等债权的申报及超期处理

对于可以申报债权的范围包括未到期债权、附条件、附期限的债权和诉讼、仲裁未决的债权,依据为《破产法》第46条:"未到期的债权,在破产申请受理时视为到期。附利息的债权自破产申请受理时起停止计息。"第47条:"附条件、附期限的债权和诉讼、仲裁未决的债权,债权人可以申报。"

对于申报超期限的处理为补充申报,期限为在破产财产最后分配前,同时承担两项权利负担:一是产生审查和补报的费用应当承担;二是不能行使相关权利,包括但不限于参加债权人大会,行使表决权等。依据为《破产法》第48条:"债权人应当在人民法院确定的债权申报期限内向管理人申报债权……"。第56条:"在人民法院确定的债权申报期限内,债权人未申报债权的,可以在破产财产最后分配前补充申报;但是,此前已进行的分配,不再对其补充分配。为审查和确认补充申报债权的费用,由补充申报人承担。债权人未依照本法规定申报债权的,不得依照本法规定的程序行使权利。"

陕西地区对于未到期、附条件等债权的申报及对超期处理,同上。

10.债权大会的表决方式及表决权

债权人大会共分四组进行表决,包括担保债权组、职工组、税务组及普通债权组,必要时普通债权组可以设小额债权组进行表决,依据为《破产法》第82条:"下列各类债权的债权人参加讨论重整计划草案的债权人会议,依照下列债权分类,分组对重整计划草案进行表决:(一)对债务人的特定财产享有担保权的债权;(二)债务人所欠职工的工资和医疗、伤残补助、抚恤费用,所欠的应当划入职工个人账户的基本养老保险、基本医疗保险费用,以及法律、行政法规规定应当支付给职工的补偿金;(三)债务人所欠税款;(四)普通债权。人民法院在必要时可以决定在普通债权组中设小额债权组对重整计划草案进行表决。"

重整计划草案的通过,对于各组的表决有两个要求,一是人数过半,二是债权额过2/3,该组重整计划通过,各组均通过时,重整计划通过。依据为《破产法》第84条第2款:"出席会议的同一表决组的债权人过半数同意重整计划草案,并且其所代表的债权额占该组债权总额的三分之二以上的,即为该组通过重整计划草案。"第86条第1款:"各表决组均通过重整计划草案时,重整计划即为通过。"

以陕西地区为例,对于特定财产享有担保的债权人表决权的限制情形进行了明确,即未放弃优先受偿权时,通过和解协议和破产财产分配方案不享有表决。依据为《陕西破产规程》第84条第2款:"【债权人表决权】对债务人的特定财产享有担保权的债权人,未放弃优先受偿权利的,对通过和解协议、通过破产财产分配方案不享有表决权。"

对于分组表决部分细化到享有建设工程价款、船舶和航空器等法定优先权的债权人的处理及担保财产不足而超出评估值部分债权按普通债权的处理。依据为《陕西破产规程》第 86 条:"【分组表决】债权人会议可以根据法律规定或者需表决事项的需要,采用按照债权类别分组表决形式。人民法院可以将享有建设工程价款、船舶和航空器等法定优先权的债权人列入对债务人特定财产享有担保权的债权表决组,也可以根据上述优先权的性质设置其他优先权表决组。经评估的担保财产价值不足以清偿担保债权,对该财产享有担保权的债权人同意对超出评估值以外的债权按普通债权清偿的,可以将评估值作为该笔债权在担保债权组的表决额,剩余金额作为其在普通债权组的表决额。"

另外,重整计划草案的制作主体是债务人或管理人,提交的对象是债权人会议和人民法院,提交时间为重整之日起 6 个月,有正当理由可以延期 3 个月。实务中,能否多次延长各地具体执行有异议。依据为《破产法》第 79 条:"债务人或者管理人应当自人民法院裁定债务人重整之日起六个月内,同时向人民法院和债权人会议提交重整计划草案……"。

11. 法院的裁量权

(1)对于债权人分组会议表决后通过的重整计划草案,债务人或者管理人应当于通过之日起 10 日内向人民法院提出批准重整计划的申请,人民法院审查后裁定。

依据为《破产法》第 86 条:"各表决组均通过重整计划草案时,重整计划即为通过。自重整计划通过之日起十日内,债务人或者管理人应当向人民法院提出批准重整计划的申请。人民法院经审查认为符合本法规定的,应当自收到申请之日起三十日内裁定批准,终止重整程序,并予以公告。"

(2)对未通过重整计划草案的表决组拒绝再次表决或者再次表决仍未通过重整计划草案,且满足一定条件的,可以由法院裁定是否同意,对债权人分组表决的,还应当满足至少有一组通过了重整计划草案且各表决组中反对者能够获得清偿的利益不低于依照破产清算程序获得的利益。

依据为《破产法》第87条第2款:"未通过重整计划草案的表决组拒绝再次表决或者再次表决仍未通过重整计划草案,但重整计划草案符合下列条件的,债务人或者管理人可以申请人民法院批准重整计划草案:(一)按照重整计划草案,本法第八十二条第一款第一项所列债权就该特定财产将获得全额清偿,其因延期清偿所受的损失将得到公平补偿,并且其担保权未受到实质性损害,或者该表决组已经通过重整计划草案;(二)按照重整计划草案,本法第八十二条第一款第二项、第三项所列债权将获得全额清偿,或者相应表决组已经通过重整计划草案;(三)按照重整计划草案,普通债权所获得的清偿比例,不低于其在重整计划草案被提请批准时依照破产清算程序所能获得的清偿比例,或者该表决组已经通过重整计划草案;(四)重整计划草案对出资人权益的调整公平、公正,或者出资人组已经通过重整计划草案;(五)重整计划草案公平对待同一表决组的成员,并且所规定的债权清偿顺序不违反本法第一百一十三条的规定;(六)债务人的经营方案具有可行性……"。以及《全国法院破产审判工作会纪要》第18条:"重整计划草案强制批准的条件。人民法院应当审慎适用企业破产法第八十七条第二款,不得滥用强制批准权。确需强制批准重整计划草案的,重整计划草案除应当符合企业破产法第八十七条第二款规定外,如债权人分多组的,还应当至少有一组已经通过重整计划草案,且各表决组中反对者能够获得的清偿利益不低于依照破产清算程序所能获得的利益。"

陕西地区对于法院的裁量权,同上。

12. 债权人委员会的组成人员

对于债权人委员会的组成须注意,一是需要有1名职工代表或工会代表,二是人数不超过9人,依据为《破产法》第67条:"债权人会议可以决定设立债权人委员会。债权人委员会由债权人会议选任的债权人代表和一名债务人的职工代表或者工会代表组成。债权人委员会成员不得超过九人……"。

13. 重整计划的执行和监督主体

重整计划的执行主体是债务人，重整计划的执行监督主体是管理人。依据为《破产法》第 89 条："重整计划由债务人负责执行。人民法院裁定批准重整计划后，已接管财产和营业事务的管理人应当向债务人移交财产和营业事务。"第 90 条："自人民法院裁定批准重整计划之日起，在重整计划规定的监督期内，由管理人监督重整计划的执行。在监督期内，债务人应当向管理人报告重整计划执行情况和债务人财务状况。"

14. 重整程序终止和重整计划执行程序终结

（1）重整程序终止

客观情形一为破产重整草案未通过且未获得批准；情形二为重整草案已通过但未获批准的，法院应当裁定终止并宣告破产。依据为《破产法》第 88 条："重整计划草案未获得通过且未依照本法第八十七条的规定获得批准，或者已通过的重整计划未获得批准的，人民法院应当裁定终止重整程序，并宣告债务人破产。"

以陕西地区为例，对于重整程序的终止更加具体化且明确宣告破产后尽快开展破产清算工作。依据为《陕西破产规程》第 182 条："【重整程序的终止】在重整期间，出现下列情形之一的，人民法院可以裁定终止重整程序，并宣告债务人破产：（一）因经营、财产状况持续恶化等原因，债务人已经丧失了重整的价值和挽救的可能性；（二）债务人有欺诈、恶意减少债务人财产或者其他显著不利于债权人的行为；（三）由于债务人的行为致使管理人无法执行职务；（四）管理人或者债务人不能在法定期限内提出重整计划草案；（五）重整计划草案未获批准或者重整计划草案未获强制批准。裁定终止重整程序并宣告债务人破产后，管理人应当及时接管债务人自行管理的财产和营业事务，并尽快开展破产清算工作。"

（2）重整计划执行程序终结

客观情况为债务人不能或不执行，申请主体是管理人或利害关系人，法院认定后的法律后果,一个是裁定终止重整计划的执行,另一个是宣告债务人破产。依据为《破产法》第93条:"债务人不能执行或者不执行重整计划的,人民法院经管理人或者利害关系人请求,应当裁定终止重整计划的执行,并宣告债务人破产……"。

15. 连带债务处理

(1) 债务人破产重整情形下的保证人权利主张

对于保证人已经代偿的,其可以按照代偿的金额向债务人申报债权。依据为《破产法》第51条第1款:"债务人的保证人或者其他连带债务人已经代替债务人清偿债务的,以其对债务人的求偿权申报债权。"

对于保证人尚未代偿的,可以以其对债务人的将来的求偿权申报债权。依据为《破产法》第51条第2款:"债务人的保证人或者其他连带债务人尚未代替债务人清偿债务的,以其对债务人的将来求偿权申报债权。但是,债权人已经向管理人申报全部债权的除外。"

(2) 债务人破产重整情形下的债权人向保证人的权利主张

债务人破产后,债权人应当向债务人进行债权申报。而对于债权人向保证人主张相关权利时,无论债权人向债务人申报了债权还是没有申报,均可以向保证人主张权利,对于债权人申报了债权,同时又起诉保证人的保证纠纷案件,人民法院应当受理,受理后根据情况分别处理:

一是需要裁定中止诉讼,待破产程序结束后,继续审理。

二是直接判决,但需要明确应扣除债权人在债务人破产程序中可以分得的部分。

依据为《最高人民法院对关于担保期间债权人向保证人主张权利的方式及程序问题的请示的答复》:"2. 该《通知》第二条的规定的意义在于,明确当主债务人进入破产程序,在'债权人没有申报债权'或'已经申报债权'两种不同情况下,债权人应当向保证人主张权利的期限。根据《最高人民法院关于适用〈中华人民共和国担保法〉若干问题的解释》第四十四条第一款的规定,在上述情况下,债权人可以向人民法院申报债权,也可以向保证人主张权利。因此,对于债权人申报了债权,同时又起诉保证人的保证纠纷案件,人民法院应当受理。在具体审理并认定保证人应承担保证责任的金额时,如需等待破产程序结束的,可依照《中华人民共和国民事诉讼法》第一百三十六条第一款第(五)项的规定,裁定中止诉讼。人民法院如径行判决保证人承担保证责任,应当在判决中明确应扣除债权人在债务人破产程序中可以分得的部分。"

(3) 保证人破产重整情形下的债权人权利主张

保证人破产的,债权人可以按照担保债权进行申报,对于一般保证人将分配额应予提存后,待责任确定后按照破产清偿比例进行分配。而连带保证人按照正常的债权人进行清偿,清偿后可以追偿。

依据为《破产规定三》第4条:"保证人被裁定进入破产程序的,债权人有权申报其对保证人的保证债权。主债务未到期的,保证债权在保证人破产申请受理时视为到期。一般保证的保证人主张行使先诉抗辩权的,人民法院不予支持,但债权人在一般保证人破产程序中的分配额应予提存,待一般保证人应承担的保证责任确定后再按照破产清偿比例予以分配。保证人被确定应当承担保证责任的,保证人的管理人可以就保证人实际承担的清偿额向主债务人或其他债务人行使求偿权。"

(4) 债务人和保证人均破产情形下的债权人权利主张

对于债务人和债权人双方均破产的,债权人可以分别申报,分别获得清偿,但债权人的受偿额不得超出其债权总额。保证人履行保证责任后不再享有求偿权。

依据为《破产规定三》第5条:"债务人、保证人均被裁定进入破产程序的,债权人有权向债务人、保证人分别申报债权。债权人向债务人、保证人均申报全部债权的,从一方破产程序中获得清偿后,其对另一方的债权额不作调整,但债权人的受偿额不得超出其债权总额。保证人履行保证责任后不再享有求偿权。"

16.关联企业实质合并破产

关联企业实质合并破产是指将多个主体的有关联的企业资产和负债合并后,按照一个破产企业主体进行破产重组或破产清算。

(1)对于能够进行关联企业实质合并破产的条件,须满足

①债务人与其关联企业成员之间存在法人人格高度混同。"法人人格高度混同",是指债务人与其关联企业成员之间,在人员、业务、财务、管理、营业场所等方面发生实质混同,使得企业的法人人格形骸化。

②区分各关联企业成员财产的成本过高。"区分成本过高",是指债务人与其关联企业成员之间存在复杂的股权控制关系、关联交易关系、债权债务关系、资金往来关系等,以至于对上述企业的各自财产作出区分会产生不符合司法程序价值的过高成本。

③严重损害债权人公平清偿利益。"严重损害债权人公平清偿利益",是指债务人与其关联企业成员之间存在基于欺诈而发生的虚假交易行为,该交易行为违背了公平、公正的交易原则,严重损害了相关债权人的公平受偿利益。

以上依据为《陕西破产规程》第242条。

(2)申请主体

关联企业实质合并破产,提出的主体:一是各关联企业,由各主体分别提出;二是已经进入破产程序的企业,其中破产管理人、债权人、债务人均可以提出。

依据为《陕西破产规程》第243条:"【实质合并破产申请的提出】关联企业实质合并破产申请,可以采取各相关成员企业先行分别提出破产申请,然后再由有关法院进行实质合并审理方式;也可采用由已经进入破产程序的某一成员企业,特别是核心控制企业的破产管理人、债权人、债务人依法向法院提出合并破产申请方式。"

(3) 管辖

对于同一辖区内同一家法院管辖范围的各关联公司分别申请破产,并达到实质合并破产的,则由同一家法院进行统一的合并破产审查和处理。

对于处于不同辖区,且各申请破产的关联企业向不同法院申请破产的,符合实质合并破产条件的,实务中有两种处理方式:一种是由关联企业中核心控制企业的住所地或主要财产所在地人民法院进行处理;另一种为报请共同的上一级法院确定最终处理法院。

对于多个关联企业存在破产原因但不符合实质合并条件的,由法院先行协调并结合其他因素由共同的上级法院确定一家法院集中管辖。

依据为《全国法院破产审判工作会议纪要》第35条:"实质合并审理的管辖原则与冲突解决。采用实质合并方式审理关联企业破产案件的,应由关联企业中的核心控制企业住所地人民法院管辖。核心控制企业不明确的,由关联企业主要财产所在地人民法院管辖。多个法院之间对管辖权发生争议的,应当报请共同的上级人民法院指定管辖。"

依据为《陕西破产规程》第247条:"【关联企业的协调审理方式】多个关联企业成员均存在破产原因但不符合实质合并条件的,人民法院可根据相关主体的申请对多个破产程序进行协调审理,并可根据程序协调的需要,综合考虑破产案件审理的效率、破产申请的先后顺序、成员负债规模大小、核心控制企业住所地等因素,由共同的上级法院确定一家法院集中管辖。"

(4) 举证责任与利害关系人的权利救济

申请人提出关联企业实质合并破产申请的,应当向人民法院提供能够证明各成员企业间存在法人人格高度混同且难以区分、损害债权人公平清偿利益的证据。

反对关联企业实质合并破产申请的相关利害关系人,有权向法院提出异议,但应提供相应的证据予以证明。(《陕西破产规程》第246条)

依据为《全国法院破产审判工作会议纪要》第34条:"裁定实质合并时

利害关系人的权利救济。相关利害关系人对受理法院作出的实质合并审理裁定不服的,可以自裁定书送达之日起十五日内向受理法院的上一级人民法院申请复议。"

《陕西破产规程》第248条关于裁定实质合并时利害关系人的权利救济内容,与上述一致。

(5)实质合并审理的法律后果(审理规则)

实质合并审理的法律后果。人民法院裁定采用实质合并方式审理破产案件的,各关联企业成员之间的债权债务归于消灭,各成员的财产作为合并后统一的破产财产,由各成员的债权人在同一程序中按照法定顺序公平受偿。采用实质合并方式进行重整的,重整计划草案中应当制定统一的债权分类、债权调整和债权受偿方案。(《全国法院破产审判工作会议纪要》第36条)

除上述内容相同外,《陕西破产规程》第251条另外对实质合并破产的审理规则规定为:"……(五)除核心控制企业外,各从属成员的出资人资格归于消灭。"

(6)实质合并破产后的主体资格

实务中各地有差异,具体以破产企业当地规定为准,陕西地区适用实质合并规则进行和解或重整的,各关联企业原则上应当合并为一个企业。

经过实质合并重整或和解后的各个企业是否保留原有的法人资格,由重整或和解后的企业,依据重整计划或和解协议,按照《公司法》的有关规定执行。(《陕西破产规程》第253条)

(7)止息日的确定

实务中各地有差异,具体以破产企业当地规定为准,陕西地区止息日的确定为,人民法院应当按照债务人与关联企业各自进入破产程序的时间分别确定止息日,并在债权人会议中予以释明。实质合并破产程序的开始,应从人民法院裁定合并之日起计算。(《陕西破产规程》第254条)

二、操作方式

（1）债务人、债权人或者出资额占债务人注册资本 1/10 以上的出资人，向债务人所在地人民法院申请债务企业破产重整；

（2）人民法院裁定受理破产重整，并指定管理人；

（3）管理人接管债务人资产和经营（经人民法院批准，债务人可以自行管理和经营）；

（4）管理人对外公告或以其他方式通知债权人进行债权申报工作，并对申报债权进行登记、审查并编制债权表；

（5）管理人发布招募评估、审计等中介机构公告，并由评估、审计进行独立评估或审计等；

（6）召开第一次债权大会，通报企业情况、债权债务、资产负债等情况；

（7）招募或由债务人、债权人提供有意向的投资人；

（8）债务人或管理人向人民法院和债权人会议提交重整计划草案；

（9）召开临时债权人会议，表决重整计划草案；

（10）重整计划草案表决通过或不通过，经法院裁定后确定是否执行重整计划；

（11）重整计划草案未获得通过且未获法院批准，或已通过的重整计划未获法院批准的，人民法院裁定终止重整程序，并宣告债务人破产；

（12）债务人执行重整计划，管理人监督计划实施；

（13）重整计划执行完毕，管理人提交监督工作报告，重整成功；

（14）债务人不能执行或不执行重整计划，重整失败，法院裁定终止重整计划的执行，并宣告债务人破产。

第四节

破产和解

破产和解是指债务人企业不能清偿到期债务,并且资产不足以清偿全部债务或者明显缺乏清偿能力的或者有明显丧失清偿能力可能的情况,且出现破产原因时,经债务人申请,在法院受理后,由债权人与债务人就债务履行达成和解协议,经法院审查认可后中止破产程序的一种。

一、内容

(一) 破产和解基本规定

1. 法律、法规司法解释及其他依据

同本书破产重整相关内容。

2. 和解案件的管辖法院

同本书破产重整相关内容,由债务人住所地人民法院管辖,依据为《破产法》第3条。

3. 和解申请的提出

破产和解由债务人向法院申请,并提出和解协议草案,提出方式可以是直接申请,也可以在受理破产申请后、宣告债务人破产前提出。

依据为《破产法》第 95 条:"债务人可以依照本法规定,直接向人民法院申请和解;也可以在人民法院受理破产申请后、宣告债务人破产前,向人民法院申请和解。债务人申请和解,应当提出和解协议草案。"

除上述内容外,以陕西地区为例,对于上述申请更加明确,人民法院应当依法受理并及时作出是否批准的裁定。依据为《陕西破产规程》第 194 条第 2 款:"人民法院应当注重发挥破产和解制度简便快速清理债权债务关系的功能,债务人根据企业破产法第九十五条的规定,直接提出和解申请,或者在破产申请受理后宣告破产前申请和解的,人民法院应当依法受理并及时作出是否批准的裁定。"

4. 和解的受理

破产法院经审查受理和解的,应当裁定,予以公告并召集债权人会议讨论和解草案。

依据为《破产法》第 96 条第 1 款:"人民法院经审查认为和解申请符合本法规定的,应当裁定和解,予以公告,并召集债权人会议讨论和解协议草案。"

关于和解的受理,《陕西破产规程》第 196 条内容同上。

(二)破产和解受理后相关事项

1. 管理人指定

各地实务有差异,以陕西地区为例,适用两种途径确定管理人:一种是法院裁定受理和解申请时予以指定,并明确管理人职责;另一种是破产清算案件转和解程序的,为破产清算阶段的管理人。

依据为《陕西破产规程》第 197 条:"【指定管理人】人民法院裁定受理和解申请的,应当同时指定管理人,并在指定管理人的决定书中明确管理人在和解案件中的职责。由破产清算程序转化为和解程序的,由原管理人继续履行管理人职责。"

2. 申报期限

和解债权人应当按照债权申报公告期限进行债权申报,未申报的,在和解执行期间不得行使,即无法进行参加债权人会议进行表决等,在执行和解完毕后,按照和解协议清偿条件行使权利。和解协议经债权人会议通过并经法院认可后,对全体和解债权人和债务人均有约束力。

依据为《破产法》第100条第3款:"和解债权人未依照本法规定申报债权的,在和解协议执行期间不得行使权利;在和解协议执行完毕后,可以按照和解协议规定的清偿条件行使权利。"

3. 债权人会议通过的标准

和解协议须由债权人会议进行表决通过,通过的标准为出席会议的有表决权的人数过半同意并且代表的债权额占无财产担保债权总额的2/3以上。另外,对债务人的特定财产享有担保权的债权人,未放弃优先受偿权利的,对通过和解协议的决议不享有表决权。

依据为《破产法》第59条第3款:"对债务人的特定财产享有担保权的债权人,未放弃优先受偿权利的,对于本法第六十一条第一款第七项、第十项规定的事项不享有表决权。"

《破产法》第61条第1款:"债权人会议行使下列职权:……(七)通过和解协议……(十)通过破产财产的分配方案……"。

《破产法》第97条:"债权人会议通过和解协议的决议,由出席会议的有表决权的债权人过半数同意,并且其所代表的债权额占无财产担保债权总额的三分之二以上。"

《陕西破产规程》第199条第2款:"依照企业破产法第五十九条的规定,对债务人的特定财产享有担保权的债权人,未放弃优先受偿权利的,对通过和解协议的决议不享有表决权。"

4. 和解协议通过或认可与否的法律效果

(1)和解协议通过的,法院出具裁定终止和解程序,并公告。

依据为《破产法》第 98 条:"债权人会议通过和解协议的,由人民法院裁定认可,终止和解程序,并予以公告。管理人应当向债务人移交财产和营业事务,并向人民法院提交执行职务的报告。"

(2)和解协议未通过的或法院未认可的,裁定终止和解程序,并宣告债务人破产。

依据为《破产法》第 99 条:"和解协议草案经债权人会议表决未获得通过,或者已经债权人会议通过的和解协议未获得人民法院认可的,人民法院应当裁定终止和解程序,并宣告债务人破产。"

5. 担保债权人、保证人、其他连带债务人的权利保障或执行

(1)对于享有特定财产担保的债权人,裁定和解之日可以行使权利。

依据为《破产法》第 96 条第 2 款:"对债务人的特定财产享有担保权的权利人,自人民法院裁定和解之日起可以行使权利。"

(2)对债务人的保证人、其他连带债务人可以按照原协议执行,不受和解协议影响。

依据为《破产法》第 101 条:"和解债权人对债务人的保证人和其他连带债务人所享有的权利,不受和解协议的影响。"

6. 和解程序终止,宣告破产

发生以下三种情形,由破产法院终止和解程序,并宣告破产。

情形一:和解草案未获通过或通过的和解协议未获法院认可。

依据为《破产法》第 99 条:"和解协议草案经债权人会议表决未获得通过,或者已经债权人会议通过的和解协议未获得人民法院认可的,人民法院应当裁定终止和解程序,并宣告债务人破产。"

情形二:债务人欺诈或其他违法行为形成的和解协议。

依据为《破产法》第 103 条:"因债务人的欺诈或者其他违法行为而成

立的和解协议,人民法院应当裁定无效,并宣告债务人破产。"

情形三:债务人不执行或不能执行和解协议的。

依据为《破产法》第 104 条:"债务人不能执行或者不执行和解协议的,人民法院经和解债权人请求,应当裁定终止和解协议的执行,并宣告债务人破产。"

7. 自行和解

破产申请后,债务人可以与全体债权人达成和解协议,请求人民法院裁定认可,终结破产程序。

依据为《破产法》第 105 条:"人民法院受理破产申请后,债务人与全体债权人就债权债务的处理自行达成协议的,可以请求人民法院裁定认可,并终结破产程序。"

8. 和解协议的执行

和解协议由债务人具体执行,管理人已经接手的财产和营业事务应当移交给债务人并向法院提交执行职务报告。

依据为《破产法》第 98 条:"债权人会议通过和解协议的,由人民法院裁定认可,终止和解程序,并予以公告。管理人应当向债务人移交财产和营业事务,并向人民法院提交执行职务的报告。"

《陕西破产规程》第 200 条第 1 款,同《破产法》第 98 条内容一致。

9. 和解协议终止执行对债权人的影响

一是和解协议终止的,经债权人请求,裁定终止和解协议并宣告破产。

二是因执行和解协议所受的清偿仍然有效,未清偿部分,按照破产债权处理。

三是其他债权人同在和解中受清偿的债权人所受的清偿达到同一比例时,和解中受清偿的债权人才能继续接受分配。

四是为和解协议执行提供担保的,担保继续有效,债权人可以向担保人主张权利。

依据为《破产法》第104条:"债务人不能执行或者不执行和解协议的,人民法院经和解债权人请求,应当裁定终止和解协议的执行,并宣告债务人破产。人民法院裁定终止和解协议执行的,和解债权人在和解协议中作出的债权调整的承诺失去效力。和解债权人因执行和解协议所受的清偿仍然有效,和解债权未受清偿的部分作为破产债权。前款规定的债权人,只有在其他债权人同自己所受的清偿达到同一比例时,才能继续接受分配。有本条第一款规定情形的,为和解协议的执行提供的担保继续有效。"

《陕西破产规程》第203条,同上述内容一致。

二 操作方式

(1)债务企业达到破产条件,或者已经进入了破产清算程序;

(2)债务人企业提出和解与和解方案;

(3)人民法院裁定和解并公告,同时指定管理人;

(4)召开债权人会议对和解协议进行表决;

(5)表决通过且人民法院认可后,或者债务人和债权人自行达成和解的,和解成功,终结破产程序;

(6)债务人与和解债权人按和解协议执行;

(7)表决未通过或通过后人民法院不认可的,终止和解程序,并宣告债务人破产。

第五节

破产清算

破产清算是指当企业发生不能清偿到期债务,并且资产不足以清偿全部债务或者明显缺乏清偿能力的情形时,在宣告破产后,由管理人对破产财产进行清算、评估并变价或以其他方式处理和分配。

一 内容

(一) 破产清算基本规定

1. 法律、法规司法解释及其他依据

同本书破产重整相关内容。

2. 破产清算案件的管辖法院

同本书破产重整相关内容,由债务人住所地人民法院管辖,依据为《破产法》第3条。

3. 申请主体

破产清算提出的主体可以是债务人、债权人,以及满足一定条件下(企业法人已经解散但未清算或者未清算完毕)负有清算责任的人。与破产重整的区别为破产重整为债务人、债权人、出资额占债务人注册资本 1/10 以上的出资人,以及国务院金融监管机构。

依据为《破产法》第 7 条:"债务人有本法第二条规定的情形,可以向人民法院提出重整、和解或者破产清算申请。债务人不能清偿到期债务,债权人可以向人民法院提出对债务人进行重整或者破产清算的申请。企业法人已解散但未清算或者未清算完毕,资产不足以清偿债务的,依法负有清算责任的人应当向人民法院申请破产清算。"

另外,对于已经解散但未清算或者在合理期限内未清算完毕的,债权人可直接申请破产清算,依据为《破产规定一》第 5 条:"企业法人已解散但未清算或者未在合理期限内清算完毕,债权人申请债务人破产清算的,除债务人在法定异议期限内举证证明其未出现破产原因外,人民法院应当受理。"

4. 破产清算的条件

满足两个条件:一是企业法人不能清偿到期债务,并且资产不足以清偿全部债务或者明显缺乏清偿能力;二是人民法院宣告债务人破产。

依据为《破产法》第 107 条第 1 款:"人民法院依照本法规定宣告债务人破产的,应当自裁定作出之日起五日内送达债务人和管理人,自裁定作出之日起十日内通知已知债权人,并予以公告。"

其中,对于不能清偿到期债务的认定,依据为《破产规定一》第 2 条:"下列情形同时存在的,人民法院应当认定债务人不能清偿到期债务:(一)债权债务关系依法成立;(二)债务履行期限已经届满;(三)债务人未完全清偿债务。"

对于资产不足以清偿全部债务的认定,依据为《破产规定一》第 3 条:"债务人的资产负债表,或者审计报告、资产评估报告等显示其全部资产不足以偿付全部负债的,人民法院应当认定债务人资产不足以清偿全部债务,但有相反证据足以证明债务人资产能够偿付全部负债的除外。"

对于债务人明显缺乏清偿能力的认定,依据为《破产规定一》第4条:"债务人账面资产虽大于负债,但存在下列情形之一的,人民法院应当认定其明显缺乏清偿能力:(一)因资金严重不足或者财产不能变现等原因,无法清偿债务;(二)法定代表人下落不明且无其他人员负责管理财产,无法清偿债务;(三)经人民法院强制执行,无法清偿债务;(四)长期亏损且经营扭亏困难,无法清偿债务;(五)导致债务人丧失清偿能力的其他情形。"

另外,以陕西地区为例,对于直接受理的破产清算,破产宣告的条件更加细化,依据为《陕西破产规程》第206条:"【破产宣告的条件】人民法院受理破产清算申请后,第一次债权人会议上无人提出重整或者和解申请的,管理人应当在债权审核确认和必要的审计、资产评估后,及时向人民法院提出宣告破产的申请……"

5. 宣告破产

债务企业直接被受理进入清算程序,或者破产重整失败转入破产清算,或者和解失败转入破产清算程序的,当人民法院宣告债务人破产的即进入破产清算程序,应当将宣告破产裁定送达债务人和管理人,并通知已知债权人。

依据为《破产法》第107条:"人民法院依照本法规定宣告债务人破产的,应当自裁定作出之日起五日内送达债务人和管理人,自裁定作出之日起十日内通知已知债权人,并予以公告。债务人被宣告破产后,债务人称为破产人,债务人财产称为破产财产,人民法院受理破产申请时对债务人享有的债权称为破产债权。"

(二)破产清算相关事项

1. 管理人的确定和职责

对于管理人确定的方式为指定,确定的时间节点为裁定受理破产申请,依据为《破产法》第13条:"人民法院裁定受理破产申请的,应当同时指定管理人。"而对于管理人的范围的确定,可以是清算组、律师事务所、会计师事务所、破产清算事务所。其他内容同本书破产重整部分。

破产清算时,管理人的主要职责为清理清结债务人的债权债务,区别于破产重整的管理人的职责为对企业财务及经营业务进行管理,以多样化的形式使企业重新"焕发活力",甚至在管理人的监督下债务企业自行管理或经营,只体现管理人的监督职责。

2. 确定破产财产范围

债务人被宣告破产后,债务人财产称为破产财产。除债务人所有的货币、实物外,债务人依法享有的可以用货币估价并可以依法转让的债权、股权、知识产权、用益物权等财产和财产权益(《破产规定二》第1条),债务人已依法设定担保物权的特定财产(《破产规定二》第3条),债务人对按份享有所有权的共有财产的相关份额,或者共同享有所有权的共有财产的相应财产权利,以及依法分割共有财产所得部分,人民法院均应认定为债务人财产(《破产规定二》第4条第1款)等,其他内容同本书破产重整部分。

3. 对特定财产享有担保权利

对特定财产享有担保权利的债权人,对于该特定财产享有优先受偿权,依据为《破产法》第109条:"对破产人的特定财产享有担保权的权利人,对该特定财产享有优先受偿的权利。"区别于破产重整程序中,抵押权或质押权等具有优先受偿权的人的权利行使受到限制,清算程序未限制。

另外,对于对特定财产享有担保权利的债权人行使优先权未受清偿的债权部分,可以作为普通债权进行受偿。依据为《破产法》第110条:"享有本法第一百零九条规定权利的债权人行使优先受偿权利未能完全受偿的,其未受偿的债权作为普通债权;放弃优先受偿权利的,其债权作为普通债权。"

4. 拟定变价方案

提交主体为管理人,提交对象为债权人会议。变价方案的审议结果,管理人以通过的变价方案或者变价方案未通过但法院裁定认可的,进行破产财产的变价处置。

依据为《破产法》第111条:"管理人应当及时拟订破产财产变价方案,提交债权人会议讨论。管理人应当按照债权人会议通过的或者人民法院依照本法第六十五条第一款规定裁定的破产财产变价方案,适时变价出售破产财产。"

《破产法》第61条:"债权人会议行使下列职权:……(八)通过债务人财产的管理方案;(九)通过破产财产的变价方案……"第65条第1款:"本法第六十一条第一款第八项、第九项所列事项,经债权人会议表决未通过的,由人民法院裁定。"

5.财产处置

变价方案中对于破产财产应当通过拍卖进行,债权人另有决议的除外。处置时可以全部或部分处置,可以根据财产的性质分别处置,对于有法律禁止或限制的,按照相关规定处理。

依据为《破产法》第112条:"变价出售破产财产应当通过拍卖进行。但是,债权人会议另有决议的除外。破产企业可以全部或者部分变价出售。企业变价出售时,可以将其中的无形资产和其他财产单独变价出售。按照国家规定不能拍卖或者限制转让的财产,应当按照国家规定的方式处理。"

另外,以陕西地区为例,《陕西破产规程》明确应当采取网络拍卖,不宜采取网络拍卖方式处置的除外,依据为《陕西破产规程》第212条第2款:"以拍卖方式处置破产财产的,除法律、行政法规和司法解释规定必须通过其他途径处置,或者不宜采取网络拍卖方式处置的以外,应当采取网络拍卖方式。"

同时,对于以拍卖方式处置时,提出满足拍卖不成或拍卖所得款项不足以支付拍卖费的,可以采取作价变卖或实物分配方式,另外变卖或实物分配的方案经债权人会议两次表决仍未通过的,由人民法院裁定处理。

依据为《陕西破产规程》第213条:"【破产财产的其他变价方式】采用拍卖方式进行处置的,拍卖所得预计不足以支付评估拍卖费用,或者拍卖不成的,经债权人会议决议,可以采取作价变卖或实物分配方式。变卖或实物分配的方案经债权人会议两次表决仍未通过的,由人民法院裁定处理。"

6. 分配方案

提交主体为管理人,提交对象为债权人会议,分配方案经债权人会议通过的,由管理人提交法院裁定认可;债权人会议未通过的,可以进行二次表决,表决仍未通过的,由法院裁定。

依据为《破产法》第115条:"管理人应当及时拟订破产财产分配方案,提交债权人会议讨论。破产财产分配方案应当载明下列事项:(一)参加破产财产分配的债权人名称或者姓名、住所;(二)参加破产财产分配的债权额;(三)可供分配的破产财产数额;(四)破产财产分配的顺序、比例及数额;(五)实施破产财产分配的方法。

债权人会议通过破产财产分配方案后,由管理人将该方案提请人民法院裁定认可。"

《破产法》第61条:"债权人会议行使下列职权:……(十)通过破产财产的分配方案……"。第65条第2款:"本法第六十一条第一款第十项所列事项,经债权人会议二次表决仍未通过的,由人民法院裁定。"

另外,以陕西地区为例,对于两次表决未通过的破产财产方案由法院裁定。债权人对裁定不服的且债权额占无财产担保债权总额1/2以上的债权人可以申请复议。

依据为《陕西破产规程》第219条:"【破产财产分配方案的裁定确认】破产财产分配方案经债权人会议两次表决仍未通过的,由人民法院裁定。债权人对人民法院作出的裁定不服的,债权额占无财产担保债权总额二分之一以上的债权人可以自裁定宣布之日或者收到通知之日起十五日内向该人民法院申请复议。复议期间不停止裁定的执行。"

7.债务清偿顺序

第一顺序为:破产费用和共益债务。且共益债务和破产费用可以从债务人财产中随时清偿。共益债务范围以《破产法》第42条及《破产规定二》第33条第1款为准,本书破产重整部分均有所述。

其他顺序,按照《破产法》第113条第1款的顺序进行清偿,内容为:"破产财产在优先清偿破产费用和共益债务后,依照下列顺序清偿:(一)破产人所欠职工的工资和医疗、伤残补助、抚恤费用,所欠的应当划入职工个人账户的基本养老保险、基本医疗保险费用,以及法律、行政法规规定应当支付给职工的补偿金;(二)破产人欠缴的除前项规定以外的社会保险费用和破产人所欠税款;(三)普通破产债权。"

对于同一顺序的清偿以及高级管理人员工资的计算标准,按照《破产法》第113条第3款"破产财产不足以清偿同一顺序的清偿要求的,按照比例分配。破产企业的董事、监事和高级管理人员的工资按照该企业职工的平均工资计算"之规定处理。

另外,以陕西地区为例,《陕西破产规程》对于第三方垫付工资的清偿顺序和法律无规定情形下破产债权的清偿原则和顺序进行了具体规定:

依据为《陕西破产规程》第215条:"【第三方垫付工资的清偿】由第三方垫付的职工工资,原则上按照垫付的职工债权性质进行清偿;由欠薪保障基金垫付的,应按照企业破产法第一百一十三条第一款第二项的顺序清偿。"

《陕西破产规程》第216条:"【法律无规定情形下破产债权的清偿原则和顺序】对于法律没有明确规定清偿顺序的债权,人民法院可以按照人身损害赔偿债权优先于财产性债权、私法债权优先于公法债权、补偿性债权优先于惩罚性债权的原则合理确定清偿顺序。因债务人侵权行为造成的人身损害赔偿,可以参照企业破产法第一百一十三条第一款第一项规定的顺序清偿,但其中涉及的惩罚性赔偿除外。破产财产依照企业破产法第一百一十三条规定的顺序清偿后仍有剩余的,可依次用于清偿破产受理前产生的民事惩罚性赔偿金、行政罚款、刑事罚金等惩罚性债权。"

8. 方案的执行

破产财产分配方案的具体执行人为管理人,依据为《破产法》第116条:"破产财产分配方案经人民法院裁定认可后,由管理人执行……"。区别于破产重整中重整计划的执行是由债务人执行,管理人监督执行的。

另外,以陕西地区为例,细化至债务人应当立即向管理人办理财产和营业事务的移交,依据为《陕西破产规程》第209条:"【债务人自行管理权的改变】由债务人自行管理的重整程序经破产宣告转为清算程序的,或者和解协议生效后经破产宣告转为清算程序的,债务人应当立即向管理人办理财产和营业事务的移交。"

9. 提存及后续处理

破产财产分配时,以下三种情形,对该部分分配的财产进行提存,并后续进行不同处理:

情形一:对于附生效条件或者解除条件的债权。

于最后分配公告日,条件未达成的,分配给其他债权人。条件达成的,交给债权人。

依据为《破产法》第117条:"对于附生效条件或者解除条件的债权,管理人应当将其分配额提存。管理人依照前款规定提存的分配额,在最后分配公告日,生效条件未成就或者解除条件成就的,应当分配给其他债权人;在最后分配公告日,生效条件成就或者解除条件未成就的,应当交付给债权人。"

情形二:债权人未受领的破产财产分配额。

自最后分配公告之日起满2个月仍不领取的,分配给其他债权人。

依据为《破产法》第118条:"债权人未受领的破产财产分配额,管理人应当提存。债权人自最后分配公告之日起满二个月仍不领取的,视为放弃受领分配的权利,管理人或者人民法院应当将提存的分配额分配给其他债权人。"

情形三：破产财产分配时，对于诉讼或者仲裁未决的债权。

自破产程序终结之日起满2年仍不能受领分配的，分配给其他债权人。

依据为《破产法》第119条："破产财产分配时，对于诉讼或者仲裁未决的债权，管理人应当将其分配额提存。自破产程序终结之日起满二年仍不能受领分配的，人民法院应当将提存的分配额分配给其他债权人。"

10. 法院的裁量权

对于债权会议未通过的财产管理方案和破产财产的变价方案，可以由法院裁定是否同意。依据为《破产法》第65条第1款："本法第六十一条第一款第八项、第九项所列事项，经债权人会议表决未通过的，由人民法院裁定。"其中第8项、第9项内容为："（八）通过债务人财产的管理方案；（九）通过破产财产的变价方案"。

对于债权人会议二次表决仍未通过的财产分配方案，可以由法院裁定是否同意。依据为《破产法》第65条第2款："本法第六十一条第一款第十项所列事项，经债权人会议二次表决仍未通过的，由人民法院裁定。"其中第10项内容为："（十）通过破产财产的分配方案"。

以上前文均有所述，此处为总结性陈述。

11. 破产清算程序终结

客观情况为破产人无财产可供分配，申请主体为管理人，申请对象为人民法院。申请结果为，法院裁定终结破产程序或不终结，并公告。

依据为《破产法》第120条第1款："破产人无财产可供分配的，管理人应当请求人民法院裁定终结破产程序。"第120条第3款："人民法院应当自收到管理人终结破产程序的请求之日起十五日内作出是否终结破产程序的裁定。裁定终结的，应当予以公告。"

12. 终结后两年内的追加权

破产财产不足以清偿破产费用和无财产可供分配情形下，破产程序终结后两年内，债权人可以请求法院追加分配应当追回的财产，包括通过管理人行使撤销权(不合理价格交易、对无财产债务提供担保、提前清偿、放弃债权、个别清偿)、追回权(转移资产、虚构债务、承认不真实债务、董监高非正常收入和侵占)和其他应当分配的财产。财产数量不足以支付分配费的,上交国库不再分配。

依据为《破产法》第 31 条:"人民法院受理破产申请前一年内,涉及债务人财产的下列行为,管理人有权请求人民法院予以撤销:(一)无偿转让财产的;(二)以明显不合理的价格进行交易的;(三)对没有财产担保的债务提供财产担保的;(四)对未到期的债务提前清偿的;(五)放弃债权的。"第 32 条:"人民法院受理破产申请前六个月内,债务人有本法第二条第一款规定的情形,仍对个别债权人进行清偿的,管理人有权请求人民法院予以撤销。但是,个别清偿使债务人财产受益的除外。"第 33 条:"涉及债务人财产的下列行为无效:(一)为逃避债务而隐匿、转移财产的;(二)虚构债务或者承认不真实的债务的。"第 36 条:"债务人的董事、监事和高级管理人员利用职权从企业获取的非正常收入和侵占的企业财产,管理人应当追回。"

《破产法》第 43 条第 4 款:"债务人财产不足以清偿破产费用的,管理人应当提请人民法院终结破产程序。人民法院应当自收到请求之日起十五日内裁定终结破产程序,并予以公告。"第 120 条第 1 款:"破产人无财产可供分配的,管理人应当请求人民法院裁定终结破产程序。"

《破产法》第 123 条:"自破产程序依照本法第四十三条第四款或者第一百二十条的规定终结之日起二年内,有下列情形之一的,债权人可以请求人民法院按照破产财产分配方案进行追加分配:(一)发现有依照本法第三十一条、第三十二条、第三十三条、第三十六条规定应当追回的财产的;(二)发现破产人有应当供分配的其他财产的。有前款规定情形,但财产数量不足以支付分配费用的,不再进行追加分配,由人民法院将其上交国库。"

13. 保证人和其他连带债务人

破产程序终结后,债权人未受清偿债权可以向保证人和其他连带债务人继续主张权利。

依据为《破产法》第124条:"破产人的保证人和其他连带债务人,在破产程序终结后,对债权人依照破产清算程序未受清偿的债权,依法继续承担清偿责任。"

14. 破产清算程序与破产重整程序的衔接与转换

(1) 破产重整转破产清算

①发生法定情形,应当破产重整转为破产清算程序。在重整期间,有下列情形之一的,经管理人或者利害关系人请求,人民法院应当裁定终止重整程序,并宣告债务人破产:一是债务人的经营状况和财产状况继续恶化,缺乏挽救的可能性;二是债务人有欺诈、恶意减少债务人财产或者其他显著不利于债权人的行为;三是由于债务人的行为致使管理人无法执行职务。(《破产法》第78条)

②重整计划草案已经通过且人民法院已经认可,在执行重整计划的过程中,债务人不执行或不能执行计划的,宣告债务人破产,即由破产重整程序转为了破产清算程序。

依据为《破产法》第93条第1款:"债务人不能执行或者不执行重整计划的,人民法院经管理人或者利害关系人请求,应当裁定终止重整计划的执行,并宣告债务人破产。"

(2) 破产清算转破产重整

对于债权人直接申请的债务人进入破产清算程序的,时间节点为宣告破产前,申请主体为债务人或出资额占债务人注册资本1/10以上的出资人,申请对象为人民法院,可以申请由破产清算程序转为破产重整,在满足破产重整的条件下,可以转重整程序。

《破产法》第70条第2款:"债权人申请对债务人进行破产清算的,在人民法院受理破产申请后、宣告债务人破产前,债务人或者出资额占债务人注册资本十分之一以上的出资人,可以向人民法院申请重整。"

15. 实质合并破产规则中破产清算程序终结后各企业成员的主体资格

实务中各地有差异，具体以破产企业当地规定为准，陕西地区关于破产清算程序终结后各企业成员的主体资格，适用实质合并规则进行破产清算的，破产程序终结后各关联企业成员均应予以注销，主体资格均归于消灭。(《陕西破产规程》第 252 条)

二 操作方式

1. 直接申请的破产清算

（1）债务人、债权人以及满足一定条件下（企业法人已经解散但未清算或者未清算完毕）负有清算责任的人，向债务人所在地人民法院申请债务企业破产清算；

（2）人民法院裁定受理破产清算，并指定管理人；

（3）管理人接管债务人资产和经营；

（4）管理人对外公告或以其他方式通知债权人进行债权申报工作，并对申报债权进行登记、审查，并编制债权表；

（5）管理人发布招募评估、审计等中介机构公告，并由评估、审计进行独立评估或审计等；

（6）召开第一次债权大会，通报企业情况、债权债务、资产负债等情况；

（7）管理人向债权人会议提交破产财产变价方案、财产分配方案；

（8）方案表决通过或经法院裁定通过；

（9）管理人执行变价及分配方案；

（10）分配完毕，债务人无可供分配财产，破产清算程序终结。

2. 破产重整转破产清算

（1）债务人不能执行或不执行重整计划或者其他宣告破产的情形下，

转为破产清算程序；

(2)管理人向债权人会议提交破产财产变价方案、财产分配方案；

(3)方案表决通过或经法院裁定通过；

(4)管理人执行变价及分配方案；

(5)分配完毕,债务人无可供分配财产,破产清算程序终结。

第六节

执行转破产

执行转破产是指执行法院在执行程序中,发现被执行人的企业法人具有资不抵债或明显丧失偿债能力,足以达到《破产法》第2条第1款规定的情形,经申请执行人之一或被执行人同意,将该被执行人移转交由破产审查的相关制度。

一、内容

(一)相关依据

《最高人民法院印发〈关于执行案件移送破产审查若干问题的指导意见〉的通知》(法发〔2017〕2号)

《陕西省高级人民法院关于建立执行移送破产直通机制的工作指引(试行)》(陕高法发〔2022〕10号)

《陕西省高级人民法院关于"执转破"案件简化审理若干规定(试行)》(陕高法〔2019〕256号)

《陕西省高级人民法院关于执行案件移送破产审查、审理操作规程(试行)》(2018年8月16日公布)

《陕西省高级人民法院关于执行案件移送破产审查工作的实施意见（试行）》(2017年5月12日公布)

(二) 主体

执行转破产的被申请人主体限于被执行人为企业法人。依据为《民事诉讼法解释》第511条："在执行中，作为被执行人的企业法人符合企业破产法第二条第一款规定情形的，执行法院经申请执行人之一或者被执行人同意，应当裁定中止对该被执行人的执行，将执行案件相关材料移送被执行人住所地人民法院。"可知，除企业法人之外的组织、自然人均不适用执行转破产制度。

执行转破产申请主体须有申请执行人的申请或被执行人的同意。作为申请案件进入执行转破产须根据《破产法》的相关程序规则，由当事人进行申请，或者执行中执行法院认为已经符合执行转破产的条件，经执行法院征询同意转破产后，方才可由执行转入破产程序。

另外，以陕西地区为例，还须同时满足三个条件，具体见《陕西执行案件移送破产审查意见》第3条规定："执行案件移送破产审查，应当同时符合下列条件：(1)被执行人是企业法人以及法律规定可以参照适用破产程序的其他组织；(2)被执行人或者有关被执行人的任何一个执行案件的申请执行人书面同意将执行案件移送破产审查；(3)被执行人不能清偿全部债务或者明显缺乏清偿能力。"

(三) 管辖

地域管辖为被执行人住所地，级别管辖为中级人民法院为原则，基层人民法院为例外。依据为《执行案件移送破产指导意见》第3条："执行案件移送破产审查，由被执行人住所地人民法院管辖。在级别管辖上，为适应破产审判专业化建设的要求，合理分配审判任务，实行以中级人民法院管辖为原则、基层人民法院管辖为例外的管辖制度。中级人民法院经高级人民法院批准，也可以将案件交由具备审理条件的基层人民法院审理。"

（四）须准备和移送的相关材料

根据《执行案件移送破产指导意见》相关内容，可知在进行执行转破产程序中须准备以下相关材料，包括但不限于：

(1) 执行案件移送破产审查决定书；

(2) 申请执行人或被执行人同意移送的书面材料；

(3) 执行法院采取财产调查措施查明的被执行人的财产状况，已查封、扣押、冻结财产清单及相关材料；

(4) 执行法院已分配财产清单及相关材料；

(5) 被执行人债务清单；

(6) 其他应当移送的材料。

以陕西地区为例，除上述材料外，根据《陕西执行案件移送破产审查意见》第21条规定还需要以下材料：

(1) 案件执行情况报告；

(2) 执行依据及相关执行文书；

(3) 被执行人不能清偿全部债务或明显缺乏清偿能力的相关材料；

(4) 当事人营业场地、管理机构、管理人员等工商登记信息资料。

（五）决定程序

(1) 询问申请执行人、被执行人是否同意将案件移送破产审查。依据为《执行案件移送破产指导意见》第4条："……执行法院采取财产调查措施后，发现作为被执行人的企业法人符合破产法第二条规定的，应当及时询问申请执行人、被执行人是否同意将案件移送破产审查……"。

(2) 执行法院出具移送决定书。依据为《执行案件移送破产指导意见》

第 5 条:"……承办人认为执行案件符合移送破产审查条件的,应提出审查意见,经合议庭评议同意后,由执行法院院长签署移送决定。"

另外,以陕西地区为例,对于执行法院经审查决定不予移送的救济途径为,申请执行人或被执行人可以直接向有管辖权的法院提出破产申请。

依据为《陕西执行案件移送破产审查意见》第 13 条:"申请执行人或被执行人申请将案件移送破产审查,执行法院经审查决定不予移送的,应当书面告知申请执行人或被执行人。当事人可以向有管辖权的法院提出破产申请。"

(3)报请中级人民法院审核同意。依据为《执行案件移送破产指导意见》第 6 条:"为减少异地法院之间移送的随意性,基层人民法院拟将执行案件移送异地中级人民法院进行破产审查的,在作出移送决定前,应先报请其所在地中级人民法院执行部门审核同意。"

(4)移送决定的送达和异议期。依据为《执行案件移送破产指导意见》第 7 条:"执行法院作出移送决定后,应当于五日内送达申请执行人和被执行人。申请执行人或被执行人对决定有异议的,可以在受移送法院破产审查期间提出,由受移送法院一并处理。"

(5)中止执行程序,特殊情况除外。依据为《执行案件移送破产指导意见》第 8 条:"执行法院作出移送决定后,应当书面通知所有已知执行法院,执行法院均应中止对被执行人的执行程序。但是,对被执行人的季节性商品、鲜活、易腐烂变质以及其他不宜长期保存的物品,执行法院应当及时变价处置,处置的价款不作分配……"。

(六)移送程序

(1)执行法院作出移送决定后,将相关材料移送至受移送法院立案部门。依据《执行案件移送破产指导意见》第 12 条规定:"执行法院移送破产审查的材料,由受移送法院立案部门负责接收。受移送法院不得以材料不完备等为由拒绝接收。"受移送法院根据资料情况,按照《执行案件移送破产指导意见》分别处理,对于资料完备的处理方式:"立案部门经审核认为移送材料完备的,应以'破申'作为案件类型代字编制案号登记立案,并及时将案件移送破产审判部门进行破产审查。"对于资料不完备的处理方式按照第11条规定:"移送的材料不完备或内容错误,影响受移送法院认定破产原因是否具备的,受移送法院可以要求执行法院补齐、补正,执行法院应于十日内补齐、补正。该期间不计入受移送法院破产审查的期间。"

另外,以陕西地区为例,决定移送的法律后果为执行法院作出移送决定后,应当中止对该被执行人的执行。对该被执行人的中止执行,不影响对同案其他不符合破产条件的被执行人的执行。被执行人在多个法院被立案执行,其中一个执行法院作出移送破产审查决定的,其他执行法院都应当中止对该被执行人的执行程序。(《陕西执行案件移送破产审查意见》第17条)

(2)移送中,执行中止,但对于季节性商品、鲜活、易腐烂变质以及其他不宜长期保存的物品的及时变价处理。依据为《执行案件移送破产指导意见》第8条:"执行法院作出移送决定后,应当书面通知所有已知执行法院,执行法院均应中止对被执行人的执行程序。但是,对被执行人的季节性商品、鲜活、易腐烂变质以及其他不宜长期保存的物品,执行法院应当及时变价处置,处置的价款不作分配。"

(3)移送中,对被执行人的查封、扣押、冻结措施不解除。依据为《执行案件移送破产指导意见》第9条:"确保对被执行人财产的查封、扣押、冻结措施的连续性,执行法院决定移送后、受移送法院裁定受理破产案件之前,对被执行人的查封、扣押、冻结措施不解除。查封、扣押、冻结期限在破产审查期间届满的,申请执行人可以向执行法院申请延长期限,由执行法院负责办理。"

(七)审查处理程序

(1)受移送法院对于执行转破产的案件,30日内裁定是否受理。依据为《执行案件移送破产指导意见》第 13 条:"受移送法院的破产审判部门应当自收到移送的材料之日起三十日内作出是否受理的裁定。"

另外,以陕西地区为例,受移送法院在审查决定是否受理破产申请时,对于事实清楚、证据确实充分、当事人无异议的案件,可以采用书面方式审查。对于案情复杂、当事人争议较大等案件,也可以进行公开听证。(《陕西执行案件移送破产审查意见》第 24 条)

(2)对于不同申请人的处理方式,可以是申请执行人为申请人,也可以是被执行人为申请人,还可以是申请执行人和被执行人均为申请人。依据为《执行案件移送破产指导意见》第 14 条:"申请执行人申请或同意移送破产审查的,裁定书中以该申请执行人为申请人,被执行人为被申请人;被执行人申请或同意移送破产审查的,裁定书中以该被执行人为申请人;申请执行人、被执行人均同意移送破产审查的,双方均为申请人。"

(3)评估费、公告费、保管费等执行费用可参照破产费用,随时清偿。依据为《执行案件移送破产指导意见》第 15 条:"受移送法院裁定受理破产案件的,在此前的执行程序中产生的评估费、公告费、保管费等执行费用,可以参照破产费用的规定,从债务人财产中随时清偿。"

另外,以陕西地区为例,执行法院执行中作出的被执行人财产评估报告,在破产财产变价时仍在有效期内的,管理人可将该评估报告作为确定破产财产变价的依据,无须再行评估。(《陕西执行案件移送破产审查意见》第 32 条)

(4)对于已经扣划到账的银行存款、实际扣押的动产、有价证券等被执行人财产,移交破产案件的法院或管理人。依据为《执行案件移送破产指导意见》第 16 条:"执行法院收到受移送法院受理裁定后,应当于七日内将已经扣划到账的银行存款、实际扣押的动产、有价证券等被执行人财产移交给受理破产案件的法院或管理人。"

(5)对于三种财产不再移交,一是已通过拍卖程序处置且成交裁定已送达买受人的拍卖财产,二是通过以物抵债偿还债务且抵债裁定已送达债权人的抵债财产,三是已完成转账、汇款、现金交付的执行款。依据为《执行案件移送破产指导意见》第17条:"执行法院收到受移送法院受理裁定时,已通过拍卖程序处置且成交裁定已送达买受人的拍卖财产,通过以物抵债偿还债务且抵债裁定已送达债权人的抵债财产,已完成转账、汇款、现金交付的执行款,因财产所有权已经发生变动,不属于被执行人的财产,不再移交。"

(八)执行转破产程序的结果

执行转破产程序会产生三种结果:

一是对于受移送法院,经破产审判部门审查,因不符合破产法定情形的,由受移送法院作出不予受理或者驳回申请的裁定。对于执行法院,恢复执行。依据为《执行案件移送破产指导意见》第18条:"受移送法院做出不予受理或驳回申请裁定的,应当在裁定生效后七日内将接收的材料、被执行人的财产退回执行法院,执行法院应当恢复对被执行人的执行。"

二是对于受移送法院,因被执行企业法人满足破产条件,受理了破产申请,则被执行企业法人进入破产程序,按照破产相关制度进行,对于执行法院,应当中止执行程序。依据为《破产法》第19条:"人民法院受理破产申请后,有关债务人财产的保全措施应当解除,执行程序应当中止。"

三是对于受移送法院在审理企业破产案件中,宣告被执行人破产或裁定终止和解程序、重整程序的,按照相关程序出具裁定。对于执行法院,应当裁定终结对被执行人的执行。依据为《执行案件移送破产指导意见》第20条:"受移送法院裁定宣告被执行人破产或裁定终止和解程序、重整程序的,应当自裁定作出之日起五日内送交执行法院,执行法院应当裁定终结对被执行人的执行。"

另外,以陕西地区为例,受理破产案件法院宣告破产,执行法院裁定终结执行程序,被执行人在前被纳入失信被执行人名单的,执行法院应当将失信信息从失信被执行人名单库中删除,并解除对其法定代表人、负责人及相关责任人员已实施的信用惩戒措施。(《陕西执行案件移送破产审查意见》第36条)

二 操作方式

执行转破产程序,主要包括决定程序、移送程序、审查处理程序,具体详见本部分"一、内容(五)(六)(七)"相关内容。

三 其他说明

陕西地区关于执行转破产相关依据文件,陆续发布了《陕西省高级人民法院关于建立执行移送破产直通机制的工作指引(试行)》《陕西省高级人民法院关于执行案件移送破产审查、审理操作规程(试行)》《陕西省高级人民法院关于执行案件移送破产审查工作的实施意见(试行)》《陕西省高级人民法院关于"执转破"案件简化审理若干规定(试行)》,按照上述文件内容梳理如下。

1.《陕西省高级人民法院关于建立执行移送破产直通机制的工作指引(试行)》的主要内容。

【执破直通】本指引所称"执行移送破产直通"是人民法院在执行程序中发现被执行人企业法人已经不能清偿到期债务,并且资产不足以清偿全部债务或者明显缺乏清偿能力,经被执行人或者被执行人的任何一个执行案件的申请执行人申请或书面同意将执行案件移送破产审查,执行法院作出执行案件移送破产审查决定书后,由执行人员带案参与破产案件受理审查工作,或者由破产审判人员参与执行部门作出执转破审查决定工作,实现执行程序与破产程序无缝衔接的工作机制。

【人员直通】执行法院在执行程序中发现被执行的企业法人符合移送破产审查条件的,可由破产审判部门参与执行部门作出执行案件移送破产审查决定工作,破产审判部门应当派员参加。执行法院破产审判部门在执转破案件审查期间,可由本院执行人员带案参与破产案件受理审查工作,执行部门应当派员参加。

【执破互通】受移送法院裁定受理破产案件的,应在作出裁定后5日内将受理破产裁定书送交执行法院。

执行法院收到受移送法院受理破产案件裁定后,应当于7日内将已扣划到账的银行存款、实际扣押的财产、有价证券、查封的不动产等被执行人的财产及相关手续,移交给受移送法院或破产管理人,并根据受移送法院要求及时解除对债务人的财产保全措施。

【销案直通】执行案件移送进入破产程序后,出现下列情形之一的,执行法院应在收到受移送法院出具的相关法律文书后5日内决定终结对该被执行人的执行程序:

(1)裁定宣告破产的;

(2)裁定批准重整计划(草案)并终止重整程序的;

(3)裁定认可和解协议并终止和解程序的;

(4)依据《破产法》第108条的规定终结破产程序的。

除以上内容外,还包括识别移送、首接负责、接受处理、通知义务、集中管辖、归口管理、责任落实等方面,具有实务操作指导意义。

2.《陕西省高级人民法院关于"执转破"案件简化审理若干规定(试行)》对《陕西省高级人民法院关于执行案件移送破产审查、审理操作规程(试行)》部分内容有变化和明确。

【适用案件范围】对被执行人公司股权结构简单、资产总价值不大,债

权人人数较少、事实清楚、债权债务关系明确、财产状况明晰且具备下列情形之一的"执转破"案件,可以简化审理程序:

(1)被执行人不属于国有企业,且财产容易变现的;

(2)被执行人无财产或财产较少,可能不足以支付全部破产费用的;

(3)被执行人账簿、重要文件等灭失或被执行人下落不明,无财产可供执行,且未发现存在巨额财产下落不明情形的;

(4)被执行人无营业场所或无人员安置负担的;

(5)被执行人已停工停产或者已经歇业,且不存在职工安置问题的;

(6)被执行人经营地域集中或系中小微企业的;

(7)被执行人未经清理已被吊销或撤销营业执照,其财产不足以清偿全部债务的;

(8)被执行人全部财产或主要财产已经处置变价的;

(9)被执行人财产易于变价或无须变价的;

(10)申请人、被申请人及其他主要破产参与人协商一致同意简化审理程序的;

(11)其他适合简化审理程序的案件。

【不适宜简化审理的情形】下列情形,原则上不适宜简化审理:

(1)上市公司破产案件;

(2)裁定破产重整的;

(3)关联企业合并破产的;

(4)存在重大信访维稳风险的;

(5)其他不宜简化审理的案件。

【财产变价】执行程序中作出的评估、鉴定或审计报告,在所涉案件移送破产审查后仍在有效期之内的,不再重新委托评估、鉴定或审计。所涉财产在执行程序中流拍后移送破产审查再行拍卖的,不受评估、鉴定及审计报告有效期的影响。

【财产处置】适用简化程序审理的"执转破"案件处置破产财产,债权人会议同意直接变价处理的,可以不适用拍卖程序。

确需进行拍卖的,优先使用网上司法拍卖平台进行。拍卖应在相关司法解释规定的最短期限内完成。

法律法规对特定财产处置方式有特别规定的,适用特别规定。

【执行程序中财产拍卖及变卖结果的沿用】"执转破"案件审理中,对下列情形执行程序中财产拍卖及变卖结果应予沿用:

(1)财产拍卖流拍、变卖不成的,或者暂缓、中止拍卖、变卖的,由管理人接管拍卖、变卖财产后继续组织拍卖、变卖;

(2)财产拍卖、变卖成交后,成交裁定书尚未送达买受人的,由管理人接管拍卖、变卖的财产后办理后续交付手续;

(3)财产拍卖、变卖成交后,成交裁定书已送达买受人的,由管理人接管拍卖、变卖的价款。

【执行案件结案依据】执行部门收到破产审判部门出具的下列法律文书,应当在5日内作出终结执行裁定书:

(1)宣告破产裁定书;

(2)批准重整计划并终止重整程序的裁定书;

(3)认可和解协议并终止和解程序的。

除以上内容外,还包括程序审查、中止执行、执破衔接、执行法院的附随工作、告知事项、裁审部门协作机制、指定破产管理人、发布破产公告、债权申报、财产查控、债权人会议、债权人会议表决、财产分配、审理期限。

3.《陕西省高级人民法院关于执行案件移送破产审查、审理操作规程(试行)》主要对执行转破产审查部分和审理部分进行了规定。

执行转破产审查部分主要包括:对于符合执转破条件的案件的具体要求、全面掌握被执行资产及负债、移送审查意见的作出与审批、征询程序、决定移送程序、决定移送后的宽限期、向当事人送达移送决定、诉讼代理人代为签收、应当移送的材料、本院内移送程序、异地移送程序、完备移送材料、对移送决定有异议的处理、移送决定作出后的财产处置、破产案件受理前不解除保全措施、不符合执转破条件案件的处理、上级法院监督、作出是否受理破产案件裁定、破产案件受理后移交财产、宣告破产后终结执行、破产案件未受理后恢复执行、不得重复启动执转破程序、当事人申请破产的处理、不能启动执转破案件的处理。相较于《最高人民法院关于执行案件移送破产审查若干问题的指导意见》更加细化,陕西地区办理执行转破产的相关工作可以按照该部分准备和办理。

审理部分主要包括:执转破简化审理适用类型、适用条件、排除适用、破产程序与清算义务人责任的衔接、程序转换、送达方式简化、送达程序简化、审限缩短、调查财产的简化、执行中的评估、审计报告的合理使用、公告告知债务人交付印章、账册等、债权人会议的简化、终结程序的简化、终结破产程序审查期限的缩短、申请注销登记期限缩短。

4.《陕西省高级人民法院关于执行案件移送破产审查工作的实施意见(试行)》,2017年5月12日印发,部分内容见上文。

06
CHAPTER

第六章　其他辅助处置措施

第一节

概 述

本书特指不良资产的尽职调查,是指利用专门的工具和指导手段对项目所涉及的债务人及关联企业所进行的一系列及资产情况的调查,包括房产、土地、工商、对外投资、负债、现场经营情况、各种报表文件等的调查分析。

不良资产的尽职调查通常发生的情形有:

一是债务人企业已经逾期的情况下,债权人拟对该债务人企业重新进行调查后,为提供延期或者其他融资服务等化解逾期债务而进行的现有阶段企业状况的尽职调查。

二是债权人或债务人拟对该逾期债权进行对外转让,受让债权人对债务人企业进行调查核实现状的尽职调查工作。

一 尽职调查的内容

(一)历史沿革

尽职调查的基础核查内容之一为公司的历史沿革,包括自公司成立之日起,成立时的股东构成、历次的出资情况(可能存在有验资报告）、历次的重大会议决议、历次的工商重大事项变更登记，其中针对不良资产重点关注以下几点：

1. 股权转让情况

公司自成立之日起至尽职调查之日止其股权若发生变更，应当连续且完整地重点核实尽职调查之日的股东的股权来源是增资取得或者继受取得的权利来源，若转让取得进一步可以核查取得股权时支付的对价，另外核查是否存在代为持有的情况或者其他可能影响股权行使的权利制约等。

2. 历次出资情况

核查公司成立时的股东出资是否到位，是否有验资报告或者其他能够证明股东出资已经完成的情况，对于增资形式加入公司的股东出资情况，若股权转让是原股东未实缴完成，新股东的出资缴纳情况，结合股权出资情况，若后期债务人企业破产重组时，出资情况影响债务人企业破产情况下的出资人权益调整，也会影响后期执行债务人企业时，在债务人企业无可供执行财产而出资人未足额交付出资的，追加股东作为补充责任人。

另外，对于未实缴出资的股东转让公司股权的，新的股权受让人需要承担缴付出资的责任，否则对其他债权人提起的要求原股东和新股东在出资责任范围内承担责任。

（二）资产情况

1. 房产

对于房产的核查，主要通过不动产登记中心调取不动产登记簿或者房产取得时的相关合同凭证等，结合不动产登记簿中对不动产的详细登记，明确房产的坐落、面积、楼层等基础信息。另外重点关注以下几点：

一是是否抵押。房产若进行了抵押登记，会在不动产登记簿中明确登记的抵押权人、抵押期限、抵押权金额，对于已经抵押的房产，抵押权人享有优先受偿权，存在多个抵押权的，按照抵押的先后顺序确定清偿顺序。

二是是否查封,对于房产的查封情况,主要体现在房屋登记簿上,若房产进行了查封,会在登记簿中明确登记查封的法院、时间、查封的顺位。首先查封的法院对房产具有处置权,抵押权法院并非首封法院的可以要求移送处置,也可主张抵押权直接参与分配。

三是是否出租,对于房产的核查一方面是房产权利情况是否受制约,另一方面重点核查的是房产是否出租,若未出租是否有相关证据比如未出租承诺,若出租的,需要核查租赁合同,租金交付情况。涉及"买卖不破租赁"的法律规定,房产存在租赁的,一定程度上会影响后期拍卖处置。

四是是否实际占有,对于房产的实际情况,需要去现场核实,对于已经腾空的房产,不影响后续处置,可以进一步核查房产欠费情况等,对于未腾空的房产,需要落实未腾空的原因,能否腾空以及腾空的时间周期,上述均会对拍卖产生影响。

2. 土地

一是是否有地上建筑物,对于土地的核查,除与房产的核查一样,需要核查登记簿权利现状情况,是否存在抵押、查封等,也需要核查租赁、占有使用情况。另外,需要重点核查土地有无地上建筑物,有地上建筑物的是否有相关证件,证件的取得情况,若无相关证件的地上建筑物,须考虑"房随地走,地随房走"的处理方式,进行土地拍卖处置。

土地的转让通常因涉及以股权转让的方式间接转让土地,为避免较大税费的问题,此处通常需要核查股权历次转让的情况和出资情况。

二是是否在法律规定的开发期限内进行了开发建设。对于以出让方式取得的土地,因土地出让合同有约定以及相关法律规定,在一定期限内不进行开发的,国家可以无偿收回,需要重点核查。

三是核查土地规划变更情况。因城市规划会产生变更,在对土地进行核查时,还需要核查城市规划中对该土地是否进行了变更,若发生变更,需要进一步判断是否对债务企业和债权人有利并采取相应的措施。

3. 车辆

一是在车辆登记管理部门核查动产登记的产权人、历次变更、年检情况是否正常、是否抵押情况、是否查封的情况,确定车辆的权利现状。

二是对于车辆实物进行核查,核查车辆现在是否能够被债务人企业控制,车辆的存放、车辆实际占有人,上述内容关系到后期债权实现时对车辆处置是否会产生障碍的问题。

4. 知识产权

一是通过知识产权相关登记部门,核查知识产权的产权所有人、质押情况、查封、冻结情况等影响实现债权的因素。

二是知识产权的特殊性,需要核查知识产权的权利到期日,如商标是否需要续交费的情况,未续交费用会产生的影响等。

(三) 负债情况

1. 对外负债

需要核查属于经营性或债务类负债,并根据该负债的情况及相关依据的合同,进一步落实负债截至尽职调查时的履行情况包括但不限于负债总金额和各负债单笔金额,应当还款的时间节点和周期,各笔债权的抵押担保物的具体情况(抵押债权金额、最高抵押额、债务履行期限、抵押顺位),是否已经产生诉讼,目前的还款情况,综合以上作为测算其还款能力和现金流情况的判断依据之一。

2. 对内是否欠付职工工资

需要核查对内欠付职工工资及其他包括社保等应付款项,或者对于尚未产生劳动纠纷,但已经在协商处理中的情况进行核实。对于职工债权主要影响是后期债务企业发生破产的情况下,职工债权清偿顺序较优先,或者若大量职工存在劳动争议,债权人对债务进行延期后,可能影响企业的正常经营。

3. 预收账款和应收账款

核查预收账款是为了判断债务企业对外负债情况和合同履行情况,具体核查内容为是否欠上下游的钱,收取预收账款后合同是否正常履行以及履行的进度。

核查应收账款,主要核查应收账款的金额,欠付应收账款的企业的履行能力,应收账款的回款周期和回款的可能性,作为判断债务企业资金流动性的参考因素之一,也为后期债权人执行到期债权提供财产线索。

4. 欠税情况

对企业整体税费交纳情况可以通过税务局进行具体核查,核查内容包括但不限于涉及不动产应缴的税、企业所得税等,通过核查是否欠税判断企业经营是否正常,以及存在的税务问题。另外税务债权在债务企业破产后优先受偿,也是需核查的原因之一。

(四)涉及诉讼

1. 对于债务企业涉及普通诉讼,包括但不限于日常经营所涉及的诉讼、劳动争议产生的仲裁或诉讼、其他债权人主张债权类的诉讼等,需要对案件审判法院进行确定,并对案件所涉及的标的金额,现阶段存在的争议焦点,以及案件所处的阶段,如属于一审、二审或执行,综合判断对债务企业的影响。

2. 对于债务企业涉及关联其他企业破产的案件,因为具有关联性,在必要情况下,需要审核是否达到实质合并破产的情形或者是否达到破产的情形,以判断若发生实质性合并破产对债务企业的影响,以及债务企业的偿债能力。

(五)其他

1. 处罚情况

核查企业是否存在处罚情况,包括但不限于行政处罚或其他税务类或工商行政处罚等,并根据处罚情况判断是否影响企业的经营和后续经营业务的开展。

2. 核查企业的行政许可情况,特别是一些特殊企业如生产型药企的生产药品批文,食品生产型企业的生产许可证,矿产类企业的采矿证和探矿证权等,特别是需要行政审批或许可的企业,该类许可证对于企业的后续经营起着基础的决定性作用。

二 尽职调查中的方法

1. 核查和调取原件,调查中对于需要核查的包括但不限于房产、土地、车辆、知识产权等权利证书,以及包括资产和负债的所有相关文件资料,均须核查原件,并留存复印件备查。

2. 产证相匹配,物证相符,对于资产的核查需要将产权证与实际实务一一予以对应相匹配,另外对于报表中的物品也同样要与产证和实物一一核对,比如,库存盘点中库存与账面的比对,需要互相匹配。

3. 分析法律关系。对于存在其他债权债务关系,或者股权转让关系的情况,需要结合相关资料对相对应的法律关系进行梳理,对于合同履行情况需要核查清楚,可能的情况下做好预案,对于涉及诉讼的需要分析其法律关系,预判可能产生的结果,以及对后续产生的影响。

三 财务尽职调查的应用

1. 落实第二还款来源

对于债务企业已经逾期而进行的不良资产尽职调查,通过处置资产而进行债务清偿,属于企业第二还款来源,第一还款来源为债务企业营业资金产生的流动资金,尽职调查的结果应当根据企业现阶段情况综合考虑各种可能性后落实处置方案。

2. 逾期后融资方案设计

另外一种应用为,对于尽职调查完的债务企业根据现状可以重新设计融资方案,如匹配其他债权类或股权类融资主体予以融资后归还本次债务,或者根据情况由债权人启动债权实现的处置程序,或结合债务企业的还款来源,进行总体融资安排和还款计划的协商。

3. 优化产品设计

从债权人的角度出发,对于单个债务企业逾期后的尽职调查情况,可以反向审查早期进行产品设计时有无瑕疵或者可以优化的地方,从而反向影响债权人的产品设计。

第二节

保 全

保全的阶段包括诉前保全、诉讼保全和执行前保全,保全的类型包括行为保全、证据保全、财产保全,本书特指财产保全。

一、诉前保全

诉前财产保全,是指利害关系人因情况紧急,不立即申请保全将会使其合法权益受到难以弥补的损害的,可以在提起诉讼或者申请仲裁前向人民法院申请采取财产保全措施。

(一) 内容

1. 法律、法规依据

《中华人民共和国民事诉讼法》(2023 年 9 月 1 日公布)

《最高人民法院关于规范和加强办理诉前保全案件工作的意见》(法〔2024〕42 号)

《最高人民法院关于适用〈中华人民共和国民事诉讼法〉的

解释》（法释〔2022〕11号）

2. 条件

申请主体为利害关系人，申请的对象为人民法院，申请的阶段为提起诉讼或申请仲裁前，申请的法院为保全财产所在地、被申请人住所地或者对案件有管辖权的人民法院，申请的条件为因情况紧急，不立即申请保全将会使其合法权益受到难以弥补的损害。

依据为《民事诉讼法》第104条第1款："利害关系人因情况紧急，不立即申请保全将会使其合法权益受到难以弥补的损害的，可以在提起诉讼或者申请仲裁前向被保全财产所在地、被申请人住所地或者对案件有管辖权的人民法院申请采取保全措施……"。

《诉前保全工作意见》第3条："对申请人提出的诉前保全申请，被保全财产（证据）所在地、被申请人住所地或者对案件有管辖权的人民法院不得以诉前保全不方便实施、起诉登记立案方可申请诉讼保全等为由拒绝受理。"

3. 提供担保

进行诉前保全的，必须提供担保，担保的金额相当于请求保全数额，实务中申请人通常采取购买保险的方式提供诉前保全担保，保险的数额为保全金额，或者在查封标的物大于保全金额的，部分法院会要求购买保险的金额为查封标的物的价值金额。情况特殊的，人民法院可以酌情处理。

依据为《民事诉讼法》第104条第2款："申请人应当提供担保，不提供担保的，裁定驳回申请。"

《民事诉讼法解释》第152条第2款："利害关系人申请诉前保全的，应当提供担保。申请诉前财产保全的，应当提供相当于请求保全数额的担保；情况特殊的，人民法院可以酌情处理。申请诉前行为保全的，担保的数额由人民法院根据案件的具体情况决定。"

《诉前保全工作意见》第7条："人民法院在受理诉前保全案件前，应当审查当事人提供的担保是否符合法律规定。申请人申请诉前财产保全的，应当提供相当于请求保全数额的担保，但情况紧急且特殊的例外……"。

4. 情况紧急的认定

能够进行诉前保全的条件之一为情况紧急，不立即申请保全将会使其合法权益受到难以弥补的损害，而对于情况紧急的认定如下：

《诉前保全工作意见》第11条规定："诉前财产保全的被申请人存在下列情形之一，导致或者可能导致丧失债务履行能力的，人民法院可以认定为情况紧急：（一）有转移、隐匿、变卖财产的行为；（二）有抽逃资金等逃避债务履行的行为；（三）生产经营状况严重恶化；（四）丧失商业信誉；（五）被列为失信被执行人；（六）导致或者可能导致丧失债务履行能力的其他情形。"

5. 保全的执行

时效性为接受申请后48小时出具裁定，裁定出具后立即执行。执行按照执行程序办理，实务中，办理诉前保全的事务在立案庭办理，由立案庭法官出具保全裁定后，移交给执行局进行具体的案件执行。

依据为《民事诉讼法》第104条第2款："人民法院接受申请后，必须在四十八小时内作出裁定；裁定采取保全措施的，应当立即开始执行。"

《民事诉讼法解释》第156条："人民法院采取财产保全的方法和措施，依照执行程序相关规定办理。"

6. 不得采取诉前财产保全措施的范围

对下列财产，人民法院不得采取诉前财产保全措施：（1）被申请人及其所扶养和抚育家属生活所必需的生活、教育、医疗等物品和费用；（2）农民工工资专用账户资金和工资保证金，但法律另有规定以及起诉请求支付该专用账户对应项目的农民工工资的除外；（3）金融机构交存在人民银行的存款准备金和备付金；（4）信托财产人民币专用存款账户；（5）社会保险机构开设的社会保险基金账户；（6）证券经营机构、期货经纪机构的交易保证金，信用证开证保证金、独立保函保证金，但失去保证金用途的除外；（7）工会等社团组织专项经费;(8)人民法院已裁定受理破产申请的债务人财产;(9)学校、幼儿园、医疗机构、养老机构等为公益目的成立的非营利法人的教育设施、医疗卫生设施、养老服务设施和其他公益设施;(10)用于防控、应急、救援等承担疫情防控、应急处置等任务的财产;(11)法律、行政法规或者司法解释规定的其他不得查封、扣押、冻结的财产。(《诉前保全工作意见》第15条)

7. 保全的后续处理

(1)30日内不起诉或申请仲裁,解除保全

依据为《民事诉讼法》第104条第3款:"申请人在人民法院采取保全措施后三十日内不依法提起诉讼或者申请仲裁的,人民法院应当解除保全。"

(2)保全财产后立即通知被保全财产的人,但不能提前告知

依据为《民事诉讼法》第106条:"财产保全采取查封、扣押、冻结或者法律规定的其他方法。人民法院保全财产后,应当立即通知被保全财产的人。"

(3)被申请人提供担保,应当解除

实务中,对于被申请人提供担保的要求各法院在具体操作中未规范或未统一,差异较大。

依据为《民事诉讼法》第107条:"财产纠纷案件,被申请人提供担保的,人民法院应当裁定解除保全。"

(4)超标的解除超出范围部分

对于明显超标的、超范围的保全,应当解除查封,对于超标的查封的解除,可以依当事人的申请或者依职权。

依据为《诉前保全工作意见》第17条:"人民法院准许诉前保全财产的价值,应当与申请人申请保全的数额相当,不得明显超标的、超范围保全。发现明显超标的保全的,人民法院应当根据当事人的申请或者依职权及时

解除明显超标的部分保全,但该被保全财产为不可分物且被保全人无其他可供保全的财产,或者提供的担保置换财产不能足额保全的除外。"

二、诉讼保全

关于诉讼财产保全,是指在民事诉讼中,人民法院为保证将来的判决能得以实现,根据当事人的申请,或者人民法院依职权决定,对当事人争议的有关财物采取临时性强制措施的制度。

1. 法律、法规依据

《中华人民共和国民事诉讼法》(2023年9月1日公布)

《最高人民法院关于适用〈中华人民共和国民事诉讼法〉的解释》(法释〔2022〕11号)

2. 条件

发生的阶段为诉讼进行中,申请主体为一方当事人,发生的条件为可能因当事人一方的行为或者其他原因使判决难以执行或者造成当事人其他损害的,发生的情形可以是法院依职权或者依当事人申请。

依据为《民事诉讼法》第103条第1款:"人民法院对于可能因当事人一方的行为或者其他原因,使判决难以执行或者造成当事人其他损害的案件,根据对方当事人的申请,可以裁定对其财产进行保全、责令其作出一定行为或者禁止其作出一定行为;当事人没有提出申请的,人民法院在必要时也可以裁定采取保全措施。"

3. 提供担保

诉讼保全同样需要提供担保,但与诉前保全的差别为"可以"提供担保,而非诉前保全的"应当"提供担保。另外对于发生的情形,可以依当事人申请或依职权,而诉前保全只能依当事人的申请启动。

另外对于提供担保的数额,也与诉前保全要求的"应当提供相当于请求保全数额的担保"不同,由人民法院决定是否提供担保,以及担保数额。

依据为《民事诉讼法》第 103 条第 2 款:"人民法院采取保全措施,可以责令申请人提供担保,申请人不提供担保的,裁定驳回申请。"

《民事诉讼法解释》第 152 条第 3 款:"在诉讼中,人民法院依申请或者依职权采取保全措施的,应当根据案件的具体情况,决定当事人是否应当提供担保以及担保的数额。"

4. 保全的执行

与诉前保全部分规定相同。

依据为《民事诉讼法》第 103 条第 2 款:"人民法院接受申请后,对情况紧急的,必须在四十八小时内作出裁定;裁定采取保全措施的,应当立即开始执行。"

《民事诉讼法解释》第 156 条:"人民法院采取财产保全的方法和措施,依照执行程序相关规定办理。"

三 执行前保全

发生的阶段为法律文书生效后,进入执行前。申请主体为债权人,申请对象为执行法院,申请条件为因对方当事人转移财产等紧急情况,不申请保全将可能导致生效法律文书不能执行或者难以执行的。时间限制履行期限届满 5 日内必须申请执行,否则解除保全。

依据为《民事诉讼法解释》第 163 条:"法律文书生效后,进入执行程序前,债权人因对方当事人转移财产等紧急情况,不申请保全将可能导致生效法律文书不能执行或者难以执行的,可以向执行法院申请采取保全措施。债权人在法律文书指定的履行期间届满后五日内不申请执行的,人民法院应当解除保全。"

四 其他

(一)保全(诉前、诉讼、执行前保全)可以采取保全措施的范围

1. 对抵押物、质押物、留置物采取保全措施

依据为《民事诉讼法解释》第157条："人民法院对抵押物、质押物、留置物可以采取财产保全措施,但不影响抵押权人、质权人、留置权人的优先受偿权。"

2. 对债务人到期应得的收益采取保全措施

依据为《民事诉讼法解释》第158条："人民法院对债务人到期应得的收益,可以采取财产保全措施,限制其支取,通知有关单位协助执行。"

3. 对他人的到期债权采取保全措施

依据为《民事诉讼法解释》第159条："债务人的财产不能满足保全请求,但对他人有到期债权的,人民法院可以依债权人的申请裁定该他人不得对本案债务人清偿。该他人要求偿付的,由人民法院提存财物或者价款。"

(二)保全措施在执行阶段的处理

进入执行阶段,自动转为执行中的查封、扣押、冻结措施,在保全期限内不需要二次采取相关措施。

依据为《民事诉讼法解释》第168条："保全裁定未经人民法院依法撤销或者解除,进入执行程序后,自动转为执行中的查封、扣押、冻结措施,期限连续计算,执行法院无需重新制作裁定书,但查封、扣押、冻结期限届满的除外。"

(三)保全的解除

裁定采取保全措施后,有下列情形之一的,人民法院应当作出解除保全裁定:(1)保全错误的;(2)申请人撤回保全申请的;(3)申请人的起诉或者诉讼请求被生效裁判驳回的;(4)人民法院认为应当解除保全的其他情形。解除以登记方式实施的保全措施的,应当向登记机关发出协助执行通知书。(《民事诉讼法解释》第166条)

另外,关于诉前财产保全部分,解除诉前保全的情形依据《诉前保全工作意见》第20条"存在下列情形之一的,人民法院应当及时解除诉前保全:(一)人民法院发现存在保全错误;(二)申请人申请解除保全,或者被申请人申请解除保全,申请人同意;(三)申请人在人民法院采取保全措施后三十日内不依法提起诉讼或者申请仲裁;(四)已被采取诉前财产保全措施的被申请人作为债务人已经进入破产程序;(五)法律、行政法规或者司法解释规定解除诉前保全的其他情形"的规定确定。

第三节

司法确认

司法确认是人民法院依据双方当事人申请,对当事人达成的人民调解协议进行自愿性、合法性审查,并赋予其强制执行力的非诉程序。

一 申请主体和管辖法院

经依法设立的调解组织调解达成调解协议,申请司法确认的,由双方当事人自调解协议生效之日起 30 日内,共同向下列人民法院提出:

(1)人民法院邀请调解组织开展先行调解的,向作出邀请的人民法院提出。

(2)调解组织自行开展调解的,向当事人住所地、标的物所在地、调解组织所在地的基层人民法院提出;调解协议所涉纠纷应当由中级人民法院管辖的,向相应的中级人民法院提出。(《民事诉讼法》第 205 条)

二 调解协议效力

人民法院受理申请后,经审查,符合法律规定的,裁定调解协议有效,一方当事人拒绝履行或者未全部履行的,对方当事人可以向人民法院申请执行;不符合法律规定的,裁定驳回申请,当事人可以通过调解方式变更原调解协议或者达成新的调解协议,也可以向人民法院提起诉讼。(《民事诉讼法》第206条)

三 不予受理的司法确认情形

当事人申请司法确认调解协议,有下列情形之一的,人民法院裁定不予受理:(1)不属于人民法院受理范围的;(2)不属于收到申请的人民法院管辖的;(3)申请确认婚姻关系、亲子关系、收养关系等身份关系无效、有效或者解除的;(4)涉及适用其他特别程序、公示催告程序、破产程序审理的;(5)调解协议内容涉及物权、知识产权确权的。人民法院受理申请后,发现有上述不予受理情形的,应当裁定驳回当事人的申请。(《民事诉讼法解释》第355条)

四 应当裁定驳回的司法确认情形

经审查,调解协议有下列情形之一的,人民法院应当裁定驳回申请:(1)违反法律强制性规定的;(2)损害国家利益、社会公共利益、他人合法权益的;(3)违背公序良俗的;(4)违反自愿原则的;(5)内容不明确的;(6)其他不能进行司法确认的情形。(《民事诉讼法解释》第358条)

第四节

实现担保物权程序

实现担保物权程序,是指担保物权人或其他有权请求实现担保物权的人在债权未及时足额清偿时,依法向担保财产所在地或担保物权登记地的基层人民法院提出申请,请求通过拍卖、变卖方式使债权优先受偿的特别程序。

一、主体

主张实现担保物权案件的主体包括抵押权人、质权人、留置权人、抵押人、出质人、财产被留置的债务人、所有权人。

《民事诉讼法解释》第359条、《民事诉讼法》第203条规定的担保物权人,包括抵押权人、质权人、留置权人;其他有权请求实现担保物权的人,包括抵押人、出质人、财产被留置的债务人或者所有权人等。

二、管辖

(1)担保财产所在地或者担保物权登记地基层人民法院

依据为《民事诉讼法解释》第 207 条:"申请实现担保物权,由担保物权人以及其他有权请求实现担保物权的人依照民法典等法律,向担保财产所在地或者担保物权登记地基层人民法院提出。"

(2)权利凭证持有人住所地人民法院(出质登记地人民法院)

依据为《民事诉讼法解释》第 360 条:"实现票据、仓单、提单等有权利凭证的权利质权案件,可以由权利凭证持有人住所地人民法院管辖;无权利凭证的权利质权,由出质登记地人民法院管辖。"

(3)海事法院等专门人民法院

依据为《民事诉讼法解释》第 361 条:"实现担保物权案件属于海事法院等专门人民法院管辖的,由专门人民法院管辖。"

三、案件处理

申请后经审查,裁定拍卖、变卖担保财产或者驳回申请,依据该裁定可以申请执行,对于驳回申请可以提起诉讼。

依据为《民事诉讼法》第 208 条:"人民法院受理申请后,经审查,符合法律规定的,裁定拍卖、变卖担保财产,当事人依据该裁定可以向人民法院申请执行;不符合法律规定的,裁定驳回申请,当事人可以向人民法院提起诉讼。"